W9-BJI-418

Élie Faure

Histoire de l'art

L'ART MÉDIÉVAL

> ... les voix semblaient for-
> mer toutes le même chant,
> si parfait était leur accord.
>
> DANTE ALIGHIERI.

*Établissement du texte
et dossier critique par
Martine Chatelain-Courtois*

Denoël

Introduction

A LA PREMIÈRE ÉDITION

1912

Tandis que la lointaine civilisation chinoise retarde l'heure de sa mort en se tournant vers son propre passé, tandis que l'Inde répand, pour soulager sa fièvre, une religion sur l'Asie, l'ombre noie peu à peu les rivages où s'est écoulée l'éclatante et virile jeunesse du monde occidental. Les flux et les reflux, depuis le début de l'histoire, balancent l'océan des peuples du plateau de l'Iran aux terres fraîches et salubres qui regardent l'Atlantique. Des invasions silencieuses ont accumulé dans les plaines du nord de l'Europe les réserves d'hommes qui renouvelleront l'innocence des peuples méridionaux quand un contact trop énervant avec l'Asie affaiblira leur foi dans leur propre intelligence. On a vu les Phéniciens apporter à la Grèce et à l'Italie, avec la science et l'idéal de la Chaldée et de l'Egypte, l'écho indien des ivresses mystiques par qui le saint frisson de la vie universelle est entré dans l'ordre occidental. On a vu la Grèce, entraînée par Alexandre, déposer dans l'âme trouble et lasse de l'Inde, l'étincelle inspiratrice. Rome doit subir à son tour le sensualisme de l'Asie quand elle lui porte la paix... Le mouvement épuisait peu à peu son rythme. Il était nécessaire qu'un grand repos succédât à la dépense d'énergie d'où sortit l'avenir du monde,

1. Cathédrale de Senlis. Portail central ouest (XIIᵉ s.). Résurrection de la Vierge, *détail. Ph. Giraudon.*

et que la nature de l'homme se repliât sur elle-même pour imposer à son esprit trop tendu, à ses sens pervertis, l'oubli de leurs conquêtes et le désir de remonter à leurs sources naturelles.

Du jour où l'unité de l'âme grecque commence à se dissocier, où deux courants se dessinent dans la pensée des philosophes et la sensibilité des artistes, où Platon et Praxitèle opposent la vie spirituelle au matérialisme de Lysippe et d'Aristote, de ce jour la jeunesse des hommes a cessé d'enchanter le monde. Leurs tendances antagonistes, le rationalisme qui brise l'élan de l'instinct, le sensualisme qui détraque la volonté conduisent l'une et l'autre à la négation de l'effort. Et le sceptique et le mystique ouvrent le chemin aux apôtres qui viennent semer dans le cœur inquiet des multitudes, avec le remords d'avoir vécu trop pleinement, la soif de racheter l'impureté du corps par une telle exaltation de l'âme, que mille ans seront nécessaires aux peuples occidentaux pour qu'ils retrouvent, dans un nouvel équilibre, leur dignité.

C'est par la fusion dans le courant spiritualiste de la métaphysique et de la morale, par la projection hors de nous-mêmes, qui sommes mauvais et corrompus, d'un absolu vis-à-vis duquel nous avons le devoir de nous repentir d'être nés, que le monothéisme se formula pour la première fois avec intransigeance dans la doctrine des prophètes hébreux. Dieu, désormais, était sorti du monde, l'homme ne pouvait plus l'atteindre qu'au-delà de sa propre vie. Cette prétendue unité divine des théologiens installait dans notre nature ce terrible dualisme qui fut à nous tous, sans doute, et qui reste à chacun de nous une épreuve indispensable. C'est lui qui nous a fait errer de longs siècles à la recherche de nous-mêmes. C'est lui qui a maintenu mille ans au fond de nous ce débat douloureux entre les sollicitations des sens et la hantise du salut. Mais c'est peut-être grâce à lui que nous savons que notre force, c'est l'accord poursuivi dans la souffrance et réalisé dans la joie de notre animalité sainte et de notre sainte raison.

L'art, qui est précisément la manifestation la plus expressive et la plus haute de cet accord et la forme vivante qui jaillit des amours profondes de la matière et de l'intelligence pour affirmer leur unité, l'art devait mourir en même temps que les croyances naturistes quand les religions éthiques apparurent pour nier l'utilité de son action et précipiter l'humanité sur des voies opposées à celles qu'elle suivait jusqu'alors. Les Juifs, déjà, qui firent entrer dans la pensée occidentale l'esprit imposant et stérile des solitudes, haïssaient et condamnaient la forme. Les Arabes, nés du même rameau, allaient manifester leur dédain pour elle. Il fallut le contact du sol européen, de ses golfes, de ses montagnes, de ses plaines fertiles, de son air vivifiant, de sa variété d'apparences et des problèmes dont il propose à l'esprit la solution, pour arracher les peuples qui l'habitent, après dix siècles de luttes douloureuses, d'efforts sans cesse brisés et repris, à l'étreinte puissante de l'idée sémitique. Il fallut que l'Inde sentît dans la substance même de l'idée bouddhique, y tressaillant, et faisant sa force et son entraînante beauté, l'incessant mouvement de fécondité et de mort qui fait bouger ses forêts et ses fleuves, pour qu'elle repeuplât les temples de ses cent mille dieux vivants.

Au fond des grandes religions morales qui commencèrent à prétendre à la domination du monde quand le panthéisme de l'Inde védique et le polythéisme de la Grèce eschylienne eurent atteint leur plus haute expression et que le déclin commença pour elles, se faisait jour le même sentiment désespéré de l'inutilité finale de l'action. L'homme était partout fatigué de vivre, de penser, et il divinisait sa fatigue comme il avait, quand il aimait agir, divinisé sa vaillance. La résignation du chrétien, le nirvânisme du bouddhiste, le fatalisme de l'Arabe, le traditionalisme du Chinois sont nés du même besoin pessimiste d'éviter l'effort. Les Arabes n'ont échappé pendant quelques siècles aux conséquences de cette idée décourageante, que parce que le seul effort exigé d'eux par le prophète était un effort extérieur, répondant à leurs besoins essentiels de vie nomade et conquérante, et que le repos leur était promis dans la mort même où ils se précipitaient au galop de charge, laissant aux peuples vaincus le soin de travailler pour eux. Les Chinois n'y échappent encore que par leur absence d'idéalisme et leur esprit positif dont l'énergie s'emploie précisément à entraver et ralentir l'action. Mais les peuples généralisateurs de l'Occident, les peuples sensuels de l'Inde ne pouvaient en sortir qu'à la condition de profiter du repos même que leur imposaient ces doctrines pour replonger dans leurs sols les racines de leur instinct et réagir alors de toute leur puissance rajeunie contre l'esprit de renoncement où les disciples de Çakiamouni et de Jésus avaient entraîné les foules intéressées à les entendre, en leur cachant le vrai visage des deux hommes qui furent tout amour et par suite toute action.

Maintenant que les religions éthiques appartiennent à l'histoire, maintenant que nous avons appris que le besoin moral perd sa puissance quand il prétend annihiler ou diminuer le besoin esthétique dont il n'est qu'un aspect, nous sommes assez forts pour reconnaître que le christianisme et le bouddhisme introduisirent dans le monde un admirable élément de passion. Aux Indes, à vrai dire, le bouddhisme n'avait jamais pris, vis-à-vis du brahmanisme, le caractère de radicale opposition que le christianisme adopta vis-à-vis des religions païennes. Il n'était pas l'esprit d'un sol et d'une race allant au-devant de l'esprit d'un autre sol et d'une autre race pour lui offrir le combat. Il était né du courant même qui poussait les peuples de l'Inde à mêler leur âme aux voix universelles, à demander aux voix universelles de pénétrer incessamment leur âme, il était une extension dans le monde moral du formidable sensualisme qui ne pouvait se refuser d'entendre l'appel des hommes quand il confondait leur esprit avec l'esprit des fauves, des forêts, des eaux et des pierres. En Occident, au contraire, l'invasion de l'âme humaine par la force de la nature ne pouvait prendre, au sein du christianisme organisé en système politique, qu'une allure insurrectionnelle. Et c'est par là que l'âme chrétienne a imprimé une trace profonde dans la forme de notre esprit.

En enseignant la haine de la vie, le christianisme multiplia notre puissance à la vivre quand les fatalités de l'évolution économique et politique des sociétés occidentales les conduisirent à prendre contact avec la vie pour adapter leurs organes à des fonctions nouvelles et assurer à leurs besoins de nouvelles satisfactions. Nos sens avaient gardé mille ans le silence, mille ans la sève humaine avait été refoulée dans nos cœurs, l'esprit avait accumulé pendant mille ans, dans une épouvantable solitude, un monde de désirs confus, d'intuitions inexprimées, de fièvres mal éteintes qui firent jaillir l'amour de lui, quand il ne put plus le

contenir, avec l'ivresse des bêtes des bois prisonnières
qu'on rend à la liberté. Il n'est pas dans l'histoire de
plus magnifique spectacle que cette humanité se ruant
sur la forme avec une frénésie sainte pour la féconder
de nouveau.

C'est là qu'il faut chercher l'origine des différences
qui nous frappent quand nous considérons dans leur
ensemble les manifestations de l'art antique et celles
de l'art médiéval, surtout dans l'Inde et l'Europe de
l'Ouest. Le monde antique n'avait jamais prohibé
l'amour de la forme, il était arrivé par elle, au contraire,
d'un effort progressif, harmonieux, continu aux généralisations philosophiques formulées par les sculpteurs
d'Athènes vers le milieu du siècle d'Eschyle, de
Sophocle et de Phidias. L'Egypte, retenue par la
théocratie en des cadres métaphysiques dont il était
interdit de sortir, avait étudié l'homme dans sa structure, défini pour toujours la forme de l'ombre qu'il
projettera sur la terre tant que le soleil luira sur lui.
La Grèce, libérée du dogme, avait scruté les relations
qui unissent l'homme à la nature, retrouvé dans les
volumes et les gestes des formes vivantes les lois qui
déterminent l'harmonie dans la révolution des astres,
le déroulement des profils terrestres, le mouvement de
descente et d'ascension des mers. Les rapports que
créent de l'homme à l'homme les douleurs vécues
ensemble, les espérances trop longtemps ajournées,
la joie de la libération des sens après des siècles d'ascétisme et de compression physique et morale, il appar-
tenait au Moyen Age occidental de les faire passer
dans la forme, pêle-mêle avec une irruption d'enivrements matériels qui établissent entre lui et le Moyen
Age indien une entente obscure et magique. L'Inde
brahmanique sentait vivre en elle l'âme du Bouddha

comme l'Europe gothique, entraînée par ses besoins sociaux, sentit revivre un siècle en elle, contre les théologiens, contre les conciles, contre les Pères de l'Eglise l'âme aimante, l'âme artiste et pitoyable de Jésus.

Mais que le réveil de la sensualité des hommes ait pris, comme chez les chrétiens, une allure révolutionnaire, qu'il ait, comme chez les Indiens, trouvé son aliment aussi bien dans la passion morale de Çakia-mouni que dans la fièvre panthéistique de Brahma, qu'il se soit manifesté, contre le spiritualisme islamique lui-même, par l'élan des mosquées berbères, leurs broderies de métal et de bois, le ruissellement de joyaux de la peinture persane, qu'il ait tenté péniblement d'échapper à l'étreinte de l'effroyable cauchemar des Aztèques pour rassembler les lambeaux de la chair qu'on découpait sous leurs yeux, qu'il apparaisse dans la patience des Chinois à rendre viables, au moyen de la forme, les entités où se fixe leur équilibre moral, partout au Moyen Age les peuples ignorèrent le but réel qu'ils poursuivaient, partout leur conquête de la vie universelle s'accomplit sous le prétexte religieux, toujours avec l'appui de la lettre du dogme, toujours contre son esprit. C'est ce qui donne à l'art du Moyen Age son accent prodigieux de liberté confuse, sa ruée ivre et féconde dans les champs de la sensation, son insouciance du langage parlé pourvu que ce langage exprime quelque chose, un mélange désordonné de sentiments jaillissant du contact de l'âme avec le monde dans la force nue de l'instinct. La recherche philosophique qui imprime à tout l'art antique son acheminement vers l'harmonie formelle est rendue inutile ici par l'ancre du dogme qui laisse, hors de lui, les sens rajeunis et sans entraves libres de se soulager, et l'universel amour refuser le contrôle de l'humaine volonté. L'admirable logique des maîtres d'œuvre français du Moyen Age s'applique à réaliser un objet d'abord pratique, et si l'Arabe dresse sur le désert l'image abstraite de l'esprit, il remplit de roses et de femmes ses frais Alhambras. L'immortel Dionysos a reconquis la terre, mêlant à sa fièvre sensuelle l'amour du Bouddha, la douceur de Jésus, la dignité de Mahomet, et quand Prométhée, par la Commune occidentale, renaît à ses côtés, Prométhée s'ignore lui-même, il est, lui aussi, inondé d'ivresse mystique. Le Moyen Age a recréé la connaissance contre les dieux qu'il adorait.

C'est toujours contre les dieux qu'elle se crée, cette connaissance mortelle, même quand ces dieux expriment, comme ceux de l'Olympe grec, les lois qu'il s'agit de comprendre pour parvenir à la réaliser. Une inévitable confusion s'est faite en nous, entre le prétexte de nos croyances et leur véritable sens. Depuis toujours, nous avons vu l'art et la religion suivre la même route, l'art accepter de se mouvoir presque exclusivement entre les digues du symbolisme religieux et changer d'apparence aussitôt qu'un dieu en remplace un autre. Nous ne nous sommes jamais demandé pourquoi toutes les religions, même quand elles se combattent, s'expriment en des formes qui leur survivent constamment et dont le temps finit toujours par déterminer l'accord et la nécessité. Nous ne nous sommes jamais demandé pourquoi les plus belles créations des artistes ne coïncident pas toujours avec les minutes les plus intenses de l'exaltation religieuse, pourquoi la même religion garde souvent le silence au cours de sa jeunesse et ne s'exprime parfois que lorsqu'elle touche à son déclin. Nous ne nous sommes jamais demandé pourquoi les imagiers français n'ont imprimé leurs désirs dans la pierre des cathédrales qu'après le mouvement de révolte qui assura la vie de la Commune contre l'oppression du prêtre et du seigneur, pourquoi les signes de découragement apparurent en eux précisément au cours d'un siècle, le XVe, où la foi catholique connut sa minute de fièvre et de surexcitation la plus ardente. Nous ne nous sommes jamais demandé pourquoi l'Inde confondit ses dieux contradictoires dans la même explosion d'ivresse sensuelle, pourquoi l'Islam qui a conservé de nos jours l'intransigeance fanatique d'il y a dix siècles, laisse ses mosquées tomber en ruines et n'en bâtit pas d'autres, pourquoi l'artiste chinois appartient quelquefois à trois ou quatre sectes différentes tandis que l'artiste japonais donne presque toujours l'impression de n'appartenir à aucune, pourquoi l'Européen élevait des autels à un dieu de miséricorde à l'heure où l'Aztèque faisait ruisseler sur les siens le sang des victimes humaines. Nous ne nous sommes jamais demandé si les peuples ne donnaient pas à leurs croyances la forme de leurs sensations.

Il faut bien, cependant, que nous ayons de la création artistique à nos heures de virilité, un besoin aussi impérieux que de la nourriture et de l'amour, et entraînant dans son mouvement triomphal nos croyances, puisque les peuples même auxquels les théologiens et les philosophes enseignent le néant final de l'effort créent, puisque leurs poètes chantent, en termes créateurs de vie, la vanité de notre action. Le christianisme est pessimiste, l'islamisme est pessimiste, le panthéisme est pessimiste, qu'importe! Le chrétien fait bondir hors du sol une forêt sonore de voûtes, de vitres et de tours, le musulman étend l'ombre fraîche de ses coupoles sur son incurable inertie, l'Indien éventre les montagnes pour les féconder. L'homme veut vivre et demande à ceux qui chantent et qui sculptent de lui montrer les voies de la vraie vie, même quand ils lui parlent de la mort. Quels que soient les dieux qu'adore un peuple, ce peuple les fait ce qu'il est.

Sans doute, il nous faut une foi. C'est seulement en elle que nous puisons la force nécessaire pour résister à nos désillusions et maintenir devant nos yeux l'image de notre espérance. Mais cette foi que nous ornons d'étiquettes nouvelles quand une métaphysique ou une morale nouvelle s'impose à nos besoins, cette foi ne change que d'aspect, elle ne change pas d'esprit, et tant qu'elle vit en nous-mêmes, quelles que soient l'époque où se déroule notre action et la religion qui lui serve de prétexte, les formes d'art les plus diverses ne feront que l'exprimer. Cette foi n'est que la confiance qui succède à de longs sommeils et s'émousse à de trop longs contacts avec le mystère que notre ardeur à vivre nous pousse à pénétrer. Quand une religion parvient à son degré de développement le plus harmonieux et le plus expressif, ce n'est pas elle qui éveille en nous cette foi, elle en naît au contraire, elle est la projection dans le champ de nos illusions des réalités intérieures qui nous guident et nous exaltent. L'homme, près de se réaliser, accepte tout d'un coup, en bloc, une grande synthèse simple de tout ce qu'il ignore pour n'être pas gêné par le doute et l'inquiétude dans la recherche de ce qu'il veut savoir. Quand il a trop appris, quand sa foi en lui-même baisse, ses croyances extérieures peuvent durer et s'exaspérer même, mais toutes les expressions de sa pensée vacillent en même temps. Les peuples en action forcent toute religion à se plier aux manifestations de leurs vertus originales. Une religion ne modèle un peuple sur ses dogmes que quand il ne croit plus en lui. Quel que soit notre paradis, nous le réalisons sur terre quand nous avons confiance en nous. Nous attendons pour le diviniser, à travers les siècles et le monde, l'heure de pleine ascension de la vie dans notre cœur, et le mot foi est le nom religieux que nous donnons à l'énergie.

Jamais d'ailleurs l'irruption de cette énergie dans le monde ne s'était produite avec cette violence de mysticisme enivré. C'est ce qui donne aux esprits réellement religieux, dès le seuil de la cathédrale, de la mosquée ou de la pagode, ce profond et complet oubli du rite qui s'y célèbre, cette indifférence absolue aux dogmes sur lesquels se sont bâtis ces temples, cette exaltation supérieure aux formes arrêtées et mortes de l'adoration de l'homme et du champ illimité de son action par l'homme. Le mot mystique est encore à définir. Si le mysticisme est cette forme de désespoir qui précipite l'âme humaine, à des heures d'affaissement, vers des dieux extérieurs entre les mains desquels elle abdique toute volonté et tout désir, vers des jardins qui ne s'ouvrent qu'aux morts pour leur offrir des fleurs qui sentent le cadavre, les premiers temps du christianisme ont peut-être seuls connu ce mysticisme-là, où un minimum d'humanité subsiste dans la plus grande somme de superstitions et de pratiques religieuses. Mais si le mysticisme apparaît sous cette forme d'espoir frénétique et vivant qui se rue dans les champs touffus de la sensation et de l'action et recueille dans sa substance l'envahissement simultané de toutes les forces du monde qui l'approuvent, le renouvellent et l'exaltent, il est l'esprit créateur même à qui son accord avec elles, révèle ses propres moyens. Quel que soit le dieu qu'il adore, et même s'il nie tous les dieux, celui qui veut créer ne consent pas à lui-même s'il ne sent pas couler dans ses artères tous les fleuves, même ceux qui charrient du sable et de la pourriture, s'il ne voit pas briller toutes les constellations, même celles qui sont éteintes, si le feu primitif, même figé dans l'écorce du globe, ne consume pas ses nerfs, si les cœurs de tous les hommes, même de ceux qui sont morts, même de ceux qui sont à naître ne battent pas dans son cœur, si l'abstraction ne monte pas de ses sens à son âme pour l'associer aux lois qui font agir les hommes, couler les fleuves, brûler le feu, tourner les constellations.

Or partout, ou à peu près partout au Moyen Age, les créateurs eurent ces heures de communion confuse et sans limite avec le cœur et l'esprit de la matière en mouvement. Et ce qu'il y a d'admirable, c'est qu'aucun ou presque aucun d'eux ne nous a laissé son nom. Il y eut là, vraiment, un phénomène peut-être unique dans l'histoire, les masses populaires même faisant passer leur force dans la vie qui refluait en elles incessamment, un abandon passionné des multitudes à la poussée aveugle de leurs instincts régénérés. L'antiquité — l'antiquité grecque du moins — n'avait pas connu cette heure, parce qu'elle avait assuré ses conquêtes dans un effort progressif. Ici, les peuples retrouvaient d'un seul coup le contact perdu avec le monde, et comme les conquêtes de leur passé vivaient encore à leur insu dans la puissance virtuelle qui les habitait, la reprise se fit dans un prodigieux tumulte. Les multitudes bâtirent elles-mêmes leurs temples, le choc d'un cœur obscur scella chaque pierre entassée, il n'y eut jamais pareil jaillissement de voûtes, de pyramides, de clochers et de tours, pareille marée de statues montant du sol comme des plantes pour envahir l'espace et s'emparer du ciel. De l'Insulinde et de l'Himalaya à l'Atlantique, de l'Atlas à la mer du Nord, des Andes péruviennes au golfe du Mexique, un élan d'amour irrésistible souda, à travers l'étendue, des mondes qui s'ignoraient. L'architecture, l'art anonyme et collectif, l'hymne plastique des foules en action sortit d'elles avec une si profonde rumeur, avec un tel emportement d'ivresse qu'elle apparut comme la voix de l'universelle espérance, la même chez tous les peuples de la terre cherchant dans leur propre substance les dieux qu'on dérobait à leurs regards. Quand ils eurent vu la face de ces dieux, les bâtisseurs de temples s'arrêtèrent, mais ils eurent un tel geste de désespoir qu'il brisa l'armature de fer où les théocraties muraient l'intelligence, et que l'individu décida de se conquérir.

Préface

A LA NOUVELLE ÉDITION
1923

*Ce livre présente un défaut de composition manifeste.
Mais, pour des raisons analogues à celles qui m'ont
retenu quand je me suis demandé si je récrirais le premier
volume de l'ouvrage (1), j'ai préféré l'abandonner à son
destin, quitte à m'en expliquer dans ce nouveau préambule. L'art exotique, même dans ses manifestations
contemporaines, y figure sous le même titre que l'art
du Moyen Age chrétien ou islamique, et paraît ainsi
présenter avec lui une concordance chronologique qui
peut donner lieu à des confusions graves. De ce point
de vue, je l'avoue, le reproche qu'on m'a fait est justifié,
en admettant bien entendu que le Moyen Age, comme
l'enseignaient naguère les historiens, prenne fin en
l'an 1453 de notre ère, année fatidique, il est vrai,
puisqu'elle vit à la fois se terminer la guerre de Cent ans
et tomber l'Empire byzantin. Cette façon de découper
l'Histoire, dont je ne conteste pas la commodité, rappelle
les résolutions héroïques de ces paresseux qui prétendent
travailler, de ces ivrognes qui prétendent ne plus boire,
de ces violents qui prétendent ne plus s'emporter, ou,
si vous le préférez de ces tendres résolus à être implacables et de ces enthousiastes déterminés à être indiffé-*

(1) Voir *L'Art antique*. Préface à l'édition de 1921.

2. Java (IX⁰ s.?). Temple de Boroboudour. Les musiciens, *détail*
de la vie du Bouddha. *Ph. Goloubew.*

rents et froids à partir du lundi de la semaine suivante
après leur petit déjeuner. En réalité, nous attachons à
notre insu au qualificatif de « Moyen Age », l'idée d'un
ensemble d'institutions politiques et sociales, d'aspirations religieuses, de doctrines philosophiques, entourées
d'une brume mystique un peu confuse, qui donne à toute
une série d'états spirituels de l'humanité, aussi bien en
Orient qu'en Occident, une apparence de parenté plus
ou moins étroite, représentée notamment par les expressions figurées qui nous en restent. On peut dire qu'en
général, toutes les fois qu'une illusion collective à peu
près unanime accepte de céder le pas à un sentiment de
curiosité croissant qui pousse l'individu à rechercher,
par des moyens d'investigation personnels et des moyens
de contrôle objectifs, la solution des énigmes que le
monde intérieur et le monde extérieur lui proposent,
l'esprit médiéval se termine, ou s'endort momentanément, ou se transforme dans le devenir humain.

L'homme, à coup sûr, pense, ou tente de penser par
lui-même à toute époque, ne fût-ce que pour satisfaire
sa faim et son besoin sexuel, tous deux source, le second
surtout, des plus hautes aspirations de l'âme. Mais parfois, la croyance unanime qui caractérise à peu près
partout les populations de type primitif, prend un caractère soudain d'entraînement, d'allégresse, d'enthousiasme et de conquête qui se confond presque toujours
avec quelque synthèse religieuse et emporte les résistances pour édifier un poème métaphysique et social que
des œuvres plastiques ou poétiques traduisent avec
autant de puissance que d'ingénuité. C'est seulement
quand cette croyance s'affaisse que l'individu se dessine
en vigueur sur le fond des multitudes et tente de dominer
les habitudes de l'ambiance pour proposer de nouvelles
directions et de nouvelles solutions. Or, alors que ce

*travail dramatique a commencé en Europe, dès le
XIVe siècle ou même — en Italie par exemple — dès
le XIIIe, à disloquer l'armature unanime des esprits,
cinq cents ans après, de nos jours, ou hier en tout cas,
il n'avait même pas ébauché ses constructions hasar-
deuses chez certains primitifs de Polynésie ou d'Afrique,
qui semblaient n'être pas même sortis d'un état prépa-
ratoire à la culture médiévale telle que nous la définissons
plus haut. Chose plus impressionnante encore, des civilisations grandioses, comme l'Islam, la Chine, et plus
encore l'Inde, paraissaient toujours enfoncées, quels que
fussent les progrès de la culture européenne chez elles,
dans un état politique, social, religieux, moral qui ne
différait pas sensiblement de ce qu'il était dix, quinze ou
même vingt siècles auparavant. L'unité théocratique,
féodale, philosophique, y maintenait les volontés et les
curiosités dans un cadre à peu près immuable qui leur
donnait une apparence très voisine, jusques et y compris
surtout leurs manifestations artistiques, des époques
confuses que représente à nos yeux le Moyen Age occidental. L'individu y semblait submergé presque entièrement dans l'anonymat de la masse, comme quelque
sécrétion perlière dans les profondeurs de la mer.*

*S'il ne s'était agi que de l'Inde, je n'aurais éprouvé
aucun scrupule à présenter ses manifestations plastiques,
au XVIIIe siècle par exemple, comme contemporaines
de l'esprit des mosquées d'Afrique et surtout des cathédrales d'Occident. C'est la Chine, et le Japon surtout,
qui, regardés d'un peu plus près, ont éveillé ce scrupule.
J'ai seulement pu le vaincre en constatant que, jusqu'au
milieu du XIXe siècle, la personnalité de l'une ou de
l'autre ne s'était pas laissé sensiblement entamer par
l'invasion morale de l'Occident, et que les changements
intérieurs qui y étaient survenus avaient consenti à se*

*produire entre des frontières philosophiques et politiques
à peu près imperméables et tout à fait semblables à ce
qu'elles étaient cinq ou dix siècles avant. Le critère
habituel de l'art médiéval d'Occident et sans doute
d'Amérique, qui ont ceci de commun avec l'art primitif
de toutes les régions du monde, y manquait, à vrai dire,
surtout pour le Japon. L'anonymat de l'art, qui n'est
pas complet en Chine, puisque dès les premiers siècles
avant le Christ nous connaissons les noms de plusieurs
artistes chinois, n'existe pas au Japon où, à partir du
VIIe ou VIIIe siècle, on a pu attribuer à des artistes
dont la vie est fort bien située et connue, la plupart des
œuvres d'art qui expriment les îles du Soleil levant. Or,
cet anonymat est l'un des caractères les plus constants
de ce que nous pourrions appeler « les Moyen Ages »,
car l'antiquité, comme l'Occident catholique ou musulman, a eu aussi ses Moyen Ages, l'Egypte par exemple,
du moins jusqu'aux Ramessides, la Grèce égéenne, la
Grèce dorienne jusqu'à l'apparition chronologiquement
constatée des cités grecques dans l'Histoire. Chez les
Mongols, on doit le remarquer tout de suite à ce propos,
l'existence d'un système religieux ou politique unitaire
n'empêche pas, comme chez les Indo-Européens — ceux
des bords du Gange, de la Seine, du Rhin, de la Tamise
ou de l'Arno —, un certain individualisme de se manifester. J'imagine que c'est l'indice d'une plus haute sagesse,
qui pousse les castes dirigeantes à moins comprimer
l'individu, mais aussi empêche à la fois ces élans lyriques
prodigieux de l'individu et des collectivités qui se manifestent alternativement ailleurs. Si on veut saisir sur le
fait cette exception singulière, c'est au Japon surtout,
à partir d'une époque beaucoup plus reculée que dans
le Moyen Age occidental — dès le VIIe siècle, nous
l'avons vu —, qu'il faut assister au passage de l'homo-*

gène qui caractérise le Moyen Age à l'hétérogène qui caractérise l'esprit des temps où nous vivons, et dont la Renaissance et la Réforme ont marqué l'heure la plus dramatique chez nous.

C'est d'ailleurs qu'au Japon comme en Chine — et surtout en Chine, car tous les artistes japonais, peintres, sculpteurs, architectes et même graveurs, potiers, laqueurs, jardiniers, ferronniers sont aussi connus ou plus connus que les artistes d'Occident — la peinture surtout s'accommode mal de l'anonymat. On y assiste au même phénomène qu'en Europe où, dès le XIVᵉ siècle en Italie, dès le XVᵉ en France et en Flandre, l'anonymat disparaît quand apparaît la peinture. Ce phénomène est trop constant — puisqu'on le retrouve jusqu'en Perse où les noms d'artistes qui surgissent à partir du XVIᵉ siècle sont des noms de peintres — pour qu'il n'ait pas partout la même signification. La peinture, comme nous l'apprendra la Renaissance italienne avec un accent si poignant, est le langage de l'individu, de l'être prêt à traduire par le drame des valeurs, des contrastes et des passages, les luttes, les contradictions et les nuances de son propre drame intérieur. Presque nulle part et peut-être bien nulle part, sauf, remarquez-le encore, chez les Mongols, quand l'état d'esprit médiéval règne, il n'est question de peinture : dans l'Islam, l'Europe chrétienne, le Mexique, l'art tout entier se fixe et joue dans la masse architectonique où les saillies de la sculpture et du bas-relief créent presque exclusivement la tragédie de la lumière. Quand apparaît un élément qui contient déjà en puissance les développements futurs de la convention picturale — le tapis en Orient, la mosaïque à Byzance, le vitrail en France — il participe à l'harmonie monumentale et obéit entièrement au rythme architectural.

Cette naissance de la peinture nous conduit naturellement à constater une parenté singulière entre l'évolution respective de l'art chez les Occidentaux et chez les Orientaux. Non seulement l'aspect général est partout assez voisin quand on considère d'ensemble la marche de deux ou plusieurs grandes écoles — étape architecturale des symboles archaïques, étape d'équilibre entre la forme épanouie et le monde extérieur de plus en plus consulté, étape naturaliste où la dissociation commence —, mais, à considérer les Renaissances d'Occident, il semble qu'un même travail s'effectue en Asie, l'Inde même comprise, ainsi que chez les Africains, où les formes deviennent plus dégagées, plus maigres, vues par le détail anecdotique et pittoresque plutôt que par l'ensemble plastique et généralisateur. Chose plus singulière encore, sensible en Chine, mais particulièrement évidente au Japon, un parallélisme chronologique étroit s'établit, à partir de ce moment-là, entre les formes asiatiques et les formes européennes. Au Japon, vers le XVe siècle, avec Sesshiu, Soami, Sesson, une Renaissance s'annonce, presque tout à fait dégagée des grandes formes synthétiques du Moyen Age mongol. L'élan qu'elle imprime à toutes les écoles aboutit, au XVIIe siècle, à un classicisme très analogue à celui de France par l'épanouissement de l'architecture et des jardins et la fixation du grand style décoratif autour de l'œuvre de Korin. Le XVIIIe siècle, avec Harounobou, Outamaro, la gravure en couleurs, voit fleurir, en même temps que l'industrie des menus objets mobiliers et la généralisation de l'amateurisme et du goût, un art voluptueux et mondain d'une grâce exquise. Le XIXe, enfin, assiste au triomphe de l'art naturaliste et du paysage dont Hokusaï et Hieroshigé sont les principaux repré-

*sentants. Je ne crois pas du tout à des influences réci-
proques, les échanges suivis n'ayant commencé qu'au
milieu du siècle dernier pour l'Europe, et vers sa fin
pour la Chine et le Japon. Il y a là plutôt des évolutions
parallèles, communes probablement à toutes les sociétés,
dans tous les temps, et qui ne sont que des étapes nécessaires de l'esprit dans sa marche vers sa propre synthèse
ou sa propre dissociation. N'est-il pas étrange par
exemple, au premier abord, mais à la réflexion naturel,
qu'au sein du même mouvement de peinture d'intérieur,
familière, décorative et mondaine, Kiyonobou au Japon
et Leblond en Europe inventent la gravure en couleur
à quelques années de distance ?*

*D'autre part — et surtout — le symbolisme uni-
versel qui caractérise à première vue l'art asiatique (1),
semble quitter les rythmes instinctifs des artistes orientaux en même temps que l'individualisme et le naturalisme apparaissent. Flux et reflux incessant des grandes
vagues spirituelles qui bercent l'humanité, puisque la
symbolique chrétienne, au Moyen Age occidental,
dressait l'église byzantine et la cathédrale française
sur des contrées où le naturalisme avait jusqu'ici prévalu
et devait prévaloir encore quand leurs assises ne repo-
seraient plus dans l'unanimité des cœurs. Ce vaste
balancement d'un foyer d'intelligence et de sentiment
à l'autre ne s'est au fond jamais arrêté, et ce n'est
qu'au sommet de ses ondes qu'on peut saisir des formes
assez tranchées pour définir l'esprit européen et l'esprit
asiatique selon leurs caractères les plus constants et
les plus décisifs. L'apollinisme grec, déjà, n'était-il
pas sorti de la marée dionysiaque venue du fond de
l'Asie, et cet apollinisme, lors de l'expédition macé-*

---

(1) Voir *L'Art antique*. Introduction à l'art oriental.

28

donienne, n'avait-il pas contribué plus que tout à recréer, aux frontières des Indes, un nouveau rythme dionysiaque que le bouddhisme allait répandre, comme une inondation irrésistible, sur la Chine, l'Indo-Chine, l'Insulinde et le Japon?

La révélation progressive de ces rythmes alternatifs, et d'autre part une connaissance plus approfondie et une assimilation prodigieusement rapide des formes les plus étranges de l'art d'Orient, d'Afrique et d'Amérique, ont rendu ces formes bien plus proches de nous que nous ne le croyions possible quand elles nous sont apparues. Depuis quelques années, il n'y a plus d'art exotique. Tout homme de haute culture, dans toutes les parties du monde, retrouve facilement un même fond intangible d'humanité dans toutes les images qui nous entretiennent des groupes ethniques dispersés dans toute la durée des siècles et sur toute la surface de la terre. Récrirais-je aujourd'hui la page qui ouvre mon chapitre sur la Chine? Je crois que oui, en y réfléchissant, car il comporte, il me semble, une part de vérité. Mais voyez cependant les figurines de terre cuite qu'on trouve en ce moment dans les tombeaux des grandes vallées jaunes et qui sont si proches de matière, de structure, de sentiment, d'esprit, de celles qu'on tire encore des sépultures béotiennes. L'art chinois, comme l'art indien, ou l'art mexicain, ou l'art nègre, se rapprochent de plus en plus de nous, comme s'en était rapproché il y a un demi-siècle l'art japonais, au point de déterminer dans nos recherches des courants essentiels. Non seulement l'homme universel apparaît partout pareil à quelques intelligences (1), mais il semble que ce rapprochement vertigineux qu'on observe entre les

(1) Voir *L'Art antique*. Préface à l'édition de 1921.

*différentes formes de son langage figuré ne soit pas
loin — ou du moins soit susceptible — de devenir le
point de départ d'une communion grandissante. Communion incapable, je le crois, de supprimer aucun des
grands instincts qui constituent les sources de l'esprit,
aucun des drames qui en marquent la croissance, mais
capable de créer — par le cinéma par exemple — des
ivresses spirituelles unanimes hier encore inespérées,
et absolument inconnues.*

Les Indes

I

A l'heure où les peuples de la Méditerranée
orientale ouvraient l'histoire, l'Inde aussi commençait
à vivre d'une vie morale supérieure. Mais la rumeur
des hymnes védiques, plus anciens de mille ou deux
mille ans, peut-être, que les épopées de la Grèce,
monte seule de la confusion du passé. Pas un seul
poème de pierre, sauf quelques monuments méga-
lithiques dont on ne connaît pas l'ancienneté, n'est
là pour dévoiler le mystère de l'âme indienne avant
le seuil du Moyen Age occidental dont elle paraît
d'abord plus voisine que des civilisations antiques.

C'est que les tribus de l'Iran, quand elles avaient
quitté les hauts plateaux pour descendre le long des
fleuves, vers l'horizon des grandes plaines, ne rencontraient pas partout le même sol, les mêmes arbres,
les mêmes eaux, les mêmes ciels. Les unes s'étaient
trouvées aux prises avec l'unité du désert, source
des absolus métaphysiques. D'autres peuplaient des
contrées d'étendue moyenne, de végétation clair-
semée, de formes nettes qui les entraînaient vers
l'observation objective et la volonté de faire fleurir
dans l'esprit les forces équilibrées qui font l'univers
harmonieux. Les Iraniens qui avaient suivi la vallée
du Gange durent se laisser aller d'abord à l'ivresse

des sens. Gardant encore en eux le silence et la fraîcheur des cimes, ils s'enfonçaient sans transition dans un monde écrasant d'ardeur et de fécondité.

Jamais, en aucun point du globe, l'homme ne s'était trouvé en présence d'une nature aussi généreuse et aussi féroce à la fois. La mort et la vie s'y imposent avec une telle violence qu'il était forcé de les subir comme elles se présentaient. Pour échapper aux saisons mortes, pour trouver les saisons vivantes, il lui suffisait de monter vers le nord ou de descendre vers le sud. La végétation nourricière, les racines, les fruits, les graines sortaient d'un sol qui ne s'épuise pas. Il tendait la main, et il ramassait de la vie. Dès qu'il entrait dans les bois pour recueillir l'eau des grands fleuves ou chercher les matériaux de sa maison, la mort surgissait irrésistible, entraînée par le flot avec le crocodile, tapie dans les taillis avec le tigre, grouillant avec le cobra sous les herbes, effondrant le rempart des arbres sous la marche de l'éléphant. A peine s'il distinguait, dans l'enchevêtrement nocturne des troncs, des rameaux, des feuilles, le mouvement de la vie animale des mouvements de la pourriture et de la floraison des herbes. Né des fermentations obscures où la vie et la mort fusionnent, le torrent de la sève universelle éclatait en fruits sains, en fleurs vénéneuses, sur le corps confus de la terre.

Les visages indistincts de sourire et de cruauté que la nature offrait à l'homme, faisaient tomber les armes de son esprit et de ses mains. La possibilité d'atteindre un idéal moral au travers des bois formidables et des tentations multipliées, lui paraissait aussi inaccessible que le front de l'Himalaya qui soulevait les plus hauts glaciers de la terre dans la lumière bleue du Nord. Acceptant la vie et la mort

4

avec la même indifférence, il n'avait plus qu'à ouvrir
sa sensualité à la pénétration de l'univers et à laisser
monter peu à peu de ses instincts à son âme ce panthéisme grandiose et trouble qui est toute la science,
toute la religion, toute la philosophie de l'Indien.

Pourtant, lorsque Alexandre arriva sur les bords
de l'Indus, une grande révolution sociale bouleversait
la péninsule. Le Bouddha Çakia-mouni, un siècle
auparavant, avait senti l'ivresse panthéiste inonder

4. Art indo-hellénistique. Bouddha (Ier s. av. J.-C.). Musée Guimet.

5

sa vie intérieure et l'amour l'envahir avec la puissance
des fleuves. Il aimait les hommes, il aimait les bêtes,
il aimait les arbres, il aimait les pierres, tout ce qui
respirait, tout ce qui palpitait, tout ce qui remuait,
tout ce qui avait seulement une forme sensible, des
constellations du ciel à l'herbe où se posaient ses
pieds. Puisque le monde est un seul corps, il faut bien
qu'une tendresse irrésistible pousse les uns vers les
autres tous les éléments dispersés, toutes les formes

5. Ellora (ve s.). Danse sacrée, *détail* de la vie de Vishnou. *Ph. Louis-Frédéric-Rapho.*

différentes qui errent au travers de lui. La faim, le meurtre, la souffrance, tout est amour. Çakia-mouni livrait tendrement sa chair nue à l'aigle qui poursuivait une colombe.

Quels que soient le fatalisme et le sensualisme d'un peuple, il entend toujours, au moins une fois au cours de son histoire, celui qui vient verser sur ses blessures le baume d'amour. On ne pouvait vaincre le tigre, sans doute, la cime de l'Himalaya ne pouvait être atteinte, et les fleuves sacrés qui descendaient de lui ne pouvaient pas cesser de rouler dans leurs eaux la fièvre et la vie. Pourtant, l'appareil social brahmanique, l'implacable régime des castes qui reflétait du haut en bas la rigueur implacable des énergies universelles fut broyé par la révolte de l'amour. Un demi-siècle après l'incursion d'Alexandre, l'empereur Açoka était forcé de suivre l'entraînement général et d'élever quatre-vingt-quatre mille temples en commémoration d'un homme qui n'avait jamais parlé des dieux.

Que dura le bouddhisme aux Indes ? Sept ou huit siècles peut-être, une heure dans la vie de ces multitudes dont l'évolution historique dans le passé et l'avenir paraît aussi infinie et confuse que leur pullulation dans l'étendue. L'Inde, insensiblement, revint aux dieux védiques, le brahmane, appuyé sur le prince, reconstruisit la pyramide sociale et balaya de la terre des hommes l'espoir du paradis. Le bouddhisme se réfugia dans l'âme de quelques cénobites, et, par delà les frontières de l'Inde, alla conquérir l'Asie. Ainsi le christianisme, né de l'idéal sémitique, devait vaincre tout l'Occident, sauf les Hébreux. Une révolution ne conquiert pas l'instinct fondamental du milieu qui l'a provoquée.

C'est du fond même de la nature indienne que le mysticisme matérialiste était remonté lentement pour étouffer tous les désirs d'humanité suscités par le bouddhisme. Les temples dont les foules néophytes avaient semé le sol de l'Inde les ramenaient, pierre par pierre, à subir de nouveau la ritualisation des croyances primitives qui ne cessaient pas de constituer la source de leurs émotions. Le monument bouddhique proprement dit a presque disparu de l'Inde. Les *Topes*, les grands reliquaires de brique sont peut-être les seuls édifices qui ne soient pas consacrés à un dieu ayant figure matérielle. Encore l'histoire du Bouddha, toute sa vie se déroulant parmi les animaux et les forêts est-elle sculptée sur la porte. Les *Chaïtyas*, les basiliques qu'on bâtissait autour du premier siècle, ont déjà des chapiteaux faits de figures animales. Quand Çakia-mouni lui-même paraît dans le sanctuaire, c'est que son enseignement est oublié et que l'instinctif sensualisme a vaincu les besoins moraux.

Qu'importait aux foules de l'Inde? Il leur fallait des formes à aimer. Les brahmanes n'eurent aucune peine à vaincre. Eurent-ils même conscience de leur

6

victoire et la multitude misérable sentit-elle la défaite
peser sur son espoir ? Y eut-il victoire, y eut-il défaite ?
La défaite n'est-elle pas l'abdication de la nature
véritable que nous ont constituée notre milieu géo-
graphique et l'immense atavisme secret qui nous attache
au fond même de notre histoire ? La victoire n'est-elle
pas le triomphe au dedans de nous de cette nature
impérissable par qui peut seulement se manifester
la conception de la vie qui nous est propre ? Un seul
temple bouddhique fut-il détruit ? Un seul fidèle
persécuté ? Peut-être non. Aux Indes, l'esprit religieux
domine le dogme. Une marée monte après une marée
et dépose sur le rivage des algues, des coquillages,
des cadavres nouveaux, de nouvelles vies palpitantes.
Tout se mêle et se confond, le brahmane officie
dans les temples bouddhiques, vénère la statue de
Çakia-mouni aussi bien que celles de Shiva, de Brahma,
de Vishnou. Tel temple souterrain commencé aux
tout premiers temps du bouddhisme, on le creuse
encore quand les Tartares, après les Persans et les
Arabes, ont imposé l'Islam à la moitié des Indiens.

II

Pour les Indiens, toute la nature est divine, et,
au-dessous du grand Indra, tous les dieux sont de
puissance égale et peuvent menacer ou détrôner les
autres dieux, dieux concrets, dieux abstraits, le soleil,
la jungle, le tigre, l'éléphant, les forces qui créent et
celles qui détruisent, la guerre, l'amour, la mort. Aux
Indes, tout a été dieu, tout est dieu ou sera dieu. Les
dieux changent, ils évoluent, ils naissent et meurent,
ils laissent ou non des enfants, ils nouent et dénouent

6. Bhuwaneswar (VIᵉ s.). Le grand temple.

leur étreinte dans l'imagination des hommes et sur la paroi des rochers. Ce qui ne meurt pas, aux Indes, c'est la foi, l'immense foi frénétique et confuse aux mille noms, qui change sans cesse de forme, mais est toujours la puissance démesurée qui pousse les masses à agir. Aux Indes, il arrivait ceci. Chassés par une invasion, une famine, une migration de fauves, des milliers d'êtres humains se portaient au Nord ou au Sud. Là, au bord de la mer, au seuil d'une montagne, ils rencontraient une muraille de granit. Alors, ils entraient tous dans le granit, ils vivaient, ils aimaient, ils travaillaient, ils mouraient, ils naissaient dans l'ombre, et, trois ou quatre siècles après ressortaient à des lieues plus loin, ayant traversé la montagne. Derrière eux, ils laissaient le roc évidé, des galeries creusées dans tous les sens, des parois sculptées, ciselées, des piliers naturels ou factices fouillés à jour, dix mille figures horribles ou charmantes, des dieux sans nombre, sans noms, des hommes, des femmes, des bêtes, une marée animale remuant dans les ténèbres. Parfois, pour abriter une petite pierre noire, comme ils ne rencontraient pas de clairière sur leur chemin, ils creusaient un abîme au centre du massif.

C'est dans ces temples monolithes, sur leurs parois sombres ou sur leur façade embrasée que se déploie, dans toute sa puissance épouvantable, le vrai génie indien. Ici se fait entendre tel qu'il est le langage confus des multitudes confuses. L'homme, ici, consent sans combat à sa force et à son néant. Il n'exige pas de la forme l'affirmation d'un idéal déterminé. Il n'y enferme aucun système. Il la tire brute de l'informe, telle que l'informe la veut. Il utilise les enfoncements d'ombre et les accidents du rocher. Ce sont

7. Ajunta (IIe s. av. à VIe s. ap. J.-C.). Fresque, *détail*. Ph. Goloubew.

eux qui font la sculpture. S'il reste de la place, on ajoute des bras au monstre, on lui coupe les jambes si l'espace est insuffisant. Un pan de mur démesuré rappelle-t-il la masse sommaire et monstrueuse roulant par troupes moutonnantes sur les bords des fleuves, à la lisière des forêts, on le taille par grands plans purs pour en tirer un éléphant. Au hasard des creux, des saillies, les seins se gonflent, les croupes se tendent et se meuvent, l'accouplement humain ou bestial, le combat, la prière, la violence et la douceur naissent de la matière qui paraît elle-même enivrée sourdement. Les plantes sauvages pourront faire éclater les formes, les blocs pourront crouler, l'action du soleil et de l'eau pourra ronger la pierre. Les éléments ne mêleront pas mieux que le sculpteur toutes ces vies à la confusion de la terre. Parfois, aux Indes, on retrouve au milieu des bois d'énormes champignons de pierre luisant sous l'ombre verte comme des plantes vénéneuses. Parfois, tout seuls, des éléphants épais, aussi moussus, aussi rugueux que s'ils étaient vivants, mêlés à l'enchevêtrement des lianes, dans les herbes jusqu'au ventre, submergés de fleurs et de feuilles et qui ne seront pas plus absorbés dans l'ivresse de la forêt quand leurs débris seront retournés à la terre.

Tout le génie indien est dans ce besoin toujours inassouvi de remuer la matière, dans son acceptation des éléments qu'elle lui offre et son indifférence à la destinée des formes qu'il en a tirées. Il ne faut pas chercher dans l'art qui nous le livre l'expression peut-être imposée mais réelle de sa métaphysique comme chez l'Égyptien, la libre expression comme chez le Grec de sa philosophie sociale, mais l'expression obscure et trouble, anonyme et profonde, et

par là démesurément forte, de son panthéisme intuitif.
L'homme n'est plus au centre de la vie. Il n'est plus
cette fleur du monde entier qui s'est employée lentement à le former et le mûrir. Il est mêlé à toutes
choses, au même plan que toutes choses, il est une
parcelle d'infini ni plus ni moins importante que les
autres parcelles d'infini. La terre passe dans les
arbres, les arbres dans les fruits, les fruits dans l'homme
ou l'animal, l'homme et l'animal dans la terre, la
circulation de la vie entraîne et brasse un univers
confus où des formes surgissent une seconde pour
s'engloutir et reparaître, déborder les unes sur les
autres, palpiter et se pénétrer dans un balancement
de flot. L'homme ignore s'il n'était pas hier l'outil
avec lequel il fait surgir de la matière la forme qu'il
sera peut-être demain. Tout n'est qu'apparences, et
sous la diversité des apparences, Brahma, l'esprit
du monde, est un. L'homme, sans doute, a l'intuition mystique du transformisme universel. A force
de transmigrations, à force de passer d'une apparence
à une autre apparence et d'élever en lui, par la souffrance et le combat, le niveau mouvant de la vie, sans
doute sera-t-il un jour assez pur pour s'anéantir en
Brahma. Mais, perdu comme il l'est dans l'océan des
formes et des énergies confondues, sait-il s'il est
forme encore, s'il est esprit ? Est-ce cela un être qui
pense, un être seulement vivant, une plante, un être
taillé dans la pierre ? La germination et la pourriture
s'engendrent sans arrêt. Tout bouge sourdement,
la matière épandue bat ainsi qu'une poitrine. La
sagesse n'est-elle pas de s'y enfoncer jusqu'au crâne
pour goûter, dans la possession de la force qui la
soulève, l'ivresse de l'inconscient ?

Dans les forêts vierges du sud, entre l'ardeur

du ciel et la fièvre du sol, l'architecture des temples
que la foi faisait jaillir à deux cents pieds dans les
airs, multipliait de générations en générations et
entourait d'enceintes toujours agrandies, toujours
déplacées, ne pouvait pas sortir d'une source moins
puissante et moins trouble que les grottes creusées
dans l'épaisseur des rochers. Ils élevaient des montagnes artificielles, des pyramides à degrés où les
formes grouillaient dans la broussaille des sculptures.
Hérissements de cactus, de plantes mauvaises, crêtes
dorsales de monstres primitifs, on dirait qu'aucun
plan ne présidait à la construction de ces forêts de
dieux qui semblaient repoussés de l'écorce terrestre
comme par la force des laves. Dix mille ouvriers
travaillant ensemble et laissés à leur inspiration,
mais uns de fanatisme et de désirs, pouvaient seuls
étager ces dalles titanesques, les ciseler du haut en
bas, les couvrir de statues aussi serrées que les vies
de la jungle et les soutenir dans les airs sur le feston
aérien des ogives dentelées et l'échafaudage inextricable des colonnes. Statues sur statues, colonnades
sur colonnades, trente styles mêlés, juxtaposés, superposés, colonnes rondes ou carrées, polygonales, à
étages ou monolithes, lisses ou cannelées ou fouillées
ou surchargées de ciselures avec la confusion suspecte
de paquets de reptiles remuant en cercles visqueux, de
pustules soulevées par des battements mous, de bulles
crevant sous les feuilles étalées sur une eau lourde.
Là, comme partout dans l'Inde, l'infiniment petit et
l'infiniment grand se touchent. Quelle que soit la puissance de ces temples, ils ont l'air à la fois jaillis de la
terre sous la poussée d'une saison et fouillés minutieusement comme un objet d'ivoire.

Partout des formes, partout des bas-reliefs touffus,

8. Mahavellipore (VIIIᵉ s.). La descente du Gange. Bas-relief sur
paroi, *détail*. Ph. Goloubew.

de l'enceinte des temples à leur faîte, sur les parois
intérieures, souvent au sommet des colonnes où toute
l'humanité, toute l'animalité confondues supportent
le fardeau des entablements et des toits. Tout est
prétexte à porter des statues, à se boursoufler en
figures, les chapiteaux, les frontons, les colonnes, les
hauts degrés des pyramides, les marches, les balustrades, les rampes d'escaliers. Des groupes formidables se soulèvent, retombent, chevaux cabrés,
guerriers, grappes humaines, éruptions de corps enchevêtrés, troncs et rameaux vivants, foules sculptées
d'un seul mouvement, comme jaillies d'une même
matrice. Le vieux temple monolithe semble retourné
violemment et projeté hors de la terre. L'Indien,
sauf aux époques plus récentes où il a modelé des
bronzes étonnants de tendresse, de fermeté et d'élégance, l'Indien n'a jamais conçu la sculpture comme
pouvant vivre indépendante de la construction qu'elle
décore. Elle semble, sur le corps d'une plante grasse,
un bourgeonnement confus.

¹⁴

III

Même au dehors, même en pleine lumière, ces
formes sont environnées d'une obscurité mystérieuse.
Les torses, les bras, les jambes, les têtes s'entremêlent,
quand une statue toute seule n'a pas vingt bras, dix
jambes, quatre ou cinq faces, quand elle n'est pas
chargée seule de toutes les apparences de tendresse
et de fureur par qui se révèle la vie. Les fonds ondulent
pesamment comme pour faire rentrer dans l'éternité
mobile de la substance primitive les êtres encore
informes qui tentent d'en émerger. Larves grouillantes,

9. Elephanta (VIIIᵉ s.). Tête colossale, *détail. Ph. Werner Bischof-
Magnum.*

embryons vagues, on dirait des essais incessants et successifs d'enfantements qui s'ébauchent et avortent dans l'ivresse et la fièvre d'un sol qui ne cesse pas de créer.

De près, il ne faut pas regarder cette sculpture avec la volonté ou le désir d'y trouver le modelé scientifique des Égyptiens ou le modelé philosophique de Phidias, bien que l'Égypte et bien plus encore la Grèce amenée par Alexandre aient profondément influencé et peut-être même révélé à eux-mêmes les premiers sculpteurs bouddhiques. La sculpture n'est plus envisagée que sommairement et d'instinct dans ses plans et ses passages. Les procédés de la peinture la définiraient mieux, car la lumière et l'ombre jouent, dans ces bas-reliefs gigantesques, un rôle vivant et continu, comme un pinceau qui triture et caresse. Mais précisément la peinture indoue, qui conserve les qualités de matérialité de la sculpture est peut-être, plus qu'elle, épurée par l'esprit. La peinture est plutôt œuvre monacale, le bouddhisme y laisse une empreinte bien plus précise. Et plus tard, quand l'Islam arrive, l'influence de la Perse s'y fait beaucoup plus sentir. Des grandes décorations bouddhiques aux miniatures musulmanes, la spiritualisation des éléments de l'œuvre touche parfois à la plus rare, la plus haute, la plus humaine harmonie. On ne peut placer au-dessous des grandes œuvres classiques la pureté des fresques d'Ajunta où semblent fusionner une heure, dans le lyrisme panthéiste des Indiens, le rayonnement spirituel des peintures égyptiennes et l'enivrement moral des vieux artistes chinois. Par une sorte de paradoxe ethnique, la grande peinture de l'Inde semblerait plus rapprochée des rythmes linéaires qui préoccupent avant tout les sculpteurs

égyptiens ou grecs que la sculpture indienne elle-
même, inclinée à transporter dans la pierre ou le
métal le modelé fuyant et ondoyant des peintres. Quand
on compare cette sculpture à celle des ouvriers anonymes de Thèbes ou des maîtres athéniens, on y
trouve quelque chose d'absolument nouveau et de
difficile à définir, la fermentation d'un creuset obscur
après la limpidité d'un théorème, un modelé qui est
un mouvement avant d'être une forme et n'a jamais
été considéré isolément ni dans ses rapports abstraits
avec les figures voisines. Ce sont des passages matériels
qui lient les figures entre elles, elles sont toujours
empâtées d'atmosphère, accompagnées par les fonds,
absorbées à demi par les autres figures, le modelé est
fluctuant et houleux à la façon de la masse des feuilles
labourées par le vent. Ce qui modèle le rocher, ce qui
le roule en vagues de tempête, c'est le désir et le désespoir et l'enthousiasme eux-mêmes. Il ondule comme
une foule que la volupté et la fureur ravissent. Il est
gonflé et tendu comme un torse de femme qui sent
l'approche de l'amour.

Des mouvements et non des formes, des masses
expressives et non des harmonies de rapports ou des
abstractions arrêtées, une image ivre et touffue de
l'ensemble du monde et non plus la recherche d'un
équilibre entre les lois universelles et les lois de l'esprit.
Par éclairs, sans doute, et voilé d'obscurité et de
torpeur, on peut tout trouver dans cet art, débordant
l'élément voisin, l'opprimant ou opprimé par lui,
on y peut rencontrer de brèves fulgurations de conscience et de brusques écarts du réalisme le plus
rudimentaire à l'idéalisme le plus haut. A les voir
isolées, les figures — les figures de femmes surtout,
innombrables, douces, religieuses, formidables de

grâce, de sensualité, de pesanteur charnelle, — ébauchent à tout instant un effort immense et sourd, souvent d'une ferveur puissante, d'adaptation supérieure à leur rôle d'humanité. L'homme indien veut des tailles fléchissantes sous le poids des seins et des hanches, de longues formes effilées, une seule onde musculaire parcourant le corps entier. Mais son hymne tendre se perd dans la clameur universelle. Il peut adorer à la fois Indra, l'être suprême, le créateur Brahma, le destructeur Shiva, le rédempteur Krishna, Surya la lumière du jour, Lakshmi l'amour, Sarasvati la science et l'horrible Kali assise dans la pourriture et le sang caillé des victimes, les dix incarnations de Vishnou et la foule des héros et des monstres de l'immense mythologie et des épopées nationales, Ravana, Sougriva, Hanoumat, Ananta. Il peut invoquer Rama, le héros incorruptible qui eût conduit

les Grecs au seuil de la divinité, Rama n'est qu'une
idole de plus dans le prodigieux Panthéon, une idole
perdue parmi les dieux de la fécondité et de la mort.
Il peut faire voisiner, sur les murailles, la férocité
et l'indulgence, l'ascétisme et la lubricité, les forni-
cations et les apostolats, il peut mêler l'obscénité à
l'héroïsme. L'héroïsme et l'obscénité n'apparaissent
pas plus dans la vie universelle qu'un combat ou un
accouplement d'insectes dans les bois. Tout est au
même plan. Pourquoi ne pas laisser l'instinct se répandre dans la nature avec l'indifférence des puissances
élémentaires et balayer dans son emportement les
morales et les systèmes? L'idéalisme social est vain.
L'éternité impassible use le long effort de l'homme.
L'artiste indien n'a pas le temps de conduire la forme
humaine jusqu'à sa réalisation. Tout ce qu'elle contient,
elle le contient en puissance. Une vie prodigieuse

11

10. Tanjore (xiᵉ s.). La pagode. *Ph. Louis-Frédéric-Rapho*. —
11. La danse de Shiva (xiiᵉ s.). Bronze. Musée de Madras.

l'anime, mais embryonnaire et comme condamnée
à ne jamais choisir entre les sollicitations confuses
de ses énergies de volonté et de ses énergies sensuelles.
L'homme ne changera rien à sa destinée finale qui est
de retourner tôt ou tard à l'inconscient et à l'informe.
Dans la fureur des sens ou l'immobilité de la contemplation, qu'il s'abîme donc sans résistance au gouffre
des éléments.

L'amoralisme de l'âme indienne, sa confusion,
son trouble panthéistes, l'éloignent presque constamment des grandes constructions abstraites qui caractérisent le désir des vieux peuples occidentaux. Aux
Indes, l'œil ne saisit les ensembles qu'en passant par
tous les détails. Tandis qu'en Égypte le désert, l'horizon, le fleuve rectiligne, la pureté du ciel, tandis qu'en
Grèce les golfes sinueux, les eaux transparentes,
la crête arrêtée des collines, avaient fait de l'homme

12

12. Gwalior (xvᵉ s.). Le Palais. *Ph. Louis-Frédéric-Rapho.*

un métaphysicien ou un philosophe épris du rythme ou de la continuité sinueuse qu'il observait dans l'univers, ici il fallait trop de jours pour arriver jusqu'aux montagnes, les fleuves étaient trop vastes, trop bourbeux pour qu'on en pût voir le fond, les forêts trop touffues pour qu'il fût possible de saisir d'un coup d'œil la ligne harmonieuse des arbres, le contour de leurs feuilles, la vraie forme des animaux rampants qui n'apparaissaient dans un éclair que pour fuir ou donner la mort. Partout la barrière infranchissable de la vie luxuriante, l'œil ébloui de couleurs et de lignes sans cesse brisées et confondues, lianes, fleurs d'où pleuvaient des poussières étincelantes, bêtes rayées, diaprées, ocellées, constellées, l'esprit fiévreux des germes de vie et de mort roulant sous l'océan des feuilles. C'est par l'accumulation désordonnée des enivrements matériels que l'âme indienne atteignit ce mysticisme panthéistique que tout être sensuel a pu sentir monter en lui aux minutes d'amour total, où, par la femme qui se donne, il sent, dans une seule étreinte, la présence confuse et réelle de l'univers. Il ne faut pas chercher dans l'architecture de l'Inde l'abstraction linéaire exprimant, par sa continuité, le rythme apparent de la vie, mais la vie elle-même, ramassée pêle-mêle, brassée à pleines mains, arrachée pantelante à la peau de la terre, exprimant l'unité du monde par l'entassement, sur un point de l'espace, de tout ce qui la constitue, du sol peuplé à la solitude du ciel et des montagnes immobiles à l'agitation des mers.

IV

Pourtant, au nord et au nord-ouest de l'Inde, dans les régions où les forêts sont moins épaisses, les glaciers plus proches, la jungle coupée çà et là de grands espaces déserts, la synthèse fut infiniment moins instinctive, plus abstraite, partant plus sobre. La Grèce, à vrai dire, était entrée par là dans l'Inde, plus tard Rome, Byzance, la Perse amenant du fond de son histoire le souvenir de l'Assyrie, de la Chaldée, peut-être de l'Égypte, et, en même temps que la Perse, l'Islam spiritualiste, l'Islam qui n'aimait pas les images et qui méprisait les idoles. Enfin, par Lisbonne et Venise, l'Occident gothique et renaissant. Mais l'Inde est un creuset si rempli de bouillonnements et d'ardeurs qu'elle força l'Islam, durant des siècles, à subir son génie, à couvrir les murs de ses mosquées d'arabesques vivantes, lotus, lianes fleuries, figures d'hommes et de monstres. La statue grecque hâtivement imitée par les premiers sculpteurs fut aussi vite oubliée qu'apprise. L'élégance inquiétante des œuvres qu'elle inspira n'était que le prélude aux revanches prochaines d'une sensualité impossible à contenir : l'Inde, un moment séduite par tant de grâce et de raison, y réservait son immense domaine dans le sourire errant des bouches, la flamme étouffée, l'énervement, l'ascétique maigreur des corps. La colonne pure qui soutenait les frontons lumineux sur toutes les acropoles d'Occident et que le nord de l'Inde introduisit jusque dans le sud avec le prosélytisme religieux, alla se noyer dans le pullulement démesuré des forêts de pierre vivantes. L'Inde assimila tout, transforma tout, submergea tout sous la marée montante de sa force qui remuait. Des civilisations

13. Art indo-musulman (xvıı^e s.). Le Taj-Mahal. *Ph. W. Suschitzky-Rapho.*

grandioses passaient sur elle, semaient ses déserts et ses bois de cadavres de villes. Qu'importe. Ici ni le temps, ni les hommes ne comptent. L'évolution revient à chaque instant sur elle-même. Comme une mer, l'âme indoue est éternellement mobile entre des rivages arrêtés. A aucun moment on ne peut dire : voici la montée de la race, son apogée, sa chute. Dans le creuset des noyaux fondent, d'autres sont liquides et brûlants et d'autres froids et durs. L'Inde est l'énigme, l'être protée, insaisissable, sans commencements, sans fins, sans lois, sans buts, mêlé à tout, seul pourtant dans son ivresse qui ne peut pas s'épuiser.

Ainsi, l'art aristocratique et plus abstrait du Nord, bien qu'on y puisse retrouver les traces des civilisations méditerranéennes, de la Chaldée et de l'Égypte à l'Europe féodale et néo-païenne, reste au fond aussi foncièrement indien que l'art des Dravi-

14

diens méridionaux. En montant du Dekkan vers l'Himalaya, la pyramide s'est arrondie. Dans l'Inde moyenne, elle est curviligne, et bien qu'encore rayée comme la peau des tigres, moins surchargée d'ornements et presque sans statues. Dans la vallée du Gange, au contact du dôme persan, l'incurvation s'accuse encore et la voûte, faite de dalles étagées, prend la forme de la coupole ou du kiosque soutenu par des piliers frêles. Hémisphériques, ovoïdes, ventrus, écrasés ou renflés, polygonaux ou circulaires, les dômes nus comme ceux des mosquées ou ciselés comme les pyramides dravidiennes et sommés de turbans, ont l'air d'énormes tubercules gras gonflés de matière spongieuse. C'est là d'ailleurs une forme de tout temps désirée par le sensualisme indien. L'Inde, terre des ruines, a dû voir disparaître tout à fait, mille ans ou davantage avant notre ère, des édifices qui ressemblaient beaucoup à ces forêts de dômes bulbeux, temples ou mausolées, qu'elle bâtit encore de nos jours. Le Ramayana parle souvent de « palais dont les faîtes blancs moutonnent en nuages amoncelés ».

Même avant que la domination des Grands Mogols, les empereurs tartares, fût venue, au début des temps modernes, imposer à l'Inde septentrionale l'ordre et la paix, le temple du bassin du Gange avait déjà, malgré sa richesse ornementale, un caractère d'équilibre et d'unité abstraite qu'on ne trouve jamais dans le Sud. Le sensualisme des Indiens qui poussait les sculpteurs méridionaux à entrer dans les montagnes germe dans la conscience du Nord en tragédies, en poèmes, en hymnes de verbe et de pierre. Mais si les murs sont plus nus, les formes plus apaisées et plus assises, les silences plus longs et la courbe des dômes plus abstraitement calculée, l'accueil du temple est

13

14. Trichinopoly (XVIIe s.). Pagode de Sriringam. La cour des chevaux.

plus réservé, l'ivrèsse mystique moins lourde. Dans le Sud, ce qui parlait, c'est l'âme profonde de l'Inde, une rumeur sauvage montant de toute la durée d'un peuple pour éclater spontanément sur toute son étendue. Ici, la voix des hautes castes domine les chœurs populaires avec d'autant plus d'éclat, de majesté et de puissance, qu'elles ont poussé sur le sol indien comme une végétation naturelle et qu'elles ont su construire la synthèse philosophique la plus grandiose que l'homme ait jamais conçue.

La richesse sensuelle du Sud, épurée par l'esprit métaphysique et rendue plus rare par l'esprit aristocratique se retrouve, dès qu'on a franchi le seuil des sanctuaires, dans le détail de l'ornementation. Les temples djaïns de l'Inde moyenne, dont les piliers ouvragés comme des verreries et la dentelle des arcatures soulèvent dans le ciel des forêts de coupoles blanches, expriment encore, il est vrai, malgré la science trop minutieuse de leurs décorateurs, une foi vivante. Mais dans les monarchies du Nord, la vanité des rajahs a recouvert l'enthousiasme des artistes d'un vêtement si fastueux qu'il perd, avec sa nudité, le meilleur de sa valeur humaine. Il y a des temples gorgés de dieux d'argent et d'or dont les yeux sont des rubis ou des diamants. Dans l'ombre, des gouttes de feu tombent, la robe royale des tigres, les plumages versicolores des forêts tropicales, leurs fleurs, la queue rutilante des paons, incrustent d'émeraudes, d'améthystes, de perles, de topazes et de saphirs l'écorce de métal, d'ivoire ou d'émail qui couvre les piliers et les murs. Art extérieur, gloire et magnificence immobiles, et d'une lumière plus pâle que les statues vivant dans l'obscurité souterraine. L'esprit de l'Inde féodale est plutôt dans les grands châteaux rectangulaires, défendus par de hautes tours, nus, austères, fermés comme des forteresses, cuirassés d'émaux polychromes, ou dans ses palais de marbre blanc sur le silence des eaux. [12]

V

L'Occident médiéval, l'Occident des châteaux forts et des édifices romans est à coup sûr moins dépaysé dans l'Inde hiérarchique du Nord que dans l'Inde démocratique du Midi. Là, comme ici, l'abstraction descend des classes dominantes pour écraser les classes misérables sous le symbole pétrifié de sa puissance extérieure. Mais l'Occident hellénique, où l'abstraction montait des masses, au contraire, pour exprimer sa puissance intérieure par la voix des héros, l'Occident hellénique, l'Occident gothique aussi, retrouveraient plutôt la trace de leur rêve s'ils marchaient à la suite du torrent des idées qui franchit les montagnes, les marécages, les forêts vierges et la mer pour se répandre jusque dans la presqu'île indo-Chinoise, jusque dans l'Insulinde, jusqu'à Java qu'il recouvrit de temples gigantesques. Autour de cette mystérieuse race khmer, surtout, qui sema le Cambodge de forteresses, de palais, de temples absorbés peu à peu par la jungle, la nature, malgré l'épaisseur des bois, était moins écrasante peut-être, les taillis certainement moins redoutables, les fruits plus abondants, les fleuves plus poissonneux, la vie plus facile et plus large. De plus, l'esprit métaphysique et moral de la Chine était venu tempérer la trouble et pesante atmosphère de la nature tropicale. Enfin, cinq ou six cents années après la disparition du bouddhisme

15. Art khmer. Palais d'Angkor-vat (xᵉ-xiiᵉ s.). Le défilé. Bas-relief, *détail. Ph. Giraudon.* ▶

de l'Hindoustan, vers le xe siècle de notre ère,
peut-être, le peuple khmer, comme le peuple de Java
chez qui la sculpture décorative de l'Asie orientale,
poussant un de ses rameaux les plus chargés, fleurit du
haut en bas les monuments en bas-reliefs mouvants
comme des peintures où l'épopée morale du Bouddha
se déroulait parmi les bêtes, les forêts embaumées
regorgeant de fruits et d'oiseaux, les chœurs, les
musiciens, la grâce nonchalante et lascive des femmes
qui prient et dansent et peuplent de rêves abondants
le sommeil enivré du dieu, le peuple khmer était
toujours bouddhiste et témoignait de préoccupations
d'équilibre moral et d'harmonie à peu près inconnues
aux sculpteurs des grottes d'Ellora et des temples
pyramidaux.

L'orgie ornementale, certes, n'alla jamais plus
loin. Il le faut bien, car la forêt est encore plus touffue,
plus fleurie, plus peuplée, l'humidité plus chaude et la
fièvre plus enivrante. Mais l'ornement obéit à un
rythme d'un splendide balancement. Les entrelacs
de fleurs, de fruits, de lianes, de palmes et de plantes
grasses qui rampent du haut en bas des murs, le long
des montants et sur les frontons des portes et jusqu'au
sommet des hautes tiares aux quatre faces de Brahma
qui remplacent ici la coupole indo-persane ou la
pyramide dravidienne, épousent à tel point la ligne
de l'architecture qu'elles la rendent plus légère et
semblent la soulever toute comme en un réseau aérien
de feuilles, de tiges enroulées, de frondaisons suspendues, une pluie silencieuse et tourbillonnante de
corolles et de parfums.

Le sculpteur khmer donne une forme à tout ce qui
n'atteint d'habitude notre sensibilité centrale que
par ce que nous entendons et ce que nous goûtons

16. Art khmer. Le Bayon d'Angkor-vat ((fin du xiie s.). Danse des
Apsaras, *détail. Ph. Giraudon.*

et ce que nous sentons. Il sculpte les murmures et les
lueurs et les odeurs de la forêt, le bruit cadencé des
troupes en marche, le roucoulement profond des 15
oiseaux qui cherchent l'amour, le râle rauque et
sourd des fauves rôdant au travers des fourrés, le
fluide invisible qui court dans les nerfs des femmes
qui dansent quand la musique ronfle et quand monte 16
la volupté. Le cœur secret du monde bat en tumulte
et régulièrement dans les foules qui passent sous
d'impénétrables rameaux, qu'elles chantent toutes
ensemble ou se préparent au massacre, à la fête,
à la mort, à la justice, à la construction des palais.
Et, dans cet ordre intérieur qui donne à ces symphonies
sculpturales tant de force rythmique, tout cependant
s'interpénètre sans arrêt. La transmigration des penseurs de l'Inde frémit à même le rocher. Des formes
animales, des formes végétales passent les unes dans
les autres, des lianes germent en figures, des reptiles,
des pieds, des mains fleurissent en fleurs de lotus.
Mais qu'importe! L'univers luxuriant est bon, puisque
le visage divin de celui qui console apparaît derrière
chaque feuille, puisqu'il aima jusqu'aux serpents.
Les héros, les éléphants, les tigres gardiens du temple

ou qui bordent les avenues, les immenses cobras aux
sept têtes écartelées qui encadrent les frontons ou
rampent le long des balustrades, ont malgré leurs
massues, leurs griffes, leurs dents, un visage d'indulgence et un sourire d'accueil. Bouddha est tout amour.
Les forces de la terre l'ont pénétré pour s'épanouir en
humanité dans son être. Ainsi des arbres noirs pleins
de sucs vénéneux, pleins d'épines, et parcourus, des
racines aux feuilles, de bêtes distillant la mort,
portent, à leur plus haute branche, une fleur.

L'histoire de Çakia-mouni, de sa naissance à
son sommeil nirvânique, fleurit les murs des sanctuaires. Le sculpteur khmer s'est attendri sur l'homme-
dieu d'Orient, comme vers le même temps, l'artisan
gothique s'attendrissait à raconter la naissance et la
passion de l'homme-dieu d'Occident. Partout de
bons sourires, partout des bras ouverts, des têtes
inclinées sur des épaules amies, des mains jointes
avec douceur, des élans ingénus d'abandon et de
confiance. L'homme est partout à la recherche de
l'homme. L'esprit du mal, Ravana aux cent mains
d'où naissent des plantes et des herbes, aux pieds
marchant sur des bois peuplés d'animaux, l'esprit

17   18 ▶

17. *Détail* de 16. — 18. Art khmer. Palais d'Angkor-thom (xᵉ-
xııᵉ s.). Figure décorative, *détail*. Ph. *Giraudon*.

du mal peut accourir, les innombrables figures des hommes peuvent se débattre sous des avalanches de fleurs ainsi que l'esprit assiégé par les séductions de la terre. Qu'importe! Sur des fonds d'arbres épais, des armées marchent. Rama s'avance au travers des forêts. L'homme finira bien par conquérir, ne fût-ce qu'une seule minute, l'accord entre sa vie sociale et ses instincts les plus tyranniques. Ni bestialité, ni ascétisme. Non seulement les héros de la volonté sont entourés de fleurs amies et n'ont qu'à étendre la main pour cueillir les fruits aux branches inclinées sur leur passage, mais même des guirlandes de bayadères nues les attendent à l'extrémité du chemin, toutes différentes, toutes pareilles, dansantes et presque immobiles et qui scandent au rythme deviné de la musique, les saccades intérieures de l'onde qui les parcourt. Pour la seconde fois depuis l'origine des hommes, l'effort intellectuel et la joie des sens semblent s'accorder une heure. Furtif sans doute, et plus sommaire, mais aussi plus plein, plus musical, plus empâté de matière, surchargé et mouvant sur des fonds d'arbres et de fleurs, le modelé des Grecs paraît s'ébaucher çà et là.

Ainsi, éternellement balancée entre son héroïsme et sa sensualité, passant à tout instant et sans transition de l'extrême amour moral à l'extrême ivresse matérielle et de la plus haute aristocratie de culture aux satisfactions d'instinct les plus impulsives, l'âme indienne erre à travers les forêts vivantes des sentiments et des systèmes, à la recherche de la loi. Dans son ensemble, et malgré des oasis d'espoir et de fraîcheur sentimentale, elle est pessimiste et cruelle. Non pas que les hommes de l'Inde aient plus que les autres le besoin d'infliger la douleur ou de donner la mort. Ils sont du vrai limon humain, pétris de faiblesse, cuirassés de fer et d'or, emportés tour à tour vers l'amour ou le meurtre selon que les souffles qu'ils respirent leur apportent l'odeur des arbres, des océans ou des déserts. Dans tous les cas, là comme ailleurs, l'énergie la plus élevée et la matière la plus brute s'épousent à tout instant. On dirait que les manifestations de l'instinct rué de toute sa puissance dans l'immensité de la vie, suscitent infailliblement, chez les natures supérieures, les plus hauts sentiments de l'âme. Si les sages indiens s'élèvent au-dessus du bien et du mal pour conquérir l'indifférence après avoir beaucoup souffert, c'est parce que la foule indienne se plongeait dans l'ivresse ou l'horreur de vivre sans savoir le bien ni le mal.

L'équilibre, pour eux, ne pouvant se réaliser que par éclairs dans la vie sociale moyenne, ils le cherchèrent en dehors des conditions de la vie sociale moyenne, au sein d'une harmonie démesurée où la vie et la mort, dans l'ignorance des origines et des fins, mêlent leurs puissances égales et ne connaissent pas d'autres limites qu'elles-mêmes. Que la vie donc s'épuise à vivre jusqu'à la mort! Que la mort, dans sa pourriture, fasse fleurir et refleurir la vie! Pourquoi tenter de faire entrer dans l'harmonie de la conscience les énergies de la nature? Disciplinées une minute, les énergies de la nature reprendront le dessus et de nouveau rouleront les volontés et les espoirs de l'homme dans l'enivrement confus de leur jeunesse reconquise.

19. Route du tombeau des Mings (xvᵉ s.). *Ph. Giraudon.*

La Chine

L'Inde, c'est nous encore. Si le pessimisme gran-diose qui donne à sa langue plastique tant d'ivresse nous ouvre des régions de nous-mêmes que nous n'avions pas explorées, il nous domine dès l'abord, parce que le rythme de cette langue l'apparente secrètement à toutes celles qui expriment l'optimisme occidental. En Chine, au contraire, nous ne compre-nons plus. Bien qu'enfermant le tiers des hommes, ce pays est le plus lointain, le plus isolé de tous. Il s'agit là d'une méthode qui nous échappe presque absolument, d'un point de départ qui n'est pas le nôtre, d'un but qui ne ressemble pas au nôtre, d'un mouvement vital qui n'a ni la même allure ni le même sens que le nôtre. Réaliser l'unité de l'esprit, c'est à cela, sans doute, que le Chinois tend comme nous. Mais il ne cherche pas cette unité sur les routes où nous la cherchons.

La Chine n'est pourtant pas restée aussi fermée qu'on l'a dit. Elle s'est incessamment mêlée à l'arya-nisme, au point de produire, en Indo-Chine et au Thibet par exemple, des civilisations mixtes où elle laissa les fleuves d'amour qui s'épanchaient de l'âme indoue pénétrer d'un peu d'ardeur inquiète et de désirs inconnus son âme sérieuse, positive, bonhomme et rechignée. Elle a connu les mondes les plus éloignés d'elle, les plus anciens. Rome, il y a deux mille ans, trafiquait avec elle, la Chaldée, vingt siècles avant Rome, lui enseignait l'astronomie. Plus près de nous, l'Islam l'a touchée au point d'amener à son dieu vingt ou trente millions de Chinois. Au xvie siècle, après la conquête mongole, Pékin était peut-être la ville la plus cosmopolite, la plus ouverte du globe. Les Portugais, les Vénitiens y envoyaient leurs marchands et la cour impériale faisait venir des Indes, de la Perse, de l'Europe occidentale même, des artistes et des savants.

Pourtant, aussi loin qu'on regarde dans le passé de la Chine, elle semble n'avoir pas bougé. Sa vie mythique prend fin, peut-être, vers le siècle de Périclès, son apogée de puissance vitale oscille entre le ve et le xve siècle de notre ère, son déclin commence à l'heure où l'Occident va façonner l'histoire. Mais il faut y regarder de près pour distinguer l'une de l'autre ces phases de son action. Les témoignages matériels qui nous parviennent de son époque légendaire ne diffèrent pas très sensiblement de ceux qu'elle fournit de nos jours mêmes et son plus vigoureux effort ne paraît coïncider avec le Moyen Age occidental que pour mieux démontrer, par les passages insensibles qui l'attachent à son passé et à son présent, qu'elle n'est jamais sortie de son propre Moyen Age et que nous ignorons quand elle y est entrée. En réalité, c'est le monde intérieur des Chinois qui ne s'est jamais ouvert pour nous. Nous avons beau sentir chez eux une civilisation sociale plus parfaite que la nôtre, nous avons beau admirer en eux les résultats d'un effort moral qui fut aussi grand que le nôtre. Nous ne les comprenons pas toujours mieux que les fourmis ou les abeilles. C'est le même mystère, très effrayant, presque sacré. Pourquoi sommes-nous ainsi faits que nous ne puissions concevoir que notre propre mode d'association et notre seul mécanisme de raisonnement? Que le Chinois nous soit supérieur, qu'il nous soit inférieur, c'est ce qu'il est impossible de dire et le problème, ainsi posé, n'a pas de sens. Il a suivi une évolution que nous n'avons pas suivie, il constitue un deuxième rameau de l'arbre humain qui s'est écarté du premier sans que nous puissions savoir si leurs branches se rejoindront.

Le monde indo-européen, de tout son instinct, se dirige vers l'avenir. Le monde chinois, de toute sa conscience, se tourne vers le passé. Là est l'abîme, peut-être infranchissable. Là est tout le secret de la puissance d'expansion de l'Occident, de l'hermétisme de la Chine, de l'étrange impersonnalité de son langage figuré. Prise en bloc, elle ne manifeste aucun changement dans le temps, aucun mouvement dans l'espace. On dirait qu'elle exprime un peuple de vieillards, ossifiés depuis l'enfance. Ce n'est jamais à lui, c'est à son père, à son grand-père, et par delà son père et son grand-père, au peuple immense des cadavres qui le gouverne du fond des siècles, que le Chinois demande non pas la loi, mais la recette de son adaptation au milieu d'ailleurs peu mobile que la nature lui a fait.

Au premier abord, c'est l'Égypte, son immobilité géologique et agricole, son art impersonnel, collectif, hermétique, abstrait. Mais l'Égypte est inquiète, elle ne peut étouffer la flamme qui s'épanche malgré elle du centre de la matière qu'elle travaille avec amour. Un invincible idéalisme la pousse vers un avenir qu'elle ne voudrait pas voir. Le Chinois, sous l'action du dehors, a évolué lui aussi, sans doute, mais autour du même point fixe. Il est resté pratique et replié sur lui, étroitement réaliste, dépourvu d'imagination et au fond sans désirs. Alors que le peuple égyptien souffre de la domination du prêtre et cherche à l'oublier en explorant la vie en profondeur, le Chinois accepte sans révolte la tyrannie d'ailleurs benoîte du mandarin, parce qu'elle ne gêne en rien la satisfaction vieillotte de ses goûts. Du moins ne connaissons-nous rien des évolutions immémoriales qui durent le conduire à cet état d'esprit. Confucius, une fois pour toutes, a réglé la morale, elle est restée figée en formules très accessibles et se maintient dans l'ornière traditionnelle par le respect indiscuté, dogmatisé, ritualisé, aveugle que l'on doit à ses parents, aux parents de ses parents, aux parents morts de ses ancêtres. Le mouvement ascensionnel qui caractérise pour nous la vie et nous empêche de l'arrêter dans une formule définie s'est cristallisé chez lui en une forme qui

20

20. Époque Chang (XVIIIᵉ-XIIᵉ s. av. J.-C.). Cuve Daïban. Bronze. Musée Cernuschi, Paris. *Ph. Giraudon.* — 21. Époque Tchéou (XIIᵉ-XIᵉ s. av. J.-C.). Tripode. Terre cuite. Musée Cernuschi, Paris. *Ph. J.-A. Lavaud.*

n'est peut-être pas toujours semblable à elle-même mais par qui l'on peut remonter au même principe et que le même principe détermine jusqu'en ses plus minces détails. Le Chinois s'en contente, il s'y complaît, il n'a nul besoin d'en rechercher d'autres. Au fond, s'il reste immobile, c'est qu'il a trop de vertus natives et que son imagination s'atrophie à ne jamais avoir à réagir et à lutter. Il accueillera sans difficulté les enseignements moraux du bouddhisme, .plus tard de l'islamisme, parce qu'ils sont à peu près d'accord avec l'essentiel de ceux que lui apporta Confucius jusqu'au nirvânisme de l'un et au fatalisme de l'autre qui lui permettront d'endormir dans l'indifférence les velléités de révolte qu'il pourrait avoir.

Aussi loin que nous puissions remonter dans l'extrême enfance de la Chine, elle est déjà solidifiée dans quelques abstractions métaphysiques et quelques entités morales d'où découleront désormais toutes

21

ses formes d'expression. L'Aryen va du concret à l'abstrait, le Chinois de l'abstrait au concret. Chez l'Aryen, l'idée générale est le fleurissement de l'observation objective et l'abstraction toujours en devenir. Chez le Chinois, l'idée générale semble antérieure à l'étude objective du monde et les progrès de l'abstraction se sont arrêtés net dès qu'une loi morale suffisante à maintenir le lien social est apparue au philosophe. En Occident, le symbole sort de la vie pour s'en dégager peu à peu par voie de généralisations progressives qui s'élargissent sans arrêt ou repartent sur d'autres bases. En Chine, le symbole gouverne la vie et l'enferme de toutes parts.

La réalité toujours devenante que désire l'Occidental, la conquête idéaliste qui le tente, la tentative d'ascension de l'homme vers l'harmonie, l'intelligence et la moralité, le Chinois ne semble pas les soupçonner. Il a trouvé, du moins il croit avoir

22

trouvé, son mode de sociabilité. Pourquoi changerait-il ? Quand nous dénonçons son absence d'idéalisme, peut-être ne faisons-nous que constater que son vieil idéal a depuis longtemps réalisé ses promesses et qu'il jouit du privilège unique de se maintenir dans la citadelle morale dont il a su s'emparer alors que tout s'écoule, se décompose et se reforme autour de lui. Quoi qu'il en soit, on ne le verra jamais aborder la forme avec le désir de lui faire exprimer, comme l'art antique et l'art renaissant tout entiers, l'effort d'adaptation intellectuelle et sensuelle de l'être humain à la nature qui l'entoure, mais toujours avec la volonté de tirer d'elle un symbole tangible de son adaptation morale. Il visera toujours à l'expression morale, et cela sans demander au monde de lui fournir d'autres éléments que ceux qu'il sait bien y trouver d'avance, sans demander aux gestes qui le traduisent de nouvelles révélations. La morale sera cristallisée dans une attitude préméditée, comme elle est cristallisée dans les sentences qui le guident. Il n'aura plus qu'à feuilleter la nature ainsi qu'un dictionnaire de physionomies et de formes propres à fixer les enseignements des sages par leurs combinaisons. L'émoi sensuel ne l'atteint plus que par surprise, quand il étudie de trop près les éléments de la transposition plastique, et sa science de la forme, dégagée de toute attache matérielle, ne lui sert plus qu'à définir des abstractions. L'art immobile démontre des vérités acquises au lieu de constater des intuitions nouvelles. [23] [26]

En somme, le Chinois n'étudie pas la matière du monde pour lui demander de l'instruire. Il l'étudie quand il lui devient nécessaire d'objectiver ses croyances pour y attacher plus fermement les hommes qui les partagent. Il est vrai qu'il apporte à cette étude d'incom-

22. Vase vissé au tour (IVe s.). Musée Cernuschi, Paris.
Ph. J.-A. Lavaud.

parables dons de patience, de ténacité et de lenteur.
Les tâtonnements anciens des premiers artistes chinois
nous échappent... On dirait que, pendant dix ou
vingt siècles, ils ont étudié en secret les lois de la
forme avant de demander à la forme d'exprimer
les lois de l'esprit.

II

En Chine, l'expression plastique est une sorte de
graphisme conventionnel analogue à l'écriture. Les
premiers peintres chinois, les moines bouddhistes
qui, au cours des mêmes siècles où les moines chrétiens
recueillaient les débris de l'esprit antique, cultivèrent
dans leurs couvents la seule fleur de haut idéalisme
qui fleurit pendant trente siècles sur cette terre immuable, les premiers peintres chinois étaient aussi
des écrivains. Il n'y avait pas d'autres peintres que
les poètes qui peignaient et écrivaient avec le même
pinceau et commentaient l'un par l'autre le poème
et l'image interminablement. Les signes idéographiques
qu'il fallait une vie pour apprendre et qui revêtaient
une sorte de beauté spirituelle que les artistes saisis-
saient dans la ténuité, l'épaisseur ou la complexité
des arabesques noires dont ils couvraient le papier
blanc, les entraînèrent peu à peu à manier le pinceau
trempé d'encre de Chine avec une prodigieuse aisance.
Quand la poésie, née du même courant sentimental
que la peinture, eut senti la fraîcheur et le calme du
monde autour des monastères isolés dans les hauts
vallons, les peintres qui la commentaient jetèrent
sur lui le premier regard innocent que la philosophie
traditionnelle ait permis aux artistes chinois. Le paysage,

23. Époque Weï (vᵉ s.). Divinité Kwan-Yn. Musée Cernuschi, Paris.
Ph. J.-A. Lavaud.

cet instrument de libération et de conquête, leur apparut tout à coup. Et l'âme bouddhique trouva en eux à ce moment-là son expression la plus sereine (1).

Jamais les peintres chinois, malgré leur forme brève, n'allèrent aussi loin que leurs élèves, les artistes du Nippon, dans la stylisation schématisée de la nature. Il ne s'agissait pas de décorer des maisons ou des temples. Ils illustraient des poèmes pour eux, dans ce sentiment à la fois profondément doux et profondément égoïste de l'anachorète arrivé à l'apaisement passionnel. L'agitation des villes ne les atteignait pas. Les images qu'ils traçaient sur la soie avec une minutie sans lassitude ou faisaient naître lentement des taches d'encre qu'écrasait leur pinceau sur le papier de riz, n'exprimaient pas souvent autre chose que la paix intérieure du philosophe feuilletant les écrits des sages au milieu des arbres indulgents ou sur le bord des eaux pures. Ils n'entendaient pas d'autres bruits que celui des torrents dans la montagne ou le bêlement des troupeaux. Ils aimaient les heures indécises, la lueur des nuits lunaires, l'hésitation des saisons moyennes, les brumes qui montent à l'aube des rizières inondées (2). Ils s'étaient fait une fraîcheur d'âme pareille à celle du matin dont les oiseaux s'enivrent.

Il est à peu près impossible de considérer la peinture chinoise selon cette courbe harmonieuse qui assure à presque toutes les écoles l'apparence d'une concentration synthétique de tous les éléments de l'œuvre à ses débuts, plus tard de leur épanouissement progressif dans une expression équilibrée, plus tard encore de leur désordre et de leur dispersion.

(1) et (2) M. Paléologue. *L'Art chinois.*

Suivant le lieu, suivant les circonstances, l'aspect d'un
siècle changera. L'hiératisme bouddhique, par exemple, n'apparaîtra pas ici. Et là, il se prolongera jusqu'au
seuil du monde moderne, isolé dans quelque région
éloignée des centres de vie, ou bien retranché du
monde environnant qui vit et bouge, au fond de
quelque cloître bien fermé. Il faut parfois deux cents
ans pour qu'une province s'anime et obéisse aux
sentiments d'une autre qui déjà les a oubliés. Chez
les Thibétains c'est constant, mais c'est aussi plus
explicable. La Corée, par exemple, retarde toujours
sur la Chine, alors que le Japon, qui brûle les étapes,
est capable d'imiter à sa guise une forme disparue
de Chine depuis dix siècles ou naissante à peine aujour-
d'hui. Le Thibet s'imprègne de l'Inde, le Turkestan
de la Perse, l'Indo-Chine du Cambodge et du Laos.
En Chine même c'est pareil, suivant la dynastie,
l'école, la région, la religion. Seul, comme partout,
presque immuable dans l'espace et la durée, l'art
bouddhique, évidemment plus affaibli à mesure que
la foi baisse, reste distinct de tout ce qui n'est pas
lui-même, distinct et distant, langage symbolique de
l'infini et de l'universel, lumière spirituelle concentrée
dans une forme humaine assise, et ruisselant de toutes
ses surfaces inépuisablement,

    Si l'on considère la peinture chinoise en masse
et dans son ensemble et sans tenir compte des tentatives locales d'émancipation, des survivances artificielles de soumission, de la confusion générale de
son développement, on peut dire que quinze siècles
s'écoulèrent, peut-être, avant que l'égoïsme chinois
consentît à s'arracher à la vie contemplative pour
descendre vers le torrent où le martin-pêcheur guette
sa proie, ou s'approcher furtivement de la branche

25

sur laquelle le rossignol, gelé par l'aube, roule son
dernier sanglot en ébouriffant ses plumes, ou observer
le merle noir qui sautille sur la neige. Ce n'est guère
que sous les Ming , au XIVe, au XVe siècle, que les
peintres chinois regardèrent de plus près les oiseaux,
les poissons, les fleurs, comme s'ils voulaient léguer
au Japon qui leur demandait de l'instruire, l'incomparable science dont les avaient armés deux ou trois
mille ans d'observation pratique et immédiatement

24. Époque Weï (Ve s.). Grottes de Yunkang. Le grand Bouddha.
Ph. Mission Ed. Chavannes. — 25. Époque Weï (Ve s.). Grottes de
Yunkang. Bas-relief sur rocher. *Ph. Mission Ed. Chavannes.*

intéressée. Avec une facilité déconcertante, ils dédaignèrent à ce moment-là le langage conventionnel qui avait fait la gloire de leur art, la liberté disciplinée qui leur permettait d'exprimer les abstractions sentimentales à condition de respecter et d'exalter les seules lois de l'harmonie.

Hors des oiseaux, des poissons, des fleurs, des

26

choses qu'il faut tenir entre les doigts pour les décrire, hors des portraits directs, purs et nets, dont la pénétration candide étonne, hors des paravents brodés et des peintures décoratives qui tremblent de battements d'ailes, la grande peinture chinoise nous envahit à la façon des ondes musicales. Elle éveille des sensations intimes et vagues, d'une profondeur sans limites, mais impossibles à situer, qui passent les unes dans les autres et s'enflent de proche en proche pour nous

26. Époque Soueï. Bodhisattva (589-618), *détail*. Musée Cernuschi, Paris. *Ph. J.-A. Lavaud.*

conquérir entièrement sans nous permettre d'en saisir l'origine et la fin. Les formes chinoises peintes n'ont pas l'air d'être encore sorties du limon primitif. Ou bien encore on les dirait apparues à travers une couche d'eau si limpide, si calme qu'elle ne troublerait pas leurs tons depuis mille ans saisis et immobilisés sous elle. Pollen des fleurs, nuances indécises de la gorge des oiseaux, couleurs subtiles qui montent, avec leur maturité même, de la profondeur des fruits, les soies peintes de la Chine n'ont rien à voir avec l'objet. Ce sont des états d'âme en présence du monde, et l'objet n'est qu'un signe, d'ailleurs profondément aimé, qui suggère cet état d'âme suivant la façon dont il se comporte et se combine avec les autres objets. La transposition est complète, et constante. Et elle leur permet de peindre ou plutôt d'évoquer des choses jamais vues, — des fonds sous-marins par exemple, — avec une poésie si profonde qu'elle crée la réalité. Ainsi, sur une toile de la grandeur d'une serviette où, dans le brouillard du matin, un héron lisse ses plumes, l'espace immense est suggéré. L'espace est le complice perpétuel de l'artiste chinois. Il se condense autour de ses peintures avec tant de lenteur subtile qu'elles semblent émaner de lui. Ils peignent leurs noirs et leurs rouges avec une douceur puissante, et comme s'ils les dégageaient peu à peu de la patine d'ambre sombre qu'ils paraissent avoir prévue et calculée. Des enfants jouent, des femmes passent, des sages et des dieux devisent, mais ce n'est jamais cela qu'on voit. On entend des mélodies paisibles qui tombent sur le cœur en nappes de sérénité.

La sérénité, par malheur, s'use aussi vite que l'enthousiasme, car elle est comme lui l'effort. A mesure qu'ils s'éloignaient des sources, les artistes chinois en arrivaient, pour se créer l'état mental qu'avaient prescrit les sages, à demander au vin l'enthousiasme artificiel d'où naissait, suivant la dose absorbée et l'orientation de l'esprit, la fougue, la joie, l'ironie, la sérénité elle-même. A force d'être maîtres d'eux, ils écrasaient en eux la vie. De siècle en siècle, avec la lenteur étrange qui caractérise leur action, la peinture des Chinois, prise à son service par la cour impériale dès qu'elle sortit des couvents, suivit l'évolution de leurs autres langages avec un entêtement d'autant plus dangereux pour elle qu'elle doit rester, si elle veut vivre, le plus individuel de tous. Elle se développa dans une atmosphère à peu près irrespirable de formules, de règles et de canons dont on remplit vingt mille ouvrages, codes, histoires, listes de praticiens et nomenclatures de tableaux, recueils techniques qui transformèrent l'art de peindre en une sorte de science exacte et firent naître des milliers d'imitateurs et de plagiaires d'une incroyable habileté. Elle retourna vers ses origines graphiques en créant d'énormes volumes de modèles où l'on pouvait trouver des formes dessinées dans tous leurs détails et sous tous leurs aspects, et qui ne laissaient plus au peintre qu'un travail de groupement. Le vice capital de l'écriture chinoise qui arrête le développement de l'esprit en enrayant l'échange des idées et précipite l'abstraction vers la sophistique puérile réapparaissait dans l'expression dernière de l'art qu'elle avait doté de son premier outil technique. Ainsi le monde objectif trop oublié se venge. L'ivresse de l'esprit débarrassé de toute entrave est interdite à l'homme qui n'a plus le droit de chercher des formes d'équilibre différentes de celles que l'ancêtre réalisa pour son repos.

III

C'est à la fois l'ancre où se tient l'âme chinoise, et son écueil. Son architecture de luxe, les pagodes, les palais, le révèle en pleine clarté. Tout y est préconçu, artificiel et fait pour la démonstration d'un certain nombre de règles immémoriales de métaphysique et de bon sens. La faïence et l'émail des toits, les bleus, les verts, les jaunes miroitant au soleil sous le voile toujours suspendu de la poussière, sont surtout là pour la joie de l'œil, bien que chacun d'eux symbolise un phénomène météorologique ou les bois, les labours, les eaux, un pan de la robe terrestre. Et si tout est bleu dans les temples du ciel, tout rouge dans les temples du soleil, tout jaune dans les temples de la terre, tout blanc-bleuté dans les temples de la lune, c'est afin d'établir entre les harmonies sensuelles et les harmonies naturelles une solidarité intime et continue, où la sérénité du cœur se fixe, s'immobilise et se démontre à elle-même sa certitude et sa nécessité. Mais, au-dessous du grand besoin d'unité et de calme, le fétichisme et la magie affirment patiemment leurs droits. L'orientation de l'édifice, le nombre toujours impair des toits superposés et relevés aux angles, souvenir des tentes mongoles, les clochettes grelottant à la moindre brise, les monstres de terre cuite sur les corniches ajourées, les maximes morales peintes partout, les découpures de bois doré, tout cet ensemble en buissons d'épines, ces crêtes, ces arêtes, ces formes hérissées et griffues, tout répond au souci constant d'attirer ou d'écarter de soi-même et des maisons voisines les génies du vent et de l'eau. Ainsi pour les grands parcs artificiels où tous les accidents du sol, montagnes, rochers, ruisseaux, cascades, bois et taillis sont imités jusqu'à la manie, comme si les Chinois, qui ne changent jamais, hors des villes, l'aspect primitif de la terre natale, témoignaient le respect qu'elle leur inspire en la torturant jusqu'à la réduire à la mesure du luxe humain.

C'est un peuple plus soumis que religieux, plus respectueux qu'enthousiaste. Non qu'il manque de dieux, non qu'il ne les croie pas réels. Ceux qui se disent les disciples du profond Lao-Tseu, les taoïstes, ont introduit chez les Chinois autant de divinités, peut-être, qu'il en naît et meurt chaque jour sur la terre indienne. Mais toutes ces croyances qui ne se traduisent, d'ailleurs, que par des pratiques de superstition populaire, se brouillent, se pénètrent, coexistent même presque toujours chez le même individu. Au fond qu'il soit bouddhiste, taoïste, musulman ou chrétien, le Chinois croit ce qu'on lui a conseillé de croire sans éprouver le grand besoin mystique d'accroître, de modifier ou d'imposer sa foi. Ses dieux, ce sont des abstractions très positives, la longévité, la richesse, la sensualité, la littérature, la charité, ce sont des démons, des génies protecteurs ou hostiles, les esprits de la terre, du ciel, de la mer, des étoiles, des montagnes, des villes, des villages, des vents, des nuages, des eaux courantes, ce sont encore des savants et des lettrés héroïsés. Mais ils n'ont pas d'autre importance. Si le Chinois reste très sage, s'il observe le respect filial, obéit aux ancêtres, à l'Empereur, aux mandarins qui le représentent, s'il prend bien garde d'orienter sa maison de manière à ne pas gêner les esprits et à préserver leurs demeures aquatiques, aériennes ou souterraines, — ce qui révèle en lui l'hygiéniste, le météorologiste et l'agriculteur — il ne doute pas que ces esprits le regardent avec bienveillance. Nulle inquiétude qui le laboure en profondeur. En éteignant le désir on éteint le remords, mais on éteint aussi le rêve.

Ce qui s'accroît, à cette longue habitude de discipline et d'obéissance morale, c'est la patience. Le Chinois a scruté si longuement les formes avant de se permettre d'imprimer dans la matière le symbole de ses abstractions, que toutes sont définies dans sa mémoire par leurs caractères essentiels. Pour parvenir jusqu'à la loi, nous écartons sans hésiter, quand l'éclair de l'intuition nous illumine, tous les accidents qui la dissimulent. Le Chinois les rassemble, au contraire, les catalogue et les utilise afin de démontrer la loi. Ses audaces ne peuvent choquer que ceux qui ne connaissent pas sa science. Puisque l'abstraction est arrêtée, on pourra, pour la rendre plus évidente, plier, dévier, torturer la forme en tous sens, creuser le visage de rides qui entameront le squelette, armer la bouche de cent dents et les épaules de dix bras, sommer la tête d'un crâne monstrueux, faire grimacer la figure, s'exorbiter ou s'excaver les yeux, accentuer le rire ou les pleurs jusqu'aux rictus les plus improbables, étager les mamelles croulantes sur le lard des ventres assis, tordre les reins, tordre les bras, tordre les jambes, nouer les doigts en ceps de vignes. On pourra faire ramper sur les corniches, s'écarteler sur les étendards de soie jaune ou dresser au seuil des palais toute une armée de dragons héraldiques, de phénix, de licornes, de chimères tortueuses, qui ne représentent peut-être qu'un souvenir lointain, transmis par les vieilles légendes, des derniers monstres primitifs égarés parmi les premiers hommes. C'est cet esprit qui pousse les lettrés à obéir aux rites jusqu'à ne plus avoir que des gestes étudiés, les historiens à déformer l'histoire pour

86

la faire entrer dans les cadres de leurs systèmes, les jardiniers à torturer les arbres, à fabriquer des fleurs, les pères à broyer les pieds de leurs filles, les bourreaux à dépecer les hommes. La morale traditionnelle écrasera la vie plutôt que d'adopter son libre mouvement.

Mais aussi, quand la vie est d'accord avec la morale, quand l'émotion et la volonté se rencontrent, quand les entités de bonté, de douceur, de justice habitent naturellement l'esprit de l'artiste, quelle bonté, quelle douceur, quelle justice dans les visages et les gestes des dieux! Pour combattre et faire oublier la sérénité des grands bouddhas de bois doré, assis sur leur lit de lotus, les mains ouvertes, la face illuminée de paix et rayonnant dans l'ombre du sanctuaire de l'absolu qui les pénètre, l'art taoïste ramasse dans la vie tout ce qu'il peut y trouver d'expressions engageantes, le sourire divin et la danse des femmes, la bonté narquoise des sages, l'enfantine joie des élus, l'allégresse indicible où nage la trinité du bonheur. Une étrange douceur émane de tous ces bibelots de bois et d'ivoire, de jade et de bronze qui peuplent les pagodes et encombrent les éventaires à enseignes de papier peint le long des rues grouillantes où s'entasse l'ordure humaine. Vraiment, le philosophe a tout à fait éteint, au cœur de ce peuple philosophe, l'inquiétude qui torture mais fait si souvent monter plus haut. Qu'importe. Là où il est, il a la force de celui qui sait peu, mais est certain de ce qu'il sait. Cette paix, sans doute, est un peu béate, cette absence de soucis, cette absence de rêves a peut-être à la longue quelque chose d'irritant et même de malsain. Mais on y lit une telle certitude d'honnêteté qu'on se sent attaché aux hommes qui ont donné de leur vie morale cette expression si singulière, par le fonds même de la nature humaine où la

27. Époque Tang (618-906). Figurine. Terre cuite. *Ph. Archives photographiques.*

28

lutte incessante a pour origine l'aspiration vers le mieux. L'étrange, c'est que la beauté soit pour nous dans cette lutte même et que le Chinois la rencontre dans la victoire ancienne que ses aïeux ont remportée pour lui. Il dit son enthousiasme sans lyrisme et têtu pour ceux qui lui donnèrent à jamais le repos de la conscience. Et c'est le poids de ce repos que nous éprouvons dans son art.

Car c'est là le mystère de cette âme très complexe

28. Peinture de Touen-Houang (IXe-Xe s). Moine officiant. Musée Cernuschi, Paris. *Ph. J.-A. Lavaud.*

en surface, mais infiniment simple au fond. Une science
si sûre de la forme qu'elle peut la faire grimacer logiquement jusqu'à l'impossible, mais qu'elle peut aussi,
quand elle s'illumine d'un éclair d'émotion ou se
trouve en présence de la nécessité de construire une
œuvre durable et immédiatement utile, atteindre à
l'essentielle et profonde beauté. Il ne faut pas croire
que leurs parcs artificiels manquent de fraîcheur et
de silence et que les fleurs étranges qu'ils y cultivent
ne rassemblent pas, dans le torrent de leurs symphonies triomphales, tout l'Orient, des récifs de corail aux
rivières de perle, des somptueuses soies brochées qui
déploient le rouge ou le bleu des dragons héraldiques
sur le jaune impérial éclaboussé de fleurs aux émaux
chatoyants et troubles, des couchers et des levers
d'astres dans les nuées de poudre à la limpidité des
ciels balayés par les eaux. Il ne faut pas croire surtout
que leur architecture, bien que ses spécimens les plus
anciens, grâce à la fragilité des matériaux, ne soient
pas très antérieurs au Xe siècle, manque de science et
de solidité. Pour garantir les édifices des chaleurs et
des pluies, ils savent faire pencher et déborder les
toits qu'ils soutiennent par des combinaisons de charpentes démontables puissantes et légères comme des
créations naturelles. Ils savent surtout, comme les
Romains, et avec tous les vieux peuples de l'énorme
continent massif où alternent les grands sommets, les
grands déserts, les grandes forêts, les grands fleuves,
donner à leurs édifices utilitaires, ponts, portes triomphales, arches géantes, remparts crénelés, murailles
immenses fermant les plaines et gravissant les montagnes, cette allure aérienne ou lourde, mais toujours
grandiose et ferme comme le piédestal où poser notre
certitude d'avoir accompli tout notre effort. Comme

32

les vieux sculpteurs de la vallée du Nil, ils ont animé
le désert d'avenues de colosses, d'un modelé si vaste
et si sommaire qu'ils paraissent être présents de toute
éternité au milieu des solitudes et résumer en leur
structure ramassée les ondulations des sables jusqu'aux
contreforts des monts et la sphéricité du ciel sur le
cercle des plaines.

IV

Si la Chine n'avait pas fait la tentative étrange de
tailler sur les parois du temple de Hiao-tang chan, vers
l'époque où Marc-Aurèle lui envoyait des ambassades,
les silhouettes plates qui ressemblent à des ombres
sur un mur, si d'autre part on ne commençait à
connaître quelques figures archaïques qui remontent
au commencement de notre ère au moins, on pourrait
croire, et on a cru longtemps, qu'elle ne sculpta pas
une pierre avant que les conquérants des provinces du
Nord lui aient apporté, au Ve siècle, la contagion
morale de la religion du Bouddha. Ici, comme aux
Indes, le flot qui montait des cœurs pleins d'espérance,
creusa les montagnes et submergea les rochers. Quand
il se retira, des figures colossales, de purs visages aux
yeux baissés, des géants assis, les deux mains croisées
et ouvertes, des processions puissantes sur qui l'on
secouait des palmes et des éventails, dix mille dieux
souriants, silencieux et doux habitaient dans les
ténèbres(1). Les falaises, du haut en bas, étaient
sculptées, toutes les fentes du roc avaient des parois

24

(1) Les temples monolithes de Ta-t'ong fou, de Long-Men, de Kong, ont
été découverts par M. Ed. Chavannes au cours de ses admirables et
fécondes explorations de 1907. Je le remercie chaleureusement de
m'avoir autorisé à reproduire les photographies innombrables qu'il en

29. Fresque de Touen-Houang (ixe-x{e} s.), *détail*. Musée Cernuschi,
Paris. *Ph. J.-A. Lavaud.*

vivantes, le rayonnement de l'esprit tombait des piliers et des voûtes attaqués au hasard des saillies et des creux. Cent sculpteurs travaillaient dans l'ombre à modeler brièvement la même statue gigantesque, et telle était l'unité et la puissance de l'énergie créatrice qui les animait, que le monstre divin semblait sortir de deux mains, d'une intelligence, être comme un long cri d'amour qu'une seule poitrine prolongeait à travers les temps. Et c'est peut-être là que la sculpture bouddhique atteignit l'expression suprême d'une science de la lumière qui ne ressemble à rien de ce qu'on trouve même chez les plus grands sculpteurs. La lumière ne paraît pas se confondre, comme en Égypte par exemple, avec les plans de la statue pour en subtiliser les passages et les profils. On dirait qu'elle flotte autour d'elle. La forme semble nager, onduler sous la lumière, comme une vague qui passe sans commencement et sans fin. Mais ceci est spécifiquement bouddhique, commun à cette école des conquérants du Nord, aux statuaires des Indes et de la Corée, du Japon et du Cambodge, du Thibet et de Java. Commun à toute cette étrange statuaire internationale bouddhique, où l'influence grecque est toujours manifeste dans la pureté nerveuse des profils occidentalisés,

a rapportées, et dont je n'ai pu, faute de place, n'en utiliser que quelques-unes *(note de la Ire édition)*.
C'est grâce à Charles Vignier que j'ai pu remanier complètement l'illustration de ce chapitre pour la présente édition. C'est à lui que je dois les renseignements d'origine et de chronologie qui m'ont permis de le redresser dans la mesure du possible, l'archéologie chinoise sortant à peine de sa phase embryonnaire. Que ce rare esprit m'excuse si je n'ose employer, pour lui dire merci, les formules ordinaires. L'attitude distante et quelque peu ironique de la sagesse chinoise a exercé sur l'éducation de sa sensibilité une trop charmante influence pour qu'il puisse hésiter à en reconnaître un reflet dans les sentiments très affectueux qu'éprouve à son égard son indigne élève en sinologie (1921).

l'harmonie des proportions, l'objectivisme résumé et idéalisé par l'intelligence. La Chine proprement dite ne participa guère à l'acte de foi qu'affirmait sur son territoire l'envahisseur venu des plateaux de l'Asie centrale. Elle ne consentit sans doute que pour une heure à s'abandonner à l'illusion suprême des paradis promis. Le peuple le plus réfléchi, mais peut-être à cause de cela, le moins idéaliste de l'histoire, n'avait cédé qu'à contre-cœur à l'entraînement général qui donna à toute l'Asie orientale cet art impersonnel, secret, et d'une spiritualité si pure dont il lui fallut dix siècles pour se dégager tout à fait.

A dire vrai, c'est sur la Chine que la vague boud-dhiste s'attarda le moins longtemps. La Chine reprit très vite ses habitudes de méditation positive à qui ce bref élan d'amour allait donner encore plus de pro-fondeur et de poids, comme il arrive au lendemain d'une passion douloureuse et trop clairvoyante. Elle se tourna de nouveau vers la mort, et comme ceux qui avaient creusé sous ses yeux les montagnes lui avaient appris à dégager du chaos la forme architecturée sur qui la lumière et l'ombre répandent l'esprit de la vie, elle put donner au poème funèbre qu'elle chanta pen-dant mille ans, du VIIe au XVIe siècle, une plénitude et une gravité d'accent qu'on avait oubliées depuis l'Égypte, quelque chose de lourd, de catégorique et d'assis, et comme la conclusion dernière d'une intelligence qui a fait le tour d'elle-même, et n'a pas découvert une seule fissure par où le doute puisse entrer.

On ne trouve pas, sans doute, dans les statues funéraires de la Chine, cette illumination secrète qui monte des régions profondes des colosses égyptiens pour unir au niveau de leurs surfaces ondulantes

94

l'esprit de l'homme à la lumière. Le peuple chinois, maître de son sol et de ses cultures, n'a jamais assez souffert pour chercher dans l'espoir constant de la mort la liberté intérieure et la consolation de vivre. Il regardait la mort avec placidité, sans plus de frayeur que de désir. Mais il ne la perdait pas de vue, ce qui donnait à son positivisme une formidable importance. La méditation sur la mort fait voir les choses essentielles. L'anecdote où l'on se perd quand on est tourné vers les aventures de la vie, quitte l'esprit pour toujours. Il ne s'arrête plus à rien de ce qui intéresse et retient la majorité des hommes. Il sait qu'il s'écoule tout entier comme le jour qui passe entre deux battements de paupière et que c'est à la lueur de cet éclair qu'il doit saisir l'absolu. Et c'est parce qu'il n'aperçoit rien au delà de la vie que son hymne à la mort ramasse tout ce qu'il y a d'immortel dans la vie pour le confier à l'avenir.

La sculpture funéraire grandit avec la puissance chinoise et déclina quand la puissance chinoise pencha vers le déclin. Des tombes des T'ang à celles des Ming, les deux dynasties extrêmes de la Chine à son apogée, le désert chinois, le désert jaune et rouge qui ondule faiblement vers les chaînes éloignées où dorment le cuivre et le fer, le désert chinois vit surgir des formes massives, hommes, éléphants, chameaux, béliers, chevaux, autruches, les uns debout, les autres couchés, tous immobiles et qui veillaient sur le sommeil des empereurs (1). Tout entière, la plaine était une œuvre d'art, comme un mur à décorer dont les sculpteurs utilisaient les courbes, les saillies, les perspectives pour

_____

(1) Ces tombes des premières grandes dynasties, du VIIᵉ au XIᵉ siècle, ont été également découvertes par M. Ed. Chavannes au cours de son exploration.

donner aux géants de pierre leur valeur et leur accent. On les voyait venir de l'horizon, marchant comme une armée, gravissant les collines, descendant dans les vallons, insoucieux, dès qu'ils s'étaient levés pour la marche ou la parade, des herbes et des ronces qui recommençaient à croître aussitôt les tailleurs d'images disparus. Les monstres se suivaient et se regardaient, les lions tapis assistaient au passage des tributaires que masquaient et révélaient tour à tour les ondulations du sol, une foule, seule et silencieuse dans la poussière et sous le ciel, dressait des formes séparées, absolues et définitives comme pour porter à la fin de la terre, alors que le soleil même serait éteint, le formidable témoignage que l'homme avait passé là.

Partis avec les tombeaux des T'ang, les bas-reliefs puissants qui font penser à une Assyrie visitée par la Grèce, de la vision la plus directe, condensant peu à peu leur science dans une expression de plus en plus sommaire, les sculpteurs chinois étaient arrivés, sous les Song, à concevoir l'objet comme une masse si remplie, si dépourvue de détails et d'accidents, si dense et abrégée, qu'elle semblait porter le poids de trente siècles de méditation métaphysique. Ils pouvaient désormais se permettre toutes les stylisations, toutes les déformations, toutes les audaces nécessaires à l'affirmation des vérités morales révélées à la Chine par les sages des anciens jours. Sous les Ming, au moment où ils vont déposer l'outil, où la Chine, piétinant sur place, va laisser le Japon échapper à son étreinte pour qu'il se rue dans la liberté de la vie à la conquête de lui-même, les artistes chinois ont acquis une virtuosité grandiose. Pour garder leurs temples, ils fondent d'énormes statues de fer. Ils décorent des murs et des voûtes de grandes figures étranges, qui s'organisent en lignes mélodiques ondulant en courbes irrégulières, mais continues et rythmées comme des rides à la surface de l'eau. Dans les avenues colossales, les monstres grimaçants et les chimères alternent avec les éléphants massifs, les dromadaires, les guerriers droits et purs comme des tours.

C'est donc aussi bien dans les formes les plus détournées de leur réalité première que dans les pierres sculptées qui rappellent le plus les masses vivantes se profilant sur une plaine poussiéreuse à l'approche du soir, les vraies bêtes domestiques des troupeaux et des caravanes, qu'on peut chercher le centre de l'âme chinoise, dépourvue d'imagination, mais si ferme et si concentrée qu'il n'est pas impossible que son réalisme immobile parvienne à faire reculer un jour l'idéalisme ascensionnel de l'Occident pour s'imposer aux hommes avides de repos. C'est une immensité que l'art chinois. L'ouvrier d'art y joue un rôle aussi unanime, aussi permanent qu'en Égypte. Il peuple, depuis trente siècles, de meubles, de tapis, de vases, de bijoux,

30. K'ai-fon-fou. Pagode de fer (XIVᵉ s.). *Photo Mission Ed. Chavannes.* — 31. Mur en brique vernissée de Ta t'ong fou. *Ph. Mission Ed. Chavannes.*

3

de figurines, les demeures des vivants et les demeures des morts. Les trois quarts de sa production sont peut-être encore sous terre. Les vallées de ses deux fleuves constituent une mine d'art sans doute aussi inépuisable que celle de la vallée du Nil. Et aussi variée en formes graves, ou terribles, ou charmantes, toujours imprévues et subtiles, des pots de bronze qu'ils enfouissent volontairement pour des siècles afin que la patine des sucs et des minéraux terrestres agisse avec lenteur sur eux, aux foules de « Tanagras » qui [27] sortent de leurs nécropoles, moins pittoresques à coup sûr que leurs sœurs grecques, mais aussi plus résumées, plus pures, conçues selon des profils plus fuyants, des plans plus décisifs, des masses plus tournantes, et apportant à la grâce, à la chasteté, à la majesté féminines un hommage encore plus touchant. Qu'importe l'apparence à première vue paradoxale de cet art infini où nous commençons à apercevoir, comme nous l'avons fait pour l'Égypte au premier abord aussi monstrueuse, la simplicité, l'unité, la cohérence gran-

diose des plus étranges conceptions! Sous les grimaces de ses statues, sous les vêtements compliqués dont elle les couvre, sous les corniches biscornues de ses architectures, le hérissement des monstres vernissés et le flamboiement rouge et or de ses sanctuaires, il y a la présence réelle d'une charpente indestructible. Le modelé sculptural, sinueux et balancé chez les Grecs, mouvant chez les Indiens, rectangulaire chez les Égyptiens, est sphérique chez les Chinois. Le passage et le plan, sous les ornements et les attributs symboliques, sous les replis et les torsions les plus désordonnés des monstres, le passage et le plan pénètrent l'un dans l'autre par progrès continus et lents, comme pour faire un bloc fermé. Dans les sculptures essentielles, on dirait que la forme monte lentement vers l'abstraction, que l'abstraction descend lentement vers la forme et qu'un éclair jaillit où la fusion se fait, éternelle, compacte, pure. La Chine, alors, avec l'Égypte, la Grèce, l'Inde, la France du Moyen Age, la Chine atteint l'une des cimes de l'esprit.

V

L'unité sphérique du modelé qui traduit son âme immémoriale est l'image de sa substance. Par sa configuration, par son sol, par la race qui la peuple, la Mésopotamie chinoise est une. La Chine et les Chinois font une chose agglomérée où la solidarité morale et sociale, la passivité, l'impersonnalité des foules prolongent leur pays jusqu'aux profondeurs de leur être. C'est une masse jaune, sans contours, faite des poussières séculaires apportées par les vents du Nord et dont les tourbillons éternels assombrissent le disque solaire, de la glaise entraînée par les fleuves pour couvrir la terre d'alluvions, des maisons crépies de boue, des hommes recouverts d'une croûte jaunâtre par laquelle ils continuent le sol. La terre jaune va jusqu'au cœur des villes et le perpétuel échange de la misère, de la crasse, des denrées portées par les caravanes et les convois fluviaux, imprime à toute la masse profonde un mouvement compact et lent ne sortant jamais du même cercle. L'horizon est aussi borné que

33

32 Tombeau des Mings (xvᵉ s.). Porte triomphale. *Ph. Pierre Verger.* — 33. Tombeau des Mings (xvᵉ s.). Monstre de la Voie triomphale. *Ph. Roger-Viollet.*

34

la vie et toute l'étendue et toute la durée du monde s'agglutinent en un bloc.

Agriculteur ou plutôt jardinier, et depuis dix mille ans peut-être, cultivant son carré de terre avec une lente patience, une sollicitude lente, y accumulant soigneusement l'engrais humain, tirant d'un espace infime sa nourriture, celle des siens, celle de ses bêtes, toujours penché sur son sol mou, habitant souvent sous sa surface, toute sa peau, ses pieds, ses mains imprégnés de lui, le Chinois en connaît le poids, la consistance, le degré d'humidité et de sécheresse, le goût. Il entend le murmure sourd qu'elle a sous la poussée des germes. On dirait que toute son imagination sensuelle s'est concentrée dans le désir de manier cette terre onctueuse et les matières qu'il en tire, le jade gras, la cornaline, le cristal, l'agate, la calcédoine, les pierres dures dont il sait utiliser les taches, suivre les veines, le kaolin et le silex, la terre blanche, le cuivre et l'étain coulés ensemble pour enfanter le bronze noir. Il connaît si bien la matière, il sait à tel point quelles sont ses mœurs, ses habitudes, ses manies, qu'il la fait fondre ou cuire en ménageant ou en forçant le feu pour la rendre plus ou moins dure, plus ou moins cassante, la veiner, la mêler à d'autres matières, y faire ruisseler la poudre métallique liquéfiée par la chaleur, ou la fendre de craquelures. L'airain, où il sait couler de profondes moires d'or vert, d'or jaune, d'or rouge, d'or violet, des bleus irisés et suspects comme des eaux dormantes, l'airain pesant, dense, sonore et dur prend sous sa main des formes écrasées et ventrues, des aspects de blocs pleins dont les incrustations, la rugueuse écorce, les entrelacements de peaux gluantes, d'épines et de tentacules, laissent intact et pur le profil lourd. Ses dragons boursouflés, que soulève la palpitation gargouillante des monstres

34. Époque Ming (1368-1644). Bodhisatva. Fresque. *Ph. J.-A. Lavaud.*

marins, ses escargots, ses crapauds gonflés de pustules, sont repoussés du dedans du métal avec tant de sûreté qu'ils semblent attachés à lui par leurs viscosités et leurs ventouses. Il broie en poussière impondérable, pour la fondre et la couler entre d'étroits réseaux de cuivre ou d'or, le corail et la turquoise, et ses bleus obscurs, ses verts mats, ses rouges opaques et sourds enferment dans l'émail assombri par la flamme, des fleurs ensanglantées, des feuilles épaisses, le plumage rutilant et doré des oiseaux. Sur la porcelaine, enfin, il définit ses dons de peintre qui n'avaient jamais pu entrer tout à fait dans le siècle et se dégager complètement des procédés calligraphiques d'où ils étaient nés dans les couvents.

Alors il fait entrer la couleur dans la pâte, l'incorpore au glacis des silicates vitrifiés, y projette en traits aussi fins que des fils de toile d'araignée ou larges comme des pétales, ses jardins puérils, lacs, ruisseaux et cascades, kiosques et ponts, papillons, libellules, ses chères campagnes engraissées où fleurit sa science des ciels, des vents et des cultures, azurs lavés de pluie, vols emportés par la rafale, nuées, branches fleuries, roseaux, corolles aquatiques. La fleur, l'insecte, tous les tissus vivants, l'aile, l'étamine, l'antenne, le pollen pulvérulent, toutes les mœurs de l'air, ses transparences insondables, ses brusques opacités, ses infinis de nuances de l'aube à la nuit, de l'averse à la poussière et de la lune pâle au soleil sombre, il a transposé sur le fond mouvant des bleus, des verts, des rouges, des roses, des jaunes, des violets, des blancs, des noirs, le décor multiple où se déroulent les travaux attentifs, concrets et monotones de ceux qui cultivent le sol. Le jour est-il clair et les jardins riants, les peintures trempées de rosée, fraîches comme des aquarelles, tranchent sur les beaux fonds glacés et translucides. Le ciel couvert noircit-il la surface des eaux, alors les branches, les feuilles, les dragons, les paysages surgissent des infinies profondeurs opaques et transparaissent vaguement, ainsi que des mousses et des algues à travers l'épaisseur des sources. Et si le soir est somptueux, la flamme des fours rampe encore au flanc des vases et l'émail diapré chatoie entre ses cloisons d'or.

L'airain, la terre cuite ont l'air de gros fruits mûrs, cuirassés d'épines et vernissés, qui vont quitter la branche. Lourde, subtile, pure forme chinoise! On dirait moins, malgré sa pesanteur, une forme matérielle qu'un son cristallisé. Étrange peuple positif, sans idéal et qui pourtant, tout au fond de son âme obscure, entend cette claire musique. Forme cylindrique, forme ovoïde, forme sphérique, rythme circulaire de la Chine! La Chine tournera-t-elle donc toujours en cercle, du même effort patient, infatigable, lent, qui lui permet de maintenir le mouvement sauveur et de vivre sans avancer, ou brisera-t-elle ce cercle pour chercher l'idéal toujours renouvelé au sommet même du flot montant des choses et pour tenter de conquérir, dans cette poursuite incessante, l'illusion de sa liberté? C'est probable. Elle s'agite. Ses cinq cents millions d'hommes vont être entraînés dans le mouvement occidental, rompre notre pénible équilibre séculaire, bouleverser le rythme économique de la planète, peut-être nous imposer à leur tour une immobilité qu'ils mettront mille ou deux mille ans à reconquérir. Nous ne savons rien. La complexité du monde actuel et futur nous déborde. La vie gronde, la vie monte. Elle livrera ses formes à ceux qui vont naître pour les consoler d'être nés.

35. Art bouddhique. Bouddha. Bois peint. Musée du Louvre.
Ph. Giraudon.

Le Japon

I

Le Japon, il y a cinquante ans, n'était pas sorti d'un état social qui rappelle celui du Moyen Age occidental. Les Daïmios se partageaient l'Empire en quelques grands fiefs héréditaires. Entre eux et le paysan, une caste guerrière, les Samouraïs, une caste sacerdotale, les moines du Bouddha. Au-dessus l'Empereur que personne n'apercevait, l'intermédiaire mystérieux entre le ciel et les hommes, et le Shogûn, chef réel du pouvoir politique et militaire et maître des corps et des bras. Pour lier tout cela, une morale inébranlable. C'est notre société médiévale tout entière, moins candide et plus policée (1).

Quand la révolution de 1868 fit crouler comme un décor l'appareil féodal qui dissimulait aux yeux de l'Occident la vraie nature japonaise, l'Occident s'étonna de voir le Japon s'assimiler si vite la forme extérieure des civilisations européennes. D'un bond, il franchis-

(1) C'est ce caractère médiéval gardé par le Japon social et politique jusqu'à la fin du xixe siècle qui m'a décidé à placer ce chapitre tout entier, ainsi que tous ceux qui traitent des arts non européens, dans le volume consacré au Moyen Age, qui est un état d'esprit plutôt qu'une période historique. Il est pourtant à remarquer que l'individualisme japonais tend, dès le xve siècle, comme en Occident, à se détacher de la synthèse religieuse et philosophique qui caractérise l'esprit médiéval. (*Note de la 1e édition.* Voir Préface à l'édition de 1923, p. 21.)

sait la route que nous avons mis quatre cents ans à parcourir. L'Occident ne pouvait comprendre. Il crut l'effort disproportionné aux moyens, et destiné à la faillite. Il prit pour une imitation servile l'emprunt d'une méthode dont ses longues habitudes d'abstraction artistique et métaphysique permirent au Japon d'apprécier la valeur pratique avant de l'utiliser. Le Japon garda l'essentiel de ce qui avait fait et fait encore sa force sous l'armure des machines, des navires, des canons, — sa foi en lui, sa fougue méthodique, son esprit d'analyse et de reconstruction.

Le reproche qu'on adresse au Japon européanisé n'est pas nouveau. On l'avait accusé de tenir de la Chine, et par la Chine de l'Inde, sa religion, sa philosophie, son art, ses institutions politiques, alors qu'il a tout transformé, tout transposé, tout refondu au moule d'un esprit sauvagement original. Si on remontait aux sources de l'histoire, on ne trouverait pas un peuple, hors des tribus primitives, auquel un autre peuple n'ait transmis l'essentiel de ses acquisitions. C'est la merveille et le réconfort de notre nature humaine. Par cette solidarité victorieuse de toutes les guerres, de tous les désastres, de tous les silences, tout ce qui porte le nom d'homme entend le langage de l'homme. La Chaldée a fécondé l'Assyrie, qui a transmis la Chaldée à la Perse, et, par la Perse, donné la main à l'Inde et à l'Islam. L'Égypte a éduqué la Grèce, la Grèce a animé l'Italie, et par-dessus le Moyen Age, dirigé l'Occident moderne. Le Moyen Age européen a rejoint les Arabes à travers Byzance et l'Orient. La Chine, qui avait éprouvé par l'Inde le contact de l'Égypte, de l'Assyrie, surtout de la Grèce, a porté au Japon toutes ces forces mélangées pour qu'il en disposât selon les enseignements de sa terre et de sa passion.

Quand, vers l'époque où se christianisait l'Europe, la Corée transmit au Japon, avec le bouddhisme, la philosophie et l'art des Chinois et des Indiens, il était tout à fait dans la situation de la Grèce dorienne vis-à-vis de l'Égypte et de l'Asie occidentale. Silencieux comme elle, il ignorait comme elle qu'il eût trouvé, en fouillant ses tombeaux, avec des statuettes informes, les traces de sa vie ancienne. Bien qu'il divinisât les forces naturelles, le shintoïsme avait proscrit l'image. C'était sans doute là un point de dogme étranger au sol du Japon et venu comme le bouddhisme d'un de ces éléments ethniques qui contribuèrent à le former, Mongols, Malais, Aïnos. Le Japon ne l'accepta certainement qu'à contre-cœur. Dès que le bouddhisme eut ouvert ses sanctuaires à tous les dieux du shintoïsme fixés dans le bronze et le bois, les Japonais reconnurent en eux l'image de leurs véritables désirs.

Mais tant que dura l'agglutination des matériaux primitifs de la race, ses artistes ne se dégagèrent pas des besoins de la Corée, des volontés immémoriales des Indous et des Chinois. Leurs dieux assis aux yeux baissés, aux mains ouvertes, sont comme un bloc rond et pur modelé par la lumière. L'esprit qui les habite coule de partout sur eux pour les envelopper de solitude et de silence. On les dirait reliés à l'espace et recueillant sur leur écorce fluide les vibrations harmoniques qui leur viennent de tous ses points. Sont-ils Japonais, Indous, Chinois? Ils sont bouddhiques. C'est à peine si, au VIIIᵉ siècle, la sculpture religieuse, avec le vieux statuaire Kobo Daïshi, commence à révéler la germination sourde du vrai sentiment national. Dans ses statues de dieux guerriers, d'une énergie si rayonnante, il y a comme une douceur, comme une violence *arrêtées* qui sont déjà purement japonaises. Il se refuse à se livrer. Quels que soient sa ferveur et sa colère et l'élan de son cœur, le Japonais, quand il aura conquis sa vraie nature, en dominera l'expression.

Les besoins généraux qu'ils ne raisonnent pas dictent aux hommes qui croient les diriger leurs décisions les plus libres en apparence. Quand le Japon ferma ses ports, à l'heure où les Foujiwara prenaient le pouvoir, c'est qu'il voulait saisir en lui, au milieu des courants mêlés des migrations militaires et des échanges maritimes, le sens de son propre effort. Ce peuple ne marchande ni sa force de recueillement ni sa force d'expansion. Dès qu'il s'aperçoit qu'il s'est trop retranché du monde, ou qu'il a trop agi, il tend tous ses ressorts pour épuiser d'un coup le besoin de repos que lui donna l'action, l'envie d'agir qu'il amassa dans le repos. Il part sur de nouveaux chemins avec une frénésie telle qu'il doit s'arrêter soudain

36

pour revenir sur ses pas et faire patiemment, en tournant le dos à l'horizon, l'inventaire de ses conquêtes. Au IXᵉ, au XVIIᵉ siècle, il interdit à l'étranger ses rades, une fois pour s'assimiler le bouddhisme et l'Inde, une autre fois pour étudier en lui le retentissement profond des invasions mongoles et des premières incursions des navigateurs occidentaux. Et il parvient aux étapes décisives de son génie créateur à une heure à peu près également distante de celle où il se ferma et de celle où il se rouvrit.

II

L'archaïsme qui suivit la première fermeture, le classicisme qui suivit la seconde se développèrent l'un et l'autre dans la même atmosphère de quiétude et de travail. La vie politique se concentra dans une capitale unique, Nara pour les Foujiwara, Yedo pour les Tokugawa. Le peuple, jusqu'alors guerrier, confia le soin de sa défense aux classes militaires afin d'exploiter en sécurité les richesses des torrents et des côtes et de défricher le sol. Et la paix brusque produisit ses floraisons habituelles.

C'est par les symphonies effacées qui nous restent de ces premiers âges de concentration intellectuelle où le bouddhisme, peu populaire, s'enfermait dans les couvents pour enluminer au fond du silence les vieux kakémonos de soie, que le Japon vit monter du dedans de lui ses réalités véritables. A la minute que résume l'art de Kosé Kanaoka, par exemple, l'hiératisme, le rayonnement spirituel de la peinture bouddhique, la patine d'or qui introduit dans la sombre harmonie des rouges et des noirs l'or des fonds et des auréoles, n'empêchent qu'imparfaitement l'esprit japonais nais-

36. Statue de Jingo Kuago (xᵉ s.). Document extrait de La Kokka.

sant de manifester sa vision, déjà plus directe et plus incisive et plus nette que celle des artistes du continent. Ces trois siècles obscurs, très lents, murés dans le moule archaïque, ne lui permettent pas sans doute de s'affranchir encore, puisque la vie monastique où œuvre l'intelligence est fermée à la vie mouvante, à ce qui fait jouir, à ce qui fait souffrir, à ce qui fait comprendre. Mais parfois, quand le moine quitte le cloître, au contact des forêts de pins, des torrents, des mers foncées, de prodigieuses éclaircies lui laissent entrevoir, et du premier coup, avec une netteté qu'on ne retrouverait peut-être nulle part ailleurs dans l'histoire, l'extrême aspect de son génie libéré de toute entrave. Toba Sojo le peintre, Ounkei le sculpteur sont déjà de vrais Japonais. L'un a tout à fait quitté les temples, il court les bois, ramasse les insectes, espionne les souris et les grenouilles, il accorde à toutes les bêtes une amitié perspicace et joyeuse afin de retrouver dans leurs gestes ceux des hommes, qui le divertissent beaucoup. L'autre, à qui les dernières sculptures des grottes bouddhiques de la Chine ont offert un prétexte à délivrer les forces inconnues qui dorment au fond de sa race, fait entrer d'un seul coup sa violence disciplinée dans les effigies brutales de ses divinités guerrières (1). La vision de Kobo Daïshi est tout à fait réalisée avec ces statues furieuses, simples et presque pures, mais tendues en dedans pour le meurtre et le combat.

Le conflit n'est donc qu'apparent entre ces deux œuvres contemporaines si différentes d'aspect. Elles se rencontrent au point où l'individualité japonaise se

(1) M. Edouard Chavannes a déjà indiqué l'analogie qui existe entre les statues d'Ounkei et les gardiens des portes des grottes de Long-Men. C'est l'évidence même. Comment les sculpteurs japonais connurent-ils ces colosses? Sans doute la Chine exportait-elle des bronzes et des bois sculptés qui s'en inspiraient directement.

37. Takanobou Foujiwara. Époque Kamakoura. Peinture (fin du XIIe s.). *Ph. Giraudon.*

dégage de la statuaire pour s'affirmer dans la peinture. L'art abstrait des constructions métaphysiques qui sont à l'origine de toute grande civilisation touchait à sa fin. Ounkei est le dernier des grands sculpteurs. La sculpture, l'art religieux et hiératique qui correspond toujours à un état social très défini, ne put survivre à l'anarchie féodale qui précéda l'invasion des Mongols. A mesure que s'éteignait le souvenir des enseignements du dehors, les grandes traditions baissaient dans les monastères. Les guerres civiles déchiraient le pays. La religion perdait sa fraîcheur primitive pour devenir un instrument de domination politique. Tandis que le Mikado représentait encore aux yeux du peuple le vieux shintoïsme des ancêtres, le shogounat, appuyé sur les prétoriens, opposait le bouddhisme au culte traditionnel. La sculpture obéit aux lois de dissociation que lui dictait l'état social. Elle se surchargea d'incrustations, se compliqua de draperies, perdit,

37

43 avec le calme de ses lignes, toute sa spiritualité. C'est seulement au XVIIe siècle qu'elle retrouva, pour dresser ses effigies de moines de bois peints, entre leurs profils sévères unis par de fuyants passages qui les enveloppent de force et de sécurité, un peu du rayonnement des Bouddhas accroupis qui, depuis huit cents ans, inclinaient leur face apaisée vers les fidèles et levaient leurs doigts purs pour leur enseigner la sagesse.

La peinture, au contraire, n'eût pas vécu sans l'invasion. L'âme japonaise, qui avait perdu sa base religieuse et à qui Toba Sojo apportait trop tôt sa base populaire, dérivait de sa route et s'anémiait au service des grands. Avec l'école de Tosa, fondée au XIIIe siècle par Tsounétaka qui se réclamait du vieux maître archaïque Motomitsou, sa ténacité dégénérait très vite en minutie, sa science en adresse, sa finesse en préciosité. Quand elle aboutit aux miniatures académiques où la puérilité des gens de cour satisfaisait ses goûts

38

39

38. Sesson (mort en 1495). Dragon. Peinture. Document extrait de La Kokka. — 39. Sesson (mort en 1495). Oiseau. Lavis. Document extrait de La Kokka.

vieillots, l'esprit national était délivré depuis longtemps de son influence atrophiante. Assailli par les
barbares dès sa sortie du couvent, touché en même
temps par la vie innombrable et par les idées neuves
qu'apportait l'invasion, le Japon, fatigué de tourner
en cercle dans le même espace fermé, laissa venir les
vents du large.

Quand le vieux Kano Masanobou, impressionné
par l'œuvre du Chinois Josetsou fonda, vers la fin
du XVe siècle, la grande école de Kano, et fit appel,
pour combattre l'académisme étriqué de Tosa, aux
traditions continentales, il obéissait aux tendances
que son maître Shiouboun, et Sesshiu, et Soami, et
Sesson, et Shiougetsou avaient déjà manifestées. Par
bonheur pour le Japon, les peintres de la Chine cherchaient à cette époque à régénérer leur vision dans
l'étude patiente et directe des animaux et des fleurs.
Ils purent le renseigner sur sa véritable nature, l'arracher au symbolisme religieux pour lequel il n'était pas
fait, le mettre à même de poursuivre son individuali-
sation sur les chemins que Toba Sojo avait explorés
avec tant d'audace. Mais la forte discipline chinoise
ne leur permit pas, heureusement pour l'esprit japonais,
d'aller tout de suite aussi loin que l'étonnant précur-
seur. Ils apprirent d'abord l'architecture du paysage,
ils regardèrent leur pays avec une émotion sainte, ils
virent apparaître des rochers, des arbres brisés en
zigzags, des montagnes déchiquetées. Une rumeur
roulait depuis le réveil à la vie, l'hymne rude après le
silence. Les poètes puissants de l'encre de Chine,
Sesshiu, Sesson, Soami, couvraient le papier blanc de
ces taches noires sommaires qui font passer pour la
première fois, comme au fond d'un miroir trouble
retrouvé dans l'eau, des grues dans un ciel, des canards

sur une mare, les fortes lignes d'un paysage brumeux, chaotique et boisé. Sesson y découvrait des apparitions fantastiques, drames de l'espace et des lacs, barques errantes, oiseaux glacés par l'aube sur des branches, arbres perdus dans le brouillard, et, par ses abréviations puissantes, annonçait Kôrin. Sesshiu paraissait vivre avec les bêtes et partager avec indifférence leur implacable destin. Il aspirait à plein cœur la vie violente de la terre, il était loin des hommes et semblait ne plus se souvenir des dieux. Il ramassait dans ses sombres éclaboussures les forces centrales qui repoussaient du sol les coteaux hérissés de pins, la sève et le sang qui striaient les rameaux ou gonflaient les cous et les ventres, la faim qui durcissait les becs, le vol brutal qui rebroussait les plumes, la terrible simplicité des formes naturelles en présence de l'instinct, de l'espace et du vent.

Kano Motonobou, le fils du fondateur de l'école chinoise, pouvait maintenant emprunter aux peintres continentaux à peu près tous leurs sujets, leurs motifs, leur composition. Il existait au fond un tel antagonisme entre l'esprit des îles et l'esprit du continent, l'un résolument objectif et tout à fait dépourvu de partialité sentimentale, l'autre employant si souvent les aspects du monde à démontrer et à moraliser, que Motonobou devait transmettre avant tout à ses élèves l'action constructive profonde de Shiouboun et de Sesshiu. Il y apporta la vigueur synthétique d'un génie prédestiné en qui la culture archaïque ne put qu'asseoir sur des bases indestructibles le sentiment puissant de la nature que le peuple japonais, depuis quatre ou cinq siècles, était allé chercher au plus profond de son sol gonflé de semences, de ses torrents dont il avait exploré tous les trous et soulevé toutes les pierres, des

arbres de ses bois qu'il abattait et travaillait pour
construire sa maison. Kano Motonobou vit les oiseaux
lustrer leurs plumes dans la rosée du matin et les grues
tomber vers le sol, d'un vol lent, en allongeant leurs
pattes grêles. Au delà d'une bête enivrée qui rentrait
le cou entre les ailes et que le froid de l'aube hérissait,
il n'y avait que des bateaux noyés dans le brouillard
et l'étendue...

III

Cette austère vision devait se transformer vite.
Derrière la Chine étaient venus le monde musulman,
l'Inde et la Perse, les Portugais, les Hollandais. Il
fallait que le Japon dégageât son esprit de la robuste
éducation chinoise ou que, pour se soumettre définitivement à elle, il renonçât à s'exprimer. Tandis que
les maîtres de Kano, en marge de l'évolution des idées,
académisaient peu à peu la tradition continentale, —
bien que quelques-uns, Eitoku par exemple, un puissant poète de l'arbre, déploient, dans la discipline
observée, une personnalité saisissante —, les éléments
vivants du pays réalisèrent, dans l'élan d'audace et de
foi qui suivit l'édit protectionniste de Yemitsou, fermant de nouveau le Japon, une forte concentration
de ses énergies éparses. Par un mouvement analogue
à celui qui se produisait au même instant dans l'Europe
occidentale (1), réalisant son expression classique en
France, en Hollande, en Espagne, en Flandre à la fois,
il trouva l'instant d'équilibre où l'esprit dégagé des

(1) Il est d'ailleurs remarquable que l'évolution intellectuelle du
Japon corresponde presque exactement, dans ses directions générales, à celle de l'Occident. Sa Renaissance est du XVe siècle, son
classicisme du XVIIe, son art voluptueux et mondain du XVIIIe, ses
paysagistes du XIXe. (*Note de la 1re édition.* Voir Préface à l'édition
de 1923.)

40. Kano Masanobou (1453-1490). La pêche. Peinture. Document
extrait de La Kokka.

entraves rituelles et maître du rythme nouveau, offrait
son abri sûr à la foule endormie des idées prêtes à se
répandre sur le multiforme avenir. Une architecture
nouvelle va recréer la statuaire, arracher à la sévérité
des précurseurs l'innombrable style décoratif où le
Japon épuisera en deux cents ans les ressources de sa
faune et de sa flore, et exiger avant sa chute que les plus
humbles arts de l'industrie ornementale naissent en
même temps de l'ingéniosité de ses artistes pour se
disperser dans le peuple, comme la poussière soulevée
retombe sur la plaine quand le temple s'est écroulé.
Lorsque Hidari Zingoro, architecte, ciseleur, forgeron,
marteleur de cuivre et de bronze, nielleur, brodeur de
bois, laqueur, décorateur, menuisier, jardinier, édifiait
les temples de Nikkô sur l'ordre du Shogûn Yemitsou,
il prenait possession, au nom de la race elle-même, des
réalités intérieures qu'elle se découvrait tout à coup.
Ces monuments, dédiés aux mânes du héros national
Yeyas, fixèrent l'image abrégée et définitive du désir
d'un peuple entier qui se libèra par eux pour se déployer
dans tous les sens.

Sur ce sol convulsif où les éruptions volcaniques, les
tremblements de terre et les raz de marée détruisaient
si souvent en quelques secondes les grandes villes
assises entre la montagne et la mer, le mur de pierre
eût écrasé les hommes en s'effondrant, chaque fois
que le feu central crevait l'écorce. La charpente de bois
simplement posée ne donnait pas prise aux secousses.
Et les sanctuaires s'élevaient au milieu des forêts de
cryptomérias et d'érables où leur fragilité inébranlable
demandait à la jeunesse éternelle des arbres le témoignage et le soutien de sa vigueur. Le temple est mêlé
à la forêt, qui entre dans le temple. Il est conçu comme
un tableau. Souvent des dieux souriants, couverts de

mousses et de fleurettes et rangés à l'infini des deux
côtés de la route, mènent vers lui le voyageur. Des
avenues d'arbres serrés, noirs et droits, conduisent
jusqu'aux escaliers des portiques. Dans les branches
horizontales planent les toits de bronze vert, les murailles de laque rouge montent entre les troncs nus,
la verdure sombre des cèdres traverse les hivers pour
soutenir jusqu'aux étés l'harmonie monumentale. S'il
se trouve, au milieu des pins, quelques bouquets de
châtaigniers, de vernis, de chênes, l'automne les mettra
d'accord avec les dragons d'or qui rampent, avec les
traînées d'or que les ornements des corniches font serpenter discrètement. Le bruit des cloches et des gongs
se mêle au bruit des cascades, au bruit des feuilles
remuées. Le temple de bronze et de bambou pénètre
au cœur des taillis, et si des troncs épais, si de larges
ramures se rencontrent sur le chemin, on les entoure
de murs de laque pour qu'ils habitent dans le temple,
au centre des cours intérieures d'où leurs bras jailliront
pour aller rejoindre la forêt.

Elle entre dans les salles aussi, la forêt sombre, par
toutes ses fleurs, tous ses arbres, ses mousses, ses
sources, ses oiseaux, ses reptiles et les plus frêles et les
plus humbles des insectes sur qui chaque feuille s'étend.
En laque rouge, en laque d'or, en incrustation de métal,
de nacre ou d'ivoire, elle écartèle ses rameaux sur la
laque des cloisons sanglantes ou noires, fonds d'aurores
ou fonds nocturnes, elle y laisse pleuvoir ses pétales
et ses pollens, elle fait voler, ramper, bondir les bestioles innocentes ou mauvaises à qui toute herbe sert
d'abri, qui creusent des galeries dans l'humus souterrain et dont le bourdonnement fait frémir les jours
de soleil. La nature n'est plus qu'un réservoir inépuisable, pullulant de petites formes vivantes sous le pro-

fond amas des branchages, où l'artiste du Nippon n'a qu'à fouiller au hasard pour y ramasser ce qu'il destine à orner la maison des hommes ou la maison des dieux.

L'artiste du Nippon, désormais, ne pense plus que l'art puisse avoir une autre fonction. Elle fait participer à sa vie religieuse, et surtout à sa vie intime — car sa vie religieuse n'est qu'un rouage nécessaire au maintien de l'armature sociale —, toute la fourmillante vie du monde environnant en communiquant avec lui par les kakémonos, les paravents, les bibelots qui meublent sa demeure, les estampes qu'on se passe de main en main, par les fleurs qui brodent les robes, par les bêtes incrustées dans les fourreaux et les poignées de sabres, les peignes et les coffrets. Seulement, ce n'est pas au hasard qu'il introduit ce monde dans ses maisons de bois et de papier. Il eût effondré les cloisons et déchiré les fenêtres. En le faisant entrer chez lui, il n'a pas oublié leur fragilité calculée ni leur légèreté rigide. Il a plié toutes les formes de la vie à s'adapter aux épaisseurs, aux transparences, aux directions, aux couleurs des charpentes, des vernis de laque ou des soies qui les recouvrent. Il a *stylisé* la nature.

On a confondu souvent le phénomène de raisonnement qui consiste à styliser la forme avec le phénomène d'instinct qui tend à l'idéaliser. L'idéalisation ne déforme pas l'objet, elle le redresse et le complète pour en tirer son sens humain le plus général, le plus pur et le plus riche en espérance. La stylisation l'adapte à sa fonction décorative en systématisant les caractères à peu près constants que la forme étudiée présente. L'artiste a vu que toutes les formes, et tous les gestes, et toutes les architectures au repos ou en mouvement gardaient des dominantes qui les définissaient dans notre souvenir et qui, mises en valeur par des procédés

42

41

schématiques, s'appliquaient à la décoration avec une rigueur parfaite. Par sa puissance à styliser le monde, l'art japonais demeure le plus intellectuel, sinon le plus philosophique de nos langages figurés.

La stylisation n'a jamais été une entrave pour l'artiste japonais. Elle lui permet, au contraire, de mettre sa science au service d'une fantaisie sans limite. Elle l'autorise à enfermer en des formes géométriques toute une nature transposée et recomposée, bêtes

41. École de Mataheï (XVIIᵉ s.). Peinture. Musée du Louvre. *Ph. Giraudon.* — 42. *Détail* de 41.

44

d'argent, d'étain ou d'or, plantes de laque noire ou rouge, fleurs dorées, fleurs bleues, fleurs vertes, feuilles rouges, ou bleues, ou noires, nuits et jours et soleils qui ne gardent plus rien de leurs couleurs premières. Mais la logique rigoureuse qui ordonne les sensations dont ils sont sortis peu à peu leur prête une existence lointaine, cristallisée et magnifique. C'est dans le rapport qu'est la vie, l'objet ne vaut que par l'objet qui l'avoisine, et la vérité supérieure n'est jamais dans le fait, mais dans la façon de le comprendre et de l'unir aux autres faits.

Le miracle de ce langage si arrêté et si précis, c'est qu'il laisse aux peintres des îles une personnalité aussi tranchée, aussi impérieuse, aussi vivante que celle de n'importe lequel des artistes occidentaux, c'est encore qu'il n'est ni transmis, ni répété de siècle en siècle sans contact avec la nature. Quelle que soit sa science, et

43. Un moine (XVIᵉ-XVIIᵉ s.). Bois laqué. Musée du Louvre. *Ph. Hachette.* — 44. Kôrin (1660-1716). Page d'album. Lavis. Collection H. Vever, Paris. *Ph. Hachette.*

la sûreté de sa culture et la puissance de sa tradition, le décorateur japonais regarde le monde et lui demande ses conseils avec une ferveur sans lassitude. Il est toujours penché sur lui, et s'il compose de mémoire pour ne conserver de la forme en action que les sommets du souvenir, ce n'est qu'après avoir, par des milliers d'études minutieuses où l'oiseau revit plume après plume, le poisson écaille après écaille, la feuille nervure après nervure, accumulé, comme un collectionneur d'insectes et de plantes, les plus infimes détails qu'il a pu recueillir sur elle.

IV

Jamais peuple plus naturellement artiste ne disposa d'un champ de sensibilité, d'enthousiasme et d'espoir aussi riche que celui-là. Comme en Grèce, tous les aspects de l'univers sont ramassés dans un petit espace, montagnes, lacs, forêts, fleuves côtiers, la mer entrant au cœur des terres. Comme en Grèce, une lumière immense glorifie la mer et le ciel. Plus qu'en Grèce, les printemps inondés de fleurs, les automnes de sang, les torrents entraînant des feuilles ou des pétales arrachés impriment sur la face du sol le sens de sa vie intérieure. Tous les climats qui vont de l'Écosse à l'Italie se succèdent du Nord au Sud dans une gamme continue à qui l'identité des formations géologiques impose une impressionnante unité.

Il n'y a pas un demi-siècle, tous les Japonais, hors la caste militaire, étaient pêcheurs ou paysans. Tirant d'un sol fécond, bien que dur à cultiver, assez pour se nourrir, passant toute leur vie dans ce grand jardin tourmenté où les teintes des horizons et des fleurs sont si variées et si puissantes, vivant dans l'intimité des feuillages, des neiges, des cascades, des arbres fruitiers, des cigales toujours vibrantes, ils acquièrent en masse et naturellement, du dernier des serfs au plus puissant des Daïmios, le sentiment des formes et des harmonies de la terre. Depuis le peuple grec dont ils n'ont pas sans doute la puissance d'illusion et la vision ennoblissante, mais qu'ils rappellent par tant de côtés, leur vie demi-nue, rude et saine, leur optimisme, leur tendance à diviniser les forces naturelles et l'héroïsme humain, la condition des femmes, des courtisanes philosophes, leur théâtre masqué, leur conception sinueuse et linéaire de la forme, nul autre peuple ne fut, en son ensemble, artiste à ce degré-là. C'est le pays où les cultivateurs quittent leurs champs, emmenant les petits et les femmes et portant des provisions de bouche pour aller, au printemps, quelquefois à vingt lieues de leur village, voir fleurir les cerisiers au bord d'un torrent.

L'étrange, c'est que ce peuple toujours ouvert aux sensations extérieures, par conséquent toujours impressionnable, toujours vibrant, reste toujours maître de lui. Il ressemble à sa terre riante où couve le feu souterrain et dont cent volcans déversent les laves. Il est affable et souriant, et s'il éclate parfois en violences furieuses, ces violences restent toujours dirigées méthodiquement. Il raisonne jusqu'à sa colère, son effroyable bravoure n'est qu'une exaltation lucide de sa volonté. Il stylise son émotion même. Et son art, fait d'élan précis, d'emportement lyrique enfermé dans une forme nette bien que saccadée quelquefois, ne s'abandonne pas au flot du merveilleux instinct qui le dirige. Égoïste au fond, et jaloux de garder pour lui ses conquêtes, ce peuple ne veut en donner qu'une image transfigurée.

126

C'est le seul point commun que l'art japonais
garde avec l'art chinois, dont il reste aussi différent
que les îles découpées, violentes, gracieuses, du continent massif, un et figé. De l'un à l'autre, il y a la distance qui séparait la Grèce investigatrice et éprise des
formes en mouvement, de l'Égypte presque immobile
et amoureuse des formes pleines, subtiles et fermées.
Autant la Chine est lente à se mouvoir, faite d'un bloc,
secrète et lourde, autant le Japon, nerveux, crispé
comme les cèdres de ses bois, est mobile et innovateur.
La religion des ancêtres que gardèrent les Japonais
avec les premières notions morales qui leur venaient
du voisin n'est pas, comme chez lui, un hommage à
l'immuable, mais le culte des puissances de volonté
et de moralité déposées en eux par les morts (1). En fait,
il se traduit par l'amour des enfants qui représentent
à leurs yeux une accumulation d'énergie plus grande
que la leur, parce que les enfants voient plus de morts
quand ils regardent derrière eux.

Tout bouge, autour des Japonais (2), les floraisons des jardins qu'ils cultivent avec une passion
inquiète, les nuances du sol, les brouillards qui modi-
fient à tout instant le profil des montagnes, se traînent
par lambeaux pour laisser apparaître ou dissimuler
tour à tour les toits d'une ville fantôme, un lac, une
sombre étendue tachée de voiles blanches, un cône
éclatant qui s'élance dans la lumière, les forêts de pins
noirs, les forêts rouges des automnes. Il vit sur une
terre qui ne cesse pas de trembler, et les crépuscules
changent suivant le feu des volcans. L'art japonais ira
saisir, dans le changement universel, les caractères de
l'objet, mais de l'objet en mouvement, qui vit, et qui

(1) et (2) LAFCADIO HEARN. *Kokoro.*

se déplace et qui donne, malgré sa forme à peu près
constante, la sensation de l'instabilité. Il est aussi loin
de la mobilité du récent impressionnisme occidental
qui a fixé avec tant de vivacité les variations de la
lumière, que de l'immobilité des Chinois. Le Français
qui travaillait sur la nature finissait par perdre de vue,
à force de fidélité à la sensation directe, les caractères
de l'objet. Le Japonais, qui compose de souvenir, ne
voit plus qu'eux. L'analyse, là, va jusqu'à la dissociation (1), et la synthèse, ici, jusqu'au schéma.

L'art des Japonais tient à tel point à caractériser
les choses que nos yeux d'Occidentaux ne savent pas
toujours différencier chez eux une œuvre de caractère
d'un schéma caricatural. La caricature apparaît au
moment où l'élément descriptif tend à absorber l'ensemble au lieu de lui rester subordonné. Mais où saisir
ce moment-là? Le caractère et la caricature oscillent
autour d'un point purement idéal que tous les yeux ne
placent pas au même endroit. Pour un œil japonais,
sans doute, le caractère continue, alors que la caricature a déjà commencé pour nous.

Ce qui entraîne peut-être au delà du but l'artiste
du Japon, c'est à la fois la tournure ironique de son
esprit et sa miraculeuse adresse, dont il ne se défie pas
assez. Quand il saisit dans un éclair la forme en mouvement, — la forme des petits animaux surtout, car
Sôsen à part, le peintre sauvage et pur qui vivait dans   46
les bois comme une bête pour surprendre les grappes
de singes blottis sur les maîtresses branches et grelottant dans la neige ou le froid de l'aube, le Japonais
n'a peut-être pas aussi bien compris les grands mammifères dont son œil un peu myope ne sait pas em-

(1) Avec le *néo-impressionnisme*.

45. Kôrin (1660-1716). Portrait. Lavis. *Ph. Giraudon.* ▶

brasser la masse, — il donne une impression d'infailli-
bilité. Il a scruté les microcosmes d'un si patient et
sagace regard, que c'est au travers d'eux qu'il a refait
le monde, comme le reconstruit un savant dans le
champ de l'objectif. Le soleil lui est apparu derrière
des toiles d'araignées. Près de lui, l'Occident semble
avoir négligé, pour ramener tout à l'homme et au
milieu général de son action, ce qui est à ras du sol,
près de notre œil, à la portée de notre main, ce qui ne se
voit qu'en inclinant la tête, en fixant longuement le
même point, en ne levant le front que pour reposer ses
regards d'avoir trop longtemps regardé. Il a bien vu
des formes, et des lignes, et des couleurs, et leurs larges
combinaisons, jamais il n'a vu une fleur, ni une plante,
il n'a jamais étudié le friselis léger d'une eau, ni le
tremblement d'une feuille. Comme il s'enfermait pendant la rafale, il n'a pas vu comment la pluie griffe
l'espace ou rebondit dans les flaques du sol, et comme
il sortait dès qu'il faisait soleil, il n'a pas étudié la
poussière qui danse dans les rayons. Le Japonais, lui,
a classifié comme une science les révélations les plus
secrètes de sa curiosité ardente. Il a l'œil un peu
myope, il est fort méticuleux, il s'accroupit pour sur-
veiller ses légumes, soigner ses fleurs, greffer ses
arbustes et faire la chasse aux insectes ennemis. La vie
de son jardin devient le motif principal de sa méditation qui chemine ironique à travers de minuscules
anecdotes et de petits concerts bruissants. Il a surpris
le vaste monde en ses inquiétudes les plus humbles.
Il a visité les fleurs aquatiques avec la brusque libellule,
rôdé avec l'abeille de la ruche aux fleurs de glycine,
piqué le fruit sucré avec la guêpe, noté la flexion du
brin d'herbe sous le poids du papillon. Il a entendu
sous les élytres soulevés, se déplisser les ailes transpa-

rentes, il a observé avec une sympathie passionnée la tragédie qui se joue entre la mouche et le crapaud, et c'est en regardant les muscles circulaires rouler au flanc des couleuvres qu'il a compris le drame silencieux de l'universelle faim. Il a longuement surveillé les stations mélancoliques sur une haute patte grêle et les immobilités ivres dans la fraîcheur des soleils matinaux. Il a vu, dans les vols rigides, s'allonger les cous, et les yeux ronds clignoter au ras des têtes plates et les becs spatulés ou pointus repasser les plumes vernies. Il a décrit les cercles concentriques que font les araignées d'eau sur les mares, il a découvert l'attente des roseaux quand le vent va se lever, l'agitation que l'action des rosées et le voisinage des sources donnent aux graminées et aux fougères. Et comme il avait vécu toutes ces menues aventures, il n'a eu qu'à lever les yeux vers la ligne de l'horizon pour être pénétré au premier choc par la sérénité des montagnes dans la lumière de l'aurore, pour sentir son cœur s'apaiser avec la venue de la nuit, pour laisser alors errer son rêve sur l'immobilité lointaine ou le bercement des mers.

V

Chose étrange. Bien que voyant vivre et bouger autour d'eux, comme les sculpteurs grecs, la forme humaine nue, les peintres japonais n'ont pas toujours mieux évoqué la forme humaine que celle des grands animaux, et c'est quand il s'agit d'elle, surtout, que nous hésitons à distinguer leur volonté de caractère de leur sens caricatural... Sans doute, ils s'attendrissent sur la rondeur d'un bras de femme, sur la courbe d'un sein tellement pur qu'on le dirait coulé dans une coupe

de cristal... La gloire du corps féminin monte comme
un poème, de l'ardent Koriousaï (1), peintre des guerriers et des vierges, à Kiyomitsou (1735-1785), à
Bountshô (?-1796), à Kiyonaga (1742-1815) qui font
si souvent penser aux décorateurs de vases grecs, au
grand Hokusaï (1760-1849) lui-même qui comprit aussi
bien l'étalement gras d'une croupe, la fermeté globu-
leuse d'une poitrine que l'ascension des vieux volcans
incendiés par le matin et le balancement des vagues.
L'art du XVIIIᵉ siècle même, fut à peu près tout entier,
comme en Occident, un voluptueux hommage à
l'amoureuse. Les figures d'Outamaro (1754-1805), qui
décrivait avec une passion si fervente les beaux seins
offerts comme des fruits, les nuques hautes et dures
sous les cheveux relevés, les visages ovales sous les
coiffures de jais noirs retenus par les épingles d'or, les
idylles charmantes d'Harounobou (1718-1770), épris
des jeunes filles rencontrées dans les jardins et sur le
seuil des maisons de papier, associant les femmes aux
fleurs, faisant jouer discrètement les noirs effacés, les
rouges éteints, les verts pâles sur des échappées de
paysages, éclairant aux lanternes les fleurs de cerisier
qui percent sous la neige, suffiraient à le définir. Mais
le sentiment très fort, très sensuel et très doux que les
plus grands d'entre eux même avaient de la beauté des
femmes, ne suffit pas souvent à dissimuler leurs défaillances d'expression. Occupés qu'ils étaient à pénétrer
la structure des petites choses, peut-être n'ont-ils pas
eu le temps d'analyser l'être humain? Quand ils
parlent de lui leur langage hésite et flotte et la formule
apparaît. Les pieds et les mains, les bras et les jambes
ont des déformations et des atrophies singulières et pas

(1) Milieu du XVIIIᵉ siècle.

46. Sôsen (1747-1821). Peinture. Collection H. Vever. Paris. *Photo Giraudon.*

toujours très expressives, qu'on retrouve à peu près pareilles chez tous les artistes japonais, comme s'ils s'en étaient transmis la patiente et méticuleuse recette.

Au XVIIIe siècle, ces défaillances de langage surprennent quelque peu. Les peintres qui parlaient de la femme avec tant d'inexpérience et d'amour possédaient à ce moment-là une science de la ligne touchant à l'abstraction. Chez Morikouni (1670-1748) et surtout chez Massayoshi (1761-1824), le dessin n'est plus qu'un schéma, une arabesque linéaire qui silhouette le mouvement d'un trait. Le modelé puissant des vieux maîtres de l'encre de Chine est à peine évoqué par la ligne ondulante dont les accents noirs, sur la page blanche, suggèrent assez faiblement la succession des plans et la fuite des contours. L'esprit du Japon devait fatalement évoluer vers ce graphisme prodigieux qui satisfait par sa réalisation propre, comme les volutes écrasées, effilées ou sinueuses de leurs beaux idéogrammes, les besoins sensuels de l'imagination, mais qui entraînent si vite l'oubli du monde extérieur et l'abstraction pure et la mort.

Au plein épanouissement de l'âme japonaise, du XVe au XVIIe siècle, l'intelligence du volume qui représente, dans le langage de la forme, l'équilibre philosophique entre les enseignements des sens et le travail de l'esprit, l'intelligence du volume chez Motonobou, chez Kôrin (1661-1716), dictait aux peintres leurs plus belles compositions. Même quand l'arabesque linéaire emplissait seule la page blanche, même quand la tache dégradée n'indiquait pas l'épaisseur et la matérialité des choses, même alors la ligne était chez eux si grasse et si souple, ses sinuosités et ses empâtements répondaient si bien au modelé mouvant des organismes extérieurs, qu'elle sculptait la forme

sur le plan du papier. Pour saisir l'art japonais au
sommet de sa puissance, il faut regarder vers Kôrin.
Tous les maîtres du Nippon, de Sesshiu et Sesson à
Hokusaï y vivent, en devenir ou en prolongement. Et
c'est précisément à l'heure où le Japon se ferme pour
descendre en lui-même encore et où l'enseignement
des primitifs mûrit en quelques années dans l'atmosphère recueillie de l'unité morale et de la paix.

L'école de Kano, l'école de Tosa réunissaient leurs
conquêtes pour donner son ossature définitive à la
sensibilité des Japonais. Mitsouoki (1616-1691) épuisait tout ce que l'académisme de Tosa pouvait offrir
à l'âme aristocratique de la nation de plus précieux et
de plus rare. Tanyu (1601-1674) employait sa verve
et sa vigueur à affranchir Kano des dernières servitudes chinoises. Itshio (1652-1724) luttait joyeusement
contre les dieux bouddhiques, et, le premier, entrait
chez les paysans. Kôrin pouvait boire à toutes les
sources, briser les traditions figées pour retrouver la
tradition vivante et nouer aux réalisations anciennes
les pressentiments nouveaux.

Dessinateur, il couvrit ses albums de ces puissantes
silhouettes dont chacune renferme, en un trait jeté
d'un coup, sans relever la main, toute la signification
spécifique de l'objet synthétisé, et par delà l'objet tous
les échos qu'il éveille dans l'univers deviné. Laqueur,
il parut réinventer un art qui passait cependant, depuis
dix siècles, pour l'expression nationale réelle du génie
japonais, il fit mûrir en lui l'esprit du grand laqueur
Koëtsou (1557-1637), créa le grand laqueur Ritsouo (1).
Son frère, Kenzan (1663-1743), le plus puissant, avec
Ninsei, des céramistes du Japon, l'homme qui sut

_____

(1) Commencement du XVIIIᵉ siècle.

incorporer à la flamme des herbes humides et des fleurs fraîches, vint puiser en ses créations comme à une source naturelle... Décorateur, il inspira des générations d'ouvriers qui, cent ans après sa mort, venaient encore lui demander des motifs, des conseils techniques, des méthodes de stylisation. Quand il faisait couler, du bout de son pinceau, l'encre de Chine ou l'épais vernis noir, quand il polissait ses laques d'or opaque avec la poudre de charbon, c'était comme si toute l'âme ancienne et actuelle du Japon se fût suspendue en son âme pour guider sa main. Il avait le pouvoir de saisir dans la vie qui passe — quelques moineaux sur la neige, une théorie de tortues, un vol de canards sauvages, une touffe de roseaux, — l'imperceptible instant qui la rattache à la vie éternelle. Une tache, une ombre, et l'absolu le traversait. Il paraissait abandonner brusquement sa couleur et sa forme à peine ébauchées, comme averti par l'éclair prophétique

47   48

de ne pas aller plus loin. Une feuille de son album prenait une grandeur de fresque.

Avant de transposer les reptiles, et les oiseaux, et les poissons, et les petits mammifères, et les herbes aquatiques dans la profonde gamme des verts, des noirs, des rouges et des ors de ses laques, il avait pénétré si chaleureusement le sens de leur animation qu'elle paraissait gonfler la belle matière miroitante. Le trot roulant des souris, l'allure flasque des crapauds, les vols silencieux dans le ciel, l'ondulation des algues au fil de l'eau passaient sous l'écorce glacée. Son cœur battait d'avoir compris la vie énorme qui se cache entre les herbes que nous foulons, au fond des sources obscures où se noie notre regard, et sous les larges feuilles étendues où l'ombre verte s'accumule. Or sur or, or sur rouge, or sur noir, rouge sur rouge, noir sur or, le laque incrusté de métaux semblait, avec les reptations, les ailes, les branches fleuries qui le traversent,

49

47. Harounobou (1718-1770). Jeunes femmes à leur toilette. Estampe. Collection H. Vever. Paris. *Ph. Hachette.* — 48. Outamaro (1753-1806.) Le miroir. Estampe. Musée du Louvre. *Ph. Giraudon.* — 49. Outamaro (1753-1806). Yamauba allaitant Kintoki. Estampe. *Ph. Hachette.*

50

le pollen de la poudre d'or qui pleut incessamment
sur lui, un lingot d'or sombre où la vie tremble.

C'est de Kôrin que descendit sur l'avenir, en
torrents, le flot toujours plus large de ces industries
menues qui donna bientôt, à tout objet pratique sortant des mains d'un Japonais, le caractère d'une œuvre
d'art. Kôrin, comme tout grand artiste du Japon,

50. Hieroshigé (1797-1858). La pluie. Estampe. Musée du Louvre.
Ph. Giraudon.

reste ouvrier, et tout ouvrier, au Japon, peut devenir
un grand artiste, qu'il soit peintre ou laqueur, bronzier
ou forgeron, céramiste ou sculpteur sur bois, charpentier, jardinier, ou, comme Hidari Zingoro, Kôrin,
Kenzan, un peu tout cela à la fois. Une solidarité
étroite et vaste réunit les unes aux autres toutes les
branches de l'industrie décorative la plus touffue qui
ait jamais été, et c'est aux plus grands peintres que les
plus humbles des ciseleurs ou des graveurs demandent
tous leurs motifs. On retrouve chez eux l'esprit des
maîtres et la même passion et la même adresse et la
même puissance à imposer à la matière les directions
de cet esprit.

Les Égyptiens seuls avant eux eurent le pouvoir
de donner aux minéraux terrestres, dans les plus petits
objets, l'aspect de la vie organique. Leurs grès flammés
ont l'air de tissus animaux, de viscères trempés dans
le soufre des volcans. Leurs netzkés, les millions de
bibelots familiers et de breloques malicieuses qu'ils
récoltèrent, au XVIIᵉ siècle, ainsi qu'une brusque
moisson, sont de petites choses palpitantes dont les
doigts caressent l'ivoire, la laque ou le métal comme
de minuscules bêtes tièdes, blotties au creux des mains.
Capables de jeter au moule les plus grandes statues
de bronze qui soient au monde, des colosses assis dont
le doigt levé et le sourire dominent au loin les maisons
et les bois, ils ont aussi brodé le fer, ils l'ont découpé
en dentelles. Ils ont trouvé des alliages inconnus qui
veinent l'airain à la façon d'un marbre, ils ont mêlé et
harmonisé les métaux comme un peintre amalgame
et broie et fait jouer ensemble les couleurs. Le fer, les
bronzes noirs ou verts, l'étain, l'or, l'argent, s'or-
chestrent selon des procédés d'estampes. La nacre et
l'ivoire s'y associent avec autant d'intimité que le ciel

et les nuages aux formes terrestres. Leurs vieilles
armures où le cuivre et le fer martelés, la laque, l'acier
ont des jointures nouées de crépons et de soie, ont l'air
de grands scarabées noirs. Ils ont laissé leurs fenêtres
ouvertes, et des papillons et des cigales, des étamines
envolées des fleurs, des feuilles arrachées aux arbres,
des élytres brisés sont venus tomber çà et là, au hasard
des souffles de printemps, sur les éventails de papier,
les potiches de terre, les vasques de bronze, les fourreaux de laque et les gardes de fer. Ils ont mêlé la vie
fragile des graminées et des insectes à leur vie sociale
et familiale et militaire. Ils ont ramassé des bestioles
d'or jusque dans les flaques de sang.

VI

C'était l'époque où l'art quittait décidément les
temples et les châteaux pour inonder la rue, comme
après les grands siècles grecs. C'était l'époque où
Matahei (1), peintre direct, somptueux et rare tournait
le dos à l'enseignement dogmatique et ouvrait la voie
à cette « école vulgaire » qui exprime aux yeux occidentaux, avec le plus de force évocatrice, l'âme moyenne
du Japon. Le génie de Kôrin, seul et libre, la lutte de
Goshin (1741-1811) contre un demi-retour de l'école
chinoise favorisée par Okio (1732-1795), évocateur
puissant des grands oiseaux sauvages, surtout l'apparition de l'estampe popularisée par les sévères harmonies de Moronobou (1638-1714), et de la gravure en
couleurs qu'inventa Kiyonobou (1667-1729), protégeaient et secondaient ou appuyaient son action. Les
netzkés, les poteries, les laques, les inrôs, les souri-
monos se vendaient dans tous les bazars.

(1) Milieu du XVIIe siècle.

L'estampe envahit les intérieurs bourgeois et populaires. Les paysages de mer, de montagne et de bois, les robes des passantes, les oriflammes, les enseignes, les lanternes de papier peint, toute la féerie bruyante, mouvementée et papillotante du monde japonais permirent aux graveurs populaires de déployer, avec une profusion miraculeuse, la fantaisie et la puissance de leur génie de coloristes, de dramaturges et de conteurs. L'Europe a connu le Japon par cet art vulgarisé, par ce morcellement infini de la force centrale que Sesshiu, Motonobou, Kôrin, pour la gloire de l'homme, révélèrent à leur pays. Ce n'est pas tout à fait sa faute si, en déballant les boîtes à thé, les coffrets de laque et les meubles de bambou, elle ne vit guère tout d'abord que la surface un peu falote de l'âme japonaise dans cette mer montante de petits crépons coloriés où défilaient des épopées de paravent, apparitions horribles, paysages tourmentés, guerriers zébrés de sang, comédiens convulsés, femmes parées, fardées et pâles, artisans, pêcheurs, moissonneurs, enfants, tous peut-être un peu comiques, foules bariolées et gesticulantes, fêtes nocturnes sur les eaux. C'est peu à peu qu'elle apprit à saisir, dans cette confusion bizarre où ses sens surpris ne distinguaient à l'origine que des couleurs violentes et des gestes désarticulés, une puissance d'orchestration et une ardeur à caractériser les choses qui firent entrer dans l'esprit occidental un flot de sensations révélatrices. Comment aurions-nous assisté, sans Hieroshigé, à l'illumination, à l'assombrissement progressifs des ciels des îles japonaises, comment aurions-nous découvert la limpidité de leurs grandes aubes au-dessus des lignes d'horizon, les hauts troncs nus de leurs pins qui s'élancent du bord des routes, laissant apercevoir entre eux l'azur

50

foncé de l'espace et de la mer, l'harmonie sombre de
leurs neiges, la masse de leurs eaux presque noires où
se suivent des voiles blanches, leurs rafales de pluie
emportant les oiseaux, courbant les cimes des arbres,
la poésie de leurs nuits bleues pleines de rameaux en
fleurs, et leurs lacs éclairés par des feux d'artifice et
les lanternes qui dansent au-dessus des ponts de bois
et leurs barques surchargées où jouent des musiciens ?
Comment aurions-nous assimilé, sans le pur Outamaro
qui fréquentait les courtisanes et s'arrêtait au seuil des
maisons pour voir les mères donner le sein à leurs petits,
et sans le tranchant Toyokouni, commensal des comédiens, et sans Shiounsho qui répandait les couleurs sur
l'estampe comme des rivières de fleurs, et sans Kiyonaga, amoureux contenu des longues formes féminines,
épris des jambes, des poitrines, des épaules, des bras
nus qu'on entrevoit parmi les harmonies discrètes des
kimonos de soie et des intérieurs effacés, et sans Harounobou autour de qui les femmes, roseaux fleuris,
enchantaient la terre, et sans l'infini Hokusaï, comment aurions-nous assimilé la valeur des lignes qui
symbolisent, hors de toute perspective scientifique,
par leur seule force expressive, la succession des plans
dans l'espace illimité ? Comment n'aurions-nous pas
oublié qu'ils ne connaissaient plus les modelés de
Sesshiu, de Motonobou et de Kôrin quand, pour
l'ivresse de nos yeux, leurs teintes plates secouaient
devant nous les plis et les revers des robes et déployaient
leurs sonorités orchestrales comme on découvre, d'une
hauteur d'où les creux et les saillies s'effacent, les par-
terres d'un grand jardin ?

Ils ont brodé de fleurs vertes ou bleues, de fleurs
de flamme, de feuilles rouges, de feuilles d'or, leurs
robes où l'aube grandit, où le jour baisse, où tout le

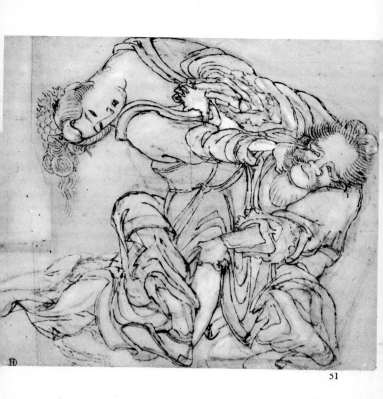

sang des veines est répandu, et toute la neige embrasée
des montagnes, et les nuées de feu errant dans les crépuscules, et les champs voilés d'incarnat, de mauve et
d'azur, et les fruits dont la peau duveteuse se trouble
en mûrissant, et les pluies silencieuses des glycines sur
l'eau dormante et le brouillard rose et blanc des
arbres fruitiers en fleurs. Ils ont jeté sur elles, avec le
vent, des vols d'oiseaux éperdus, ils ont tordu dans
leurs replis des chimères convulsives, ils ont ouvert des

51. Hokusaï (1760-1849). Le viol. Dessin. Collection H. Vever.
Paris. *Ph. Giraudon.*

paysages où les feuilles et l'eau murmurent dans la soie
froissée, et déployé comme au travers des frondaisons
d'automne, les multiples soleils des chrysanthèmes
impériaux. Leurs noirs, ces noirs profonds, ces noirs
absolus qu'ils y mêlent presque toujours, par les raies
ou les pois des étoffes, par les coiffures étagées, par les
arabesques grasses des puissants idéogrammes, leurs
noirs sont l'accompagnement sourd sur qui les mélodies violentes hurlent le drame et s'apaisent et reten-
tissent pour mourir... Quand les femmes défilent sur

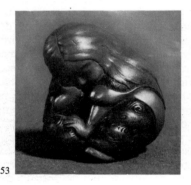

53

les estampes du Nippon, nous ne savons pas bien si
c'est l'été ou l'automne ou l'hiver traversés qui font
pleuvoir sur leurs kimonos de soie leurs fleurs, leurs
feuilles mortes ou leurs flocons tourbillonnants, ou si
c'est la marche même de ces créatures lointaines qui
répand autour d'elles l'hiver ou l'automne ou l'été.
Tout chante quand elles arrivent, même le meurtre.
Le paysage leur répond, le paysage aux branches roses
dont les pétales vont neiger, le paysage où les fleurs

52. Cheval. Netsuke, ivoire (XVIIe s.). Collection Mme Lefèvre-
Vacquerie. *Ph. J.-A. Lavaud.* — 53. Déesse Shojo. Netsuke, bois
(début du XIXe s.), signé Sei-Ichi. Musée d'Ennery, Paris.
Ph. J.-A. Lavaud.

résistent aux gelées, le paysage des ciels limpides au-
dessus des mers sereines, le paysage nocturne où des
femmes, jardins errants, passent sur des fonds uni-
formément noirs.

La sève du Japon, en ces millions de feuilles
envolées, pleuvait en gouttes de plus en plus serrées,
mais s'éloignant de plus en plus de ses racines. Il était
fermé depuis deux cents ans, sourd aux voix du dehors,
et les voix du dedans se heurtaient à des parois infran-
chissables. Trop longtemps privée de l'échange, qui est
la vie, impuissante à se renouveler, son âme se rétrac-
tait, s'énervait, se perdait peu à peu dans le détail et
l'anecdote. Il faut l'avouer. L'art des XVIIIe et XIXe
siècles, malgré son jaillissement profus et sa verve et
sa vie, semble un peu grêle et tourmenté, fébrile, caricatural, près de celui des âges précédents. Le grand
Hokusaï lui-même, le poète protée, l'homme aux
cent noms qui remplit de sa pensée plus de cinq cents
volumes, en couvrit vingt mille estampes, « le vieillard
fou de dessin », le vagabond distrait qui couronna
l'art populaire et dispersa l'esprit japonais aux quatre
coins du ciel comme un grand vent dépouille les forêts
d'automne, le grand Hokusaï lui-même est une expression de décadence. Il a la passion de l'humanité prochaine et misérable et avouée comme Rembrandt, ici,
l'eut seul peut-être, et cette minutie puissante qu'on ne
trouve que chez Dürer, et cet amour des paysages
aériens où Claude Lorrain et Véronèse virent trembler
l'or et l'argent, et cette verve cynique, ou terrible, ou
gouailleuse, ou sinistre, ou déchirante avec qui Goya
arrachait au monde des formes les symboles sommaires
des tragédies de son cœur. Il a l'immensité du savoir
et l'adresse de tous les ouvriers de sa nation. Élève de
Shiounsho, épris de Sesshiu, de Tanyu, de Kôrin, il

n'est pas une fibre de son innombrable esprit qui ne plonge en chacun d'eux pour se diviser et se répandre jusqu'aux extrémités des membres et des rameaux de tous les êtres et les plantes qu'il a rencontrés dans sa très longue vie, quand il rôdait dans les bois et le long des gaves, quand il humait le brouillard des cascades ou franchissait un pont bossu pour suivre la foule affairée et se disperser avec elle dans les rues, les jardins et les maisons. Il a dit le plus humble et le plus orgueilleux des mots tombés d'une bouche d'artiste : « A cent dix ans, tout ce qui sortira de mon pinceau, point ou ligne, sera vivant. » Il a suivi tous les travaux et raconté tous les jours. Il a fait ce que font les paysans, et les ouvriers, et les pêcheurs, et les soldats, et les forains, et les enfants. Il a raconté avec une tendresse goguenarde parfois et parfois tout à fait pure leurs jeux et leurs métiers et leurs passions. Il a aimé toutes les femmes, leurs mamelles dures et pointues et leurs beaux bras coulant d'un jet. Il n'a pas eu le temps de tout nous dire bien qu'à chaque instant il quittât des couvreurs sur un toit, des scieurs de long, des colporteurs avec qui il était en train de causer, pour suivre une abeille vers une haie en fleurs par-dessus laquelle il découvrait un jardinier à l'ouvrage. Il se couchait au soleil pour la sieste de midi, mais il comptait bien ne pas dormir. Il ne bougeait pas, il retenait son souffle. A la moindre vibration, il levait une paupière, il suivait le point bourdonnant jusqu'à ce qu'il se fût posé sur son bras nu. Il se laissait piquer pour étudier l'œil monstrueux, la trompe suçante, le corselet de métal, les minces membres élastiques qui se frottent sans arrêt. Quand il s'était mouillé les os pour bien regarder la pluie, il lui tardait que le vent le séchât pour voir s'envoler dans la tourmente les

feuilles mortes, les lanternes de fête, les plumes arrachées aux ailes. S'il gravissait une montagne, c'était
pour apercevoir brusquement, au sortir des brumes
basses, une cime isolée dans un espace de cristal et
pour découvrir en redescendant, à travers leurs déchi-
rures, des toits de chaume, des rizières, une humanité
fourmillante sous les chapeaux de paille ronds, des
jonques dispersées sur l'opaque étendue. Quand il

54

55   56

54. Hokusaï (1760-1849). La vague. Estampe. Musée du Louvre.
Ph. Hachette. — 55. Hokusaï (1760-1849). Homme jouant avec
un chien. Dessin. *Ph. Hachette.* — 56. *Détail* de 55.

avait vu la lune pâle monter dans un ciel noir sur un
monde vide de formes, il attendait impatiemment que
le soleil rouge décolorât l'espace pour saisir l'apparition du monde par les îles d'or éclaboussées de taches
sombres qui sèment les mers intérieures, et les maisons
bleues ou rouges apparues entre les pins, et les voiles
errantes et le volcan conique tantôt couronné de sang
et tantôt d'argent ou d'opale et tantôt du violet, du
rose ou du lilas qu'on ne voit qu'aux fleurs à peine
ouvertes. L'oscillation huileuse de la mer, le surgissement des glaciers par-dessus les nuages, le faîte immobile ou tourmenté des bois, tout l'univers s'imprimait
en lui selon des harmonies profondes, il paraissait
écraser des joyaux bleus et verts et sanglants dans l'air
chargé de vapeurs d'eau qui transmet la lumière aux
choses... Il commanda à sa forme en héros, il fut à son
gré et tour à tour ou simultanément lyrique et philosophe, et poète épique et poète satirique, vivant les

cauchemars les plus affreux après les réalités les plus
paisibles, ou en même temps qu'elles, et passant avec
désinvolture de l'invention la plus malsaine à la plus
noble vision... Et pourtant, par son art rapide, ana-
lytique et fiévreux et pressé — trop anecdotique souvent — il est une expression de décadence. On dirait
qu'il pressent la fin du vieux Japon, qu'il veut en
dresser une encyclopédie vivante, se hâter de le raconter
tout entier en notes directes, immédiates, fulgurantes,
comme pour en laisser — complexe, multiforme,
désordonnée, immense, — l'image à l'avenir.

Après lui, Yosaï adresse encore un adieu discret,
mélancolique et pur aux femmes en kimonos passant
sur des fonds de branches fleuries, — et c'est la fin. La
révolution qui précipite le Japon sur les pas de l'Occident éteint brutalement sa vie artistique. C'est comme
un champ de blé couché par le vent des canons. Et
pourtant le Japon n'a rien livré, rien abandonné de
son âme. Il a imposé au monde son droit à la vie.
Maintenant, il doit retrouver dans les réserves de son
silence toute sa passion de comprendre et toute sa
puissance à exprimer. L'âme d'un peuple ne peut
mourir entièrement, alors que ce peuple est vivant.
Quelques-uns de ses artistes, déjà, semblent se ressaisir,
retrouver l'esprit de leur race élargie et renouvelée
par la pensée de l'Occident. Un jour, certainement,
un grand art naîtra de cette rencontre. Mais ces tan-
tatives sont prématurées. Le Japon a maintenant un
but plus prochain et plus positif à atteindre. Qu'il
acquière donc, après la force militaire, la force économique. Dans l'ascension de ses énergies agissantes,
il surprendra le grondement de l'esprit créateur qui
rejaillira un jour. Après, il sera riche. Puis pauvre.
Et le cycle recommencera.

Les Tropiques

I

Tous les peuples ont le besoin, à un moment de leur histoire, de prendre avec le monde sensible ce contact prolongé et fécond d'où sort la représentation verbale, musicale ou plastique de l'esprit. Mais chacun d'eux parle sa langue, tel a composé des poèmes ou orchestré des symphonies qui reste incapable de s'élever à des généralisations plastiques d'un accent original. En dehors des Français, des Italiens, des Espagnols, des Flamands, des Hollandais, parfois des Allemands, — j'hésite à dire des Anglais, — les sociétés de l'Europe médiévale ou moderne n'ont délaissé l'art industriel populaire que pour tenter des imitations plus ou moins dissimulées des grandes écoles étrangères. Or, toutes les races, même les plus primitives, possèdent la faculté d'orner des pots, de tailler des figurines dans le bois, de tourner des meubles, de tisser des étoffes ou de ciseler le métal. C'est dire que tout peuple d'Europe qui n'a pas su utiliser, dans l'entraînement général de la culture occidentale, les balbutiements de ces arts rudimentaires à se faire une langue à lui, vivante, et l'exprimant dans ses plus hauts désirs, doit chercher à les réaliser autrement que par l'image, dont il ne sait pas se servir parce qu'il ne l'aime pas. D'ailleurs la civilisation, en s'universalisant, pervertit les besoins de l'âme populaire dont les manifestations s'abâtardissent peu à peu. Pour trouver un art primitif qui garde sa sève et puisse donner des émotions neuves et fortes aux sensibilités qui ont conservé ou reconquis leur ingénuité première, il faut aller à ceux qui restent des primitifs.

C'est entre les tropiques ou près des régions boréales que les hommes, jusqu'au cœur du monde moderne, ont conservé à peu près intact l'esprit des plus lointains ancêtres. Là seulement ils n'ont pas dépassé le stade du fétichisme naturiste et du groupement par tribus. C'est qu'ici il fait trop chaud, et là trop froid. Ici les saisons sont trop tranchées et trop pesantes, là trop torpides, partout d'un rythme trop lent. Chez l'intertropical, l'effort rudimentaire pour la nourriture et l'abri est à peu près inutile, l'effort pour s'élever plus haut trop pénible, et chez l'hyperboréen l'effort ne peut s'employer qu'à s'assurer une existence végétative et précaire au sein d'une nature trop ingrate pour qu'il puisse songer à la modifier à son profit. Enfin, chez l'un comme chez l'autre, les grandes migrations humaines n'ont pas passé pour renouveler la race, lui porter le vent du dehors, parce qu'elles se sont arrêtées devant les glaces, les déserts, les forêts trop épaisses ou les océans trop étendus.

L'homme noir est peut-être celui de tous les non-évolués qui a manifesté le moins d'aptitude à s'élever au-dessus des instincts humains élémentaires aboutissant à la formation du langage, des premières cristallisations sociales et des industries qui leur sont indispensables. Même transplanté par grandes masses, et depuis des siècles, en des régions parvenues sinon au plus haut, du moins au plus original degré de civilisation moderne, comme l'Amérique du Nord,

57. Afrique. Gabon. Fétiche bakota. *Ph. Hoa-qui.*

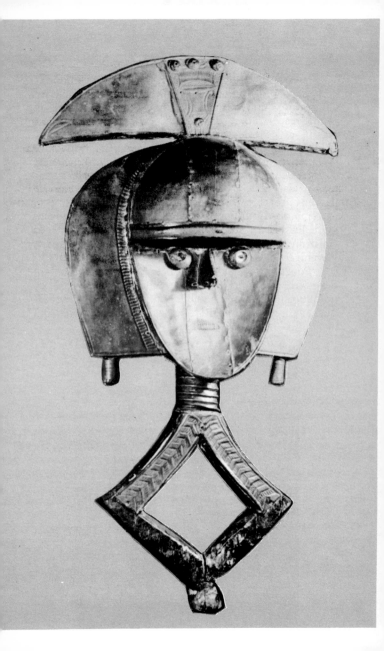

il reste ce qu'il était, un enfant impulsif, ingénument bon et cruel, dont tous les actes sortent de l'immédiate sensation. C'était pourtant la seule des grandes races primitives habitant en grand nombre un continent massif, et ne manquant ni de bras ni de têtes pour modifier son milieu, trouver des rapports nouveaux et créer des idées nouvelles. Mais ce continent est divisé en vingt tronçons par les sables, les montagnes, les brousses, les forêts vierges, infesté de fauves, fiévreux, torride, coupé en deux par l'équateur. Son extrême nord qui borde la Méditerranée et où peuvent vivre les blancs a seul participé depuis les débuts de l'histoire aux grands mouvements des hommes vers l'avenir.

Pourtant, si l'on remonte à ces temps-là, on découvre une Afrique probablement identique à ce qu'elle est à l'heure actuelle, et parvenue par conséquent au même niveau que les tribus barbares qui

peuplaient l'Europe du Nord et de l'Ouest, peut-être
à un niveau supérieur. La guerre et le commerce
créaient des relations constantes entre la vieille Égypte
et le Soudan, et l'Afrique centrale participa au développement de la civilisation nilotique. Dès cette époque,
en Nigritie, on travaillait le fer, alors que le vieux
monde connaissait à peine le travail du bronze, et les
bijoux africains que fabriquent encore aujourd'hui
les Somalis de l'Afrique orientale, les Pahouins, les
Achantis, les Haoussas de l'Afrique occidentale,
étaient apportés par les caravanes des confins de la
haute Égypte sur les marchés de Thèbes et de Memphis.
Ils sont lourds, de matière épaisse et compacte sous les
incrustations de pierres bleues et rouges qui tachent
de lueurs opaques leur cercle d'or mat ou de sombre
argent. Les figures géométriques, chères à tous les
primitifs, qu'ils peignent leurs pots, ornent leurs cases,
tissent leurs vêtements ou se couvrent de zébrures la

59

58. Afrique. Dogon (Haut-Niger). Les deux principes. Bois sculpté.
Ph. Hoa-qui. — 59. Afrique. Bronze du Benin. British Museum.
Ph. Mansell-Giraudon.

peau du visage et du corps, l'entament dans tous les sens, courtes, grasses, denses, serrées. Comme la mathématique, science des formes inertes, a précédé la biologie, science des formes animées, l'ornement géométrique précède l'ornement vivant, et tels peuples enfants incapables d'interpréter la vie, sont parvenus dans l'art ornemental au plus haut point de puissance. L'esprit humain, toujours, va du simple au complexe, mais l'intelligence le ramène aux sources primitives où s'abreuvait l'instinct, quand le grand artiste apparaît pour réunir sous la même arabesque les formes vivantes les plus différenciées ou quand la science moderne tente d'exprimer toutes ses conquêtes en symboles mathématiques. C'est toujours l'émouvant accord du sentiment le plus obscur et de la plus haute raison.

Il ne faut pas en général chercher dans l'art des nègres autre chose que ce sentiment encore irraisonné et n'obéissant qu'aux besoins les plus élémentaires de rythme et de symétrie. L'instinct qui pousse les peuples jeunes à imposer aux formes vivantes qui sortent de leurs doigts une vague apparence architecturale, une symétrie gauche et fruste, obéit sans aucun doute à un désir impérieux de synthèse, mais cette synthèse est de celles qui précèdent l'expérience et non de celles qui la suivent. La sculpture sur bois des nègres est encore très éloignée de la grande sculpture égyptienne, par exemple, dont l'apparition coïncide avec un édifice social et religieux puissamment architecturé. Peut-être n'en est-elle d'ailleurs que la première ébauche, presque aussi lointaine que l'apparition de l'homme en Afrique, et montant soudain, pour de longs siècles, dans la grande vallée fertile où le noir et le blanc fusionnent, à la plus lente, la plus haute, la plus consciente stylisation, puis, alors que l'art nilotique s'abîme dans les sables, se prolongeant, immobile, jusqu'à nous. Mais il ne faut pas rechercher des abstractions métaphysiques là où il n'y a que des sensations aussi courtes que violentes, une tentative de satisfaire aux besoins les plus immédiats d'un fétichisme rudimentaire. Et c'est peut-être même à cause de son effroyable candeur, plans rugueux, membres courts, têtes bestiales, mamelles pendantes, qu'il est expressif à ce point. Ces sculptures de bois peint, bois noir où des bleus purs, des verts crus, des rouges bruns prennent une violence si naïve qu'elle en devient terrifiante, ont une bonhomie dans la férocité et une innocence dans le meurtre qui commandent une sorte de respect. La nature brute y circule, un suc brûlant, un sang noir. Bien que l'homme en ait peur, il ne peut s'empêcher de reconnaître et d'aimer ses impulsions concrétisées dans les crocodiles rampants et les gorilles ramassés dont l'ébauche, indiquée à grands éclats de bois, orne quelquefois les portes et les poutres de sa case ou les parois de ses tam-tams.

Comment découvrir dans la confusion et le remous des tribus et des industries africaines des courants plus forts que les autres et qui eussent pu, sans la colonisation du continent par les peuples européens, entraîner peut-être lentement les noirs vers la conquête d'un monde intérieur plus éclairé ? Les Haoussas, les Achantis surtout se livrent à toutes les industries premières, le tissage, la céramique, la ferronnerie, l'orfèvrerie, la broderie, la joaillerie, la sculpture sur bois et sur ivoire, et ceux des nègres du Soudan ou de l'Afrique occidentale qui se laissent aller au courant de la propagande musulmane pressentent, au contact de l'étincelle spiritualiste de l'Islam, l'existence d'une vie supérieure et dépassent souvent l'ouvrier berbère dans le travail de luxe du métal et du cuir. Mais il faut remonter plus haut dans le passé de la terre obscure, la terre massive engraissée de sang, pour retrouver les traces d'un besoin d'ordre esthétique encore très confus, mais très affirmé, que les immigrations noires et les invasions blanches détruisirent chez quelques-uns des peuples africains. Chez les indigènes de Guinée, du Niger, du Gabon, de la Côte-d'Ivoire, on trouve des idoles, des masques de danse ou de guerre, des objets familiers, des armes dont les prototypes remontent sans doute à une époque très ancienne — et peut-être immémoriale — et qui souvent témoignent d'un souci de stylisation non seulement très accentué mais puissamment original. La synthèse plastique, ici, confine à la géométrie. L'ensemble de l'œuvre est soumis à une sorte de rythme schématique qui se permet les déformations les plus hardies mais laisse toujours

60   61

60-61-62-63. Polynésie. Iles Salomon. Bois sculpté. British Museum, Christy Collection. *Ph. Mansell-Giraudon.*

62

63

64

subsister les quelques sommets expressifs de l'objet
qu'elle interprète. Le royaume du Bénin, qui fut l'un
des premiers à recevoir les navigateurs portugais et où
s'est développée, sans doute vers la fin du Moyen Age,
la plus grande école d'Afrique, a eu des bronziers
admirables, qu'un sentiment puissant de la vie embryonnaire rend très proches parents des sculpteurs
archaïques chinois, des Khmers, des Javanais. Ils tor-
daient des serpents noirs ensemble, pour supporter

64. Nouvelle-Zélande. Masque de guerre. British Museum.
Ph. Mansell-Giraudon.

des escabeaux de cuivre sur le grouillement écailleux et rugueux de leurs nœuds entrelacés. Leurs pots, qui prenaient souvent l'aspect très pur d'une tête humaine, s'ornaient de sculptures trapues, rudes, très brèves, où s'accusaient sous des formes parfois ironiques les silhouettes familières du chien, du lion, du coq, de l'éléphant, du crocodile. Au reste, à cette époque, au XVIe, au XVIIe siècle, l'Afrique paraissait sortir de son long cauchemar. Les Bushmens, contemporains des nègres du Bénin, et qui peuplaient le sud du continent, loin de l'équateur, des déserts, des forêts du centre, là où le climat est plus sain, l'élevage possible, le fauve moins redoutable, le gibier abondant, eussent pu, s'ils avaient duré, imprimer à l'esprit des races nègres une décisive impulsion. Ils vivaient plus souvent de rapines que de chasses, mais leur vie nomade et aventureuse, en multipliant leurs rapports avec les tribus et le sol africains, aiguisait leurs sens et subtilisait leur esprit. Ils ont laissé sur les parois des grottes où ils cachaient les troupeaux volés, des fresques d'ocre rouge où vivent la chasse et la guerre, des danses, des bêtes qui fuient ou défilent. La forme est approximative, mais la tache plate est vivante, et les silhouettes qui ressemblent à des ombres sur un mur marchent d'un même mouvement, bœufs pourchassés, antilopes montant une pente, grands oiseaux gris qui traversent le ciel.

II

C'est le plus intéressant effort, sans doute, qu'aient tenté des primitifs depuis les troglodytes de la Vézère. Mais on dirait cette peinture élémentaire condamnée à ne pas évoluer, vouée à la disparition brutale. Les eaux tièdes ont obligé les chasseurs de rennes à fuir l'Europe occidentale, les Bushmens se sont dispersés à l'arrivée des Cafres, des Boers, des Anglais, et la colonisation de l'Australie réduit de jour en jour le nombre des indigènes qui couvraient les rochers de la grande île de fresques noires, sulfureuses, rouges et bleues, témoignant de la naissance d'un esprit généralisateur dont les rudiments sont peut-être moins visibles chez les habitants de l'Afrique que chez quelques peuples océaniens. L'art de Polynésie, comme l'art oriental en général, semblerait avant tout tendre à la décoration, alors que l'art d'Afrique, comme l'art européen, aurait une tendance plus marquée à isoler la forme pour l'examiner dans son action propre et son caractère individuel.

Il est vrai que le climat et la nature océanienne offrent à la sensibilité des Polynésiens des ressources qu'on ne trouve pas en Afrique. Le morcellement de la race, dispersée en des milliers d'îles et d'îlots que séparent d'énormes étendues de mer, a peut-être seul empêché, en s'opposant à la cohésion nécessaire, une grande civilisation de naître dans le Pacifique et d'essaimer alentour. Et maintenant il est trop tard : la conquête européenne, les maladies, l'alcool, la morale et la religion qu'elle leur apporte les ont anémiés, décimés, vaincus. Ils commencent déjà à ne plus sentir vivre en eux le poème naturel qui les entoure et qui les a formés.

Les îles où tous les germes du ciel sont venus déposer des forêts fleuries couvrent l'océan bleu comme les cyclades grecques parsèment, des promontoires du Péloponèse aux golfes asiatiques, la Méditerranée d'Orient. C'est une prodigieuse nature, saine bien que suant la fécondité et environnée de parfums, gorgée de fruits, gorgée de fleurs, éblouie d'oiseaux de feu et de pierres colorées, et réfléchissant ses bois qui descendent jusqu'au bord des eaux, dans la coupe de saphir noir incrusté de perles où les monstres marins habitent des cavernes de corail. La belle race au front haut qui l'habite est naturellement artiste, vivant en plein air, en plein vent marin, parmi les formes splendides et l'orgie brûlante des couleurs. Elle parle une langue harmonieuse, elle aime la danse, la guerre et la musique, tresse des fleurs en couronnes et en guirlandes et se livre à l'amour dans les sources et le soleil. Sa mythologie est très proche, par sa grâce triomphante, son parfum d'aurore et de ciel, son symbolisme de cristal, des vieilles légendes ioniennes. Une vie un peu moins facile et l'unité eussent fécondé l'avenir.

Les dieux que les Polynésiens ont découpés dans la matière tendre du bois pour les dresser ensuite sur le rivage ou à la porte de leurs cabanes, sont en général plus animés que les silhouettes symétriques taillées par les Africains. Peut-être aussi sont-ils moins ingénument conçus et d'un art moins sévère. Plus de tendance au style, semble-t-il, mais plus d'adresse, et moins de force aussi. Les orbites, les lèvres, les narines, les oreilles deviennent, dans les plus intéressantes de ces images, le point de départ de longues lignes parallèles profondément creusées et soutenues, de spirales et de volutes obéissant à une intention de démonstration religieuse ou d'intimidation guerrière où l'accord est profond et pur entre l'esprit du mythe et son expression résumée. Ce ne sont plus des poupées terribles par leur seule candeur. Elles sont violemment et consciemment expressives, avec les attributs du meurtre et des visages cruels, et les couleurs qui les couvrent sont les symboles de leur férocité dans le combat et de leur ardeur dans l'amour. Figures grimaçantes aux proues des longues pirogues recourbées, colosses abrités sous les frondaisons des forêts odorantes, hommes ou monstres barbouillés de vermillon et de vert émeraude, tous ont dépassé le stade archaïque représenté par les statues de l'île de Pâques, qui est à la Polynésie, peut-être, ce qu'une Égypte encore enfouie dans le limon originel serait à une Grèce paresseuse et trop esclave de sa chair. Tous sont monstrueux et vivants, jaillis de la verve bestiale que déchaînent les amours ivres et les sens exaspérés au milieu des fruits écrasés et des baies colorantes et des plumes multicolores qui pleuvent avec le soleil. Jadis, avant que l'homme blanc fût venu imposer le morne vêtement et tarir l'esprit poétique, les grandes idoles de bois peint étaient les sœurs des fleurs énormes et des oiseaux de paradis et des hommes nus qui traversaient les bois, tatoués des pieds au front, peints de rouge, de vert, de bleu, couverts de grandes lignes ondulantes faites pour accuser les formes, accompagner d'éclairs en mouvement le rythme de la course, et souligner les muscles du visage dans le jeu terrifiant des expressions de luxure ou de cruauté.

Il faut séduire la femme, terrifier l'ennemi, et, par un instinct encore plus obscur et plus vaste, jouer dans la symphonie naturelle le rôle qu'exigent les grandes corolles suspendues par les lianes enchevêtrées entre les arbres géants, les pelages lustrés, les ailes de feu, les couchers d'astres dans la mer. Tous les primitifs intertropicaux qui vivent nus, dans la liberté de la lumière, ont ainsi et de tout temps aimé se barioler de couleurs fraîches ou incrustées dans l'épaisseur de la peau, les nègres d'Afrique et les Indiens d'Amé-

---

65. Polynésie. Iles Hawaï. Sculpture colossale. Bois. British Museum. *Ph. Mansell-Giraudon.*

rique comme les Polynésiens. Mais chez le Polynésien, le tatouage prend un éclat, un souci de rythme et de vie qu'il n'a nulle part ailleurs, sauf chez les peuples dérivés des nations océaniennes ou en rapport avec elles depuis longtemps. Les Japonais ont substitué à l'ornement géométrique des figures d'oiseaux, de dragons, de chimères, de femmes, de vrais tableaux mouvants et composés. Les Néo-Zélandais, s'ils ont conservé dans le tatouage l'ornement géométrique de l'ancêtre océanien, y ont apporté une précision, une violence, une volonté de style qui suffiraient presque à les définir comme artistes si leur génie plastique ne s'était pas révélé par d'autres affirmations.

64

D'où qu'ils vinssent — les migrations polynésiennes à travers le Pacifique n'ont guère plus d'histoire que celles des oiseaux errant de climats en climats —, ils gardaient des populations d'Océanie ce sensualisme ardent qui les distingue. Comme elles, ils aimaient dresser aux portes de leurs cases des pieux sculptés en figures atroces, orner leurs armes, leurs ustensiles d'industrie et de ménage, leurs coffrets et leurs vases d'entailles peintes qui dénoncent, sous l'apparent souci d'observer et de perpétuer les rites traditionnels, les pratiques d'exorcisme et de magie, cet amour humain de la forme, de la ligne et de la couleur où nous puisons le désir de nous harmoniser à la nature pour la mieux comprendre et la recréer tous les jours avec ses propres éléments. Mais quelque chose de nouveau, une grande chose nouvelle y apparaissait nettement quand les Anglais, au milieu du dernier siècle, vinrent interrompre l'ascension des Maoris vers une conscience tous les jours moins chaotique et plus lumineuse de leur destinée dans le monde. Ils se livraient au cannibalisme, il est vrai, mais seulement depuis qu'ils avaient entièrement détruit les rares spécimens des espèces antédiluviennes qui erraient au travers des forêts silencieuses quand ils étaient arrivés sur leurs canots de guerre ornés de visages effrayants, dans ces grandes îles étranges dépourvues d'oiseaux, d'insectes, de reptiles, et possédant à peine une famille de mammifères nains. Ils n'étaient là que depuis trois cents ans peut-être, péniblement parvenus à s'organiser en tribus qui comptaient quelques dizaines de milliers d'hommes et où les naissances compensaient à peine les vides creusés par les massacres des prisonniers de guerre offerts en sacrifice aux dieux. Et cependant, déjà ils échappaient au silence de l'âme. Ils avaient construit des villages au centre desquels le *Pa* fortifié enfermait l'œuf de la cité future, quatre ou cinq cases communes sculptées du haut en bas, écoles, musées de la tradition et des légendes, temples, enceintes de jeux et d'assemblées où siégeaient les conseils d'administration et de guerre. Comment ne pas reconnaître, dans les formes qui les décorent, toujours violentes certes, meurtrières, rouges de sang, contorsionnées en attitudes infernales, mais manifestant déjà une opiniâtre volonté d'équilibre et de rythme architectural, l'influence dominatrice des paysages majestueux où se déroulait l'action des Maoris et de l'effort qu'ils fournissaient pour maintenir cette action? Ils avaient dépassé la région dangereuse des zones intertropicales. Le printemps perpétuel ne les énervait plus. Leurs îles, du Nord au Sud, échelonnaient, comme au Japon, leur climat de celui de l'Italie à celui de l'Écosse. Ils posaient leurs villages au bord des lacs d'opale portés sur des vasques de lave, entourés de sources froides et de geysers bouillants, à l'abri des montagnes immenses où les volcans

en feu alternent avec les glaciers descendant jusque dans la mer, et quand ils suivaient leurs rivières bordées de pins, elles les conduisaient à des fjords réfléchissant les forêts et les neiges dans les masses ténébreuses de l'Océan austral où jamais face humaine n'avait regardé son image. Une grande civilisation, un grand art pouvaient et devaient naître là. Les nattes de phormium pendues aux portes des cases rutilaient de peintures ardentes, les rochers se couvraient de fresques où revivait le bleu des glaces et des lacs, leurs villages de bois tout entiers, avec leurs maisons trapues, leurs grands toits très inclinés, leurs palissades de défense, étaient des œuvres d'art fouillées de figures horribles, tatouées comme des vivants, encadrées d'un prodigieux réseau de lignes courbes, de spirales enchevêtrées, d'enroulements rythmiques, épais et gras, amenant par leurs méandres calculés la forme du visage humain, forêts de bois sculpté ayant de loin l'aspect des fougères arborescentes, touffues et grêles, qui couvraient le pays. Un peu de l'esprit décoratif des artistes du Japon, mais plus impétueux et plus barbare, tout à fait dédaigneux de la matière employée et sans cette ironie et cette minutie d'observation qui découragent quelquefois l'enthousiasme prêt à bondir. Un caractère farouche. Certains visages sculptés sont de structure si abstraite et si résumée qu'on est obligé de penser, quand on les regarde, aux plus grands maîtres de la forme, les Égyptiens, les Grecs, les archaïques japonais, avec quelque chose d'austère et de tranchant, une terrible pureté qui n'appartient qu'aux Maoris.

Aucun d'entre les Polynésiens, dans tous les cas, n'est allé aussi haut. S'il y a, entre tous les Océaniens et les vieux habitants de l'île de Pâques une filiation

66. Ile de Pâques. Sculpture colossale. Pierre. British Museum. *Ph. Mansell-Giraudon.*

préhistorique, c'est chez les Maoris qu'il faut voir leurs héritiers les plus légitimes, car l'art des Maoris, aussi vivant que celui des Papous et des autres indigènes du Pacifique, aspire encore plus que le leur à réaliser ces édifices de géométrie animée dont l'art hiératique des ancêtres accuse la préoccupation. Cette île, un ancien massif volcanique, est déserte. Mais les rochers sont creusés d'hiéroglyphes, de figures d'oiseaux, de poissons, d'hommes. Achevés ou inachevés, plus de cinq cents colosses s'érigent sur le rivage ou au centre des cratères morts. Ce sont des figures terribles, massives, abrégées, les bras au corps, presque sans crâne, avec un visage bestial, nez proéminent et dilaté, yeux ouverts, grands plans établis à la hache, mais dont le basalte a demandé des siècles, peut-être, à se laisser entamer. Pourquoi sont-elles là et que signifient-elles, face à l'éternelle mer, horriblement seules, si ce n'est notre inextinguible besoin de nous découvrir et de nous reconnaître dans la matière rebelle ou docile que nous fournit notre sol? Une catastrophe sismique dut interrompre les travaux, les isoler du monde. Il y a des outils à leurs pieds, pas d'autres traces humaines. Où se sont-ils réfugiés, ceux qui les avaient dressés là, d'où venaient-ils? A quelles sources inconnues ces hommes qui précédèrent sans doute ces étranges races océaniennes, les mieux douées de la planète avec les Indo-Européens et peut-être avant les Asiatiques, mais que les circonstances ont trahi, avaient-ils étanché leur première soif? Sans doute les Polynésiens étaient-ils sortis de l'Insulinde, mais cela bien avant l'histoire, antérieurement aux civilisations indiennes. Les populations actuelles de l'Insulinde, ces Malais qui ont aussi peuplé Madagascar, n'ont pas leur grâce fière et forte, ni la liberté de leur vie, ni leur ardeur amoureuse, ni leur esprit artiste et généralisateur. Leur pensée est timide, leur caractère indifférent, ils acceptent les croyances que leur apportent les maîtres successifs qui viennent de l'Ouest. Leur art ancien dérive de l'art des Indiens, leur art moderne ne dépasse pas la pratique monotone des industries primitives. C'est sans doute le contact avec les vents de mer et l'abandon ivre aux grands courants océaniques qui dégagèrent les Polynésiens de ces origines apathiques pour faire lever en eux le formidable rêve interrompu dont les géants de l'île de Pâques sont venus nous offrir l'énigme. Peut-être étaient-ils allés, bien plus loin encore, à travers les îles disparues et portés par le flot, confronter ce rêve avec le soleil oriental dont le rempart de feu des Cordillères leur cachait la source ? Et peut-être un gouffre s'était-il ouvert derrière eux pour engloutir leur berceau, même dans leur souvenir ?

III

On pourrait le croire, quand on essaie de retrouver la trace des vieux habitants de l'île morte. Hors de l'art des Polynésiens, rien ne rappelle plus l'esprit de l'archaïsme océanien que les formes hiératisantes retrouvées chez les Aymaras des Andes péruviennes. Là, comme dans l'Égypte du Moyen Empire, la formule architectonique semblait arrêtée. En échange des terres distribuées à tous leurs sujets, le socialisme bureaucratique des Incas avait sans doute exigé d'eux cette soumission aveugle et définitive des âmes à tout ce qui touchait au domaine spirituel. Les Aymaras en étaient arrivés à ne plus chercher dans la nature que des motifs idéographiques implacablement stylisés.

Des hiéroglyphes découpés et plats, des images combinées où de vagues formes humaines apparaissent dans l'entrelacs précis et mystérieux des figures géométriques, encadraient les portes monolithes des temples et des palais. Pizarre a fait fondre et monnayer les statues d'argent et d'or qu'ils élevaient à leurs héros. Étaient-elles d'un art plus libre? Sans doute. Les poteries quichuas du même temps témoignent d'un charmant esprit populaire. Ces peuples étaient bons. Ils aimaient les hommes et les bêtes. Ils les regardaient d'un œil goguenard, mais très doux. Presque tous

67

68

69

70

leurs pots, leurs bouteilles, leurs alcarazas où l'eau
reste froide, avaient pour becs des têtes d'animaux,   67
des bras, des pattes pour anses, formes imprévues,   68
quelquefois belles, monstrueuses presque toujours,   69
grotesques, contorsionnées, renflées, écrasées, déviées,   70
bedonnantes. L'Égypte aussi réservait les formes hié-
ratiques à la face des sanctuaires et s'attendrissait sur
elle-même dans l'ombre où, comme le Pérou, elle
enfouissait ses momies. Elle aimait aussi donner des

67. Pérou (xvᵉ s.). Vase peint. British Museum. *Ph. du musée.* —
68. Pérou (xvᵉ s.). Vase peint, *détail.* Collection M. Cumminas,
Chicago. *Ph. Giraudon.* — 69. Pérou (xvᵉ s.). Terre cuite. British
Museum. *Ph. Mansell-Giraudon.* — 70. Pérou (xvᵉ s.). Vase peint.
Musée national d'anthropologie et d'archéologie, Lima. *Ph. Giraudon.*

formes animales à ses menus objets, terminer les cruches et les brocs en têtes de chats, de panthères, de chacals, de cynocéphales, comme les Péruviens les étiraient ou les aplatissaient en têtes de chiens, de pumas, de canards, d'alligators. Mais un esprit plus pur, plus haut, était en elle. Et si l'intention ironique l'entraînait parfois, très discrète, très effacée, elle n'allait presque jamais jusqu'à la caricature. Au lieu de tasser ses cadavres dans des vases de terre, elle les allongeait dans des cuves de granit. Elle avait le culte de la forme, même par delà la mort, et purifiée jusqu'à l'abstraction. L'aile de l'esprit l'avait touchée, notre monde en devait sortir.

Ici pourtant, ni les ingénieux systèmes sociaux, ni les grands rêves ne manquaient. Une légende aymara ne montre-t-elle pas le créateur peuplant le monde de statues qu'il anime pour leur donner mission de le civiliser? Nulle part, dans aucune autre cosmogonie, ce mythe profond ne se trouve. Les vieux poètes péruviens avaient senti que l'éclair ne jaillit jamais que du contact de l'âme avec la forme et que c'est aux artistes qu'il appartient d'introduire dans l'univers plus d'ordre, une harmonie toujours devenante et projetant sur l'avenir une réalisation anticipée de notre espoir. Mais le climat meurtrier et l'aveulissement des populations décimées par les sacrifices sanglants que les prêtres offraient au Soleil, déjouaient les prophéties des aèdes et neutralisaient les enseignements des sociologues les mieux intentionnés. Dans cette Amérique torride et tremblante, les plus vastes efforts devaient avorter brusquement au choc d'une civilisation supérieure malgré tout, malgré l'esprit de meurtre et de rapine de ses envoyés, malgré l'Inquisition qu'ils apportaient. Ces aventu-

riers venus d'un vieux monde où l'esprit humain était
en proie au plus profond bouillonnement qui l'eût
agité depuis quinze siècles, ces fous violents qui
avaient heurté ce continent en essayant de contourner
la terre, représentaient contre eux-mêmes la conquête
de l'avenir.

Ils n'eurent qu'à toucher du doigt le fruit pourri
pour qu'il tombât du vieil arbre où la sève ne montait
plus. Au Mexique plus encore qu'au Pérou, les massacres rituels qui ne cessaient pas avaient plongé les
peuples dans une torpeur hébétée qui les rendit incapables de résister plus de deux ans à l'effort de l'envahisseur. Ils ne retrouvèrent un reste d'énergie que pour
aider Cortez à chasser de Tenochtitlan (1) les Aztèques
qui les tenaient depuis deux siècles sous le joug. A tout
prendre, la religion de Torquemada immolait moins
de victimes que celle de Montezuma. Et d'ailleurs,
sur ce sol, il était passé de si profonds flots d'hommes,
depuis mille ans, qu'une indifférence absolue venait à·
ses plus anciens possesseurs, du maître auquel il fallait

(1) Nom aztèque de Mexico.

71. Mexique. Civilisation Zapotèque. Palais de Mitla. *Ph. Roger
Viollet.*

payer, au nom du dieu qu'il apportait, l'impôt d'or et de sang.

Comme les Doriens dans la Grèce primitive, comme les Germains dans l'Italie contemporaine des civilisations du Mexique, tous les conquérants étaient venus du Nord, les Toltèques au VIe siècle, les Chichimèques au XIe, les Aztèques au XIIIe. Par où ils étaient entrés, l'Orient ou l'Occident, le Groenland ou la mer de Behring, nous ne le savons pas. Par les deux côtés sans doute. On trouve tous les types chez les habitants actuels ou dans les vieilles sculptures du Mexique, l'Asie mongolique, probablement l'Europe scandinave, peut-être l'Atlantide engloutie. Ils avaient sans doute traversé les régions boréales, entraînant dans leurs migrations quelques-uns de ces Inoïts qui peuplent encore les bords de l'Océan arctique et que certains disent descendre du plus vieux peuple artiste de la terre, les Troglodytes périgourdins remontés vers le nord avec le froid. Ils avaient pris contact, aussi, laissant des leurs au milieu d'eux, en emmenant d'autres vers le Sud, avec les Indiens nomades de l'Amérique du Nord. Là, ils avaient passé des hivers parmi les Hyperboréens blottis dans leurs huttes sordides, puantes, à peine éclairées, et rythmé avec eux l'interminable nuit polaire par la préparation des engins de pêche, de chasse et de commandement, bois de rennes, mâchoires de rennes et de phoques, os de baleine qu'ils gravaient d'images précises comme les souvenirs de leur vie monotone qui recommençait chaque année avec le retour du soleil pâle. Ici, en descendant la vallée du Mississipi ils avaient bu l'eau, pétri la farine, mangé la viande et les fruits dans de beaux vases rouges à larges taches noires où l'ornement géométrique prend quelquefois le fruste aspect d'une bête

72. Mexique. Civilisation Maya ancienne (317-987). Copan, Honduras. Stèle. *Ph. Christian Baugey-Multiphoto.*

ou d'un oiseau. Ils avaient couché dans la prairie sous des tentes de peau ornées de dessins enfantins, bisons chassés, démons, dieux effroyables, qui réunissaient dans leur coloriage violent, leur dessin gauche, le plus primitif des symbolismes à la plus primitive des écritures et où pouvaient se pressentir les hiéroglyphes des manuscrits du Mexique et des bas-reliefs péruviens, leur vie géométrique, leur raideur de jeux de patience. Le visage caché sous des masques horribles, empennés, becqués, encornés, violemment peints et couverts du crâne au talon de plumes multicolores qui leur donnaient l'aspect de ces monstres à crête dorsale enfouis dans les houillères des Montagnes Rocheuses, ils avaient dansé les terribles danses de guerre qui rôdent autour de la mort (1). Des souvenirs encore plus lointains remuaient en eux peut-être, ils emportaient au fond des yeux l'image des rochers sculptés de la Scandinavie préhistorique, et leurs traditions millénaires leur conservaient la technique primitive transformée avec le temps et adaptée à des climats nouveaux, de la construction en bois que leur plus vieil aïeul leur avait apportée des plateaux iraniens (2).

En tout cas les ruines dont fourmille le Yucatan en portent toutes la trace. Les conquérants mayas qui avaient construit ces édifices, probablement avant l'arrivée des Toltèques et peut-être même à l'époque des civilisations gréco-latines, rattachaient par leurs

(1) L'art hyperboréen, l'art des Indiens de l'Amérique du Nord, d'une part chez les Esquimaux, d'autre part chez les indigènes d'Alaska, de Vancouver et des Etats-Unis même continue encore aujourd'hui, à peu près pareil à ce qu'il a toujours été. Il semble présenter les mêmes rapports avec l'art mexicain — qui serait sa stylisation de quelques siècles ou millénaires — que les industries artistiques des nègres d'Afrique avec le grand art égyptien.

(2) VIOLLET-LE-DUC. Préface à *Cités et Ruines américaines* de DÉSIRÉ CHARNAY.

73. Mexique. Civilisation Toltèque (856-1168). Tula. Cariatides
colossales. *Ph. Christian Baugey-Multiphoto.*

pyramides à degrés extérieurs et leurs édifices à murailles inclinées, le rameau américain des Aryas aux rameaux d'Asie et d'Europe qui s'étaient répandus, aux premiers temps de notre histoire, sur la Mésopotamie, l'Inde, l'Égypte, la Grèce et l'Italie du Sud. Et dans tout le reste du Mexique, couvert au Moyen Age d'aqueducs, de quais, de jetées, de canaux, de ponts, de réservoirs, de chaussées de pierre, de temples pyramidaux, de palais à terrasses, de remparts, le génie des peuples blancs plus ou moins mêlé, plus ou moins résistant persiste, quelquefois presque pur comme chez les Yucatèques, étouffé souvent comme à Mitla de formules théocratiques, épaissi de sang noir ou jaune quand on erre sur les plateaux où tant de races se croisèrent, où la nature reprend tout, où des bois épais recouvrent si souvent d'énormes ruines portant à leur sommet un temple du dieu catholique.

Comme aux Indes, quand on monte du Sud au Nord, de l'ivresse confuse des peuples sensualistes aux claires conceptions des peuples rationalistes, ici, quand on descend du Nord au Sud, on passe par tous les degrés, des façades regorgeant de sculptures touffues aux grandes bandes horizontales lisses ou creusées d'ornements abstraits soutenues par des colonnades et coupées en arêtes pures, aussi nues que le profil du sol. Des plaines calcaires du Yucatan aux plateaux frais du haut Mexique, on traversait des broussailles enfiévrées, grouillantes de serpents, de scorpions, d'insectes empoisonnés où l'esprit pouvait s'obscurcir de miasmes épais, l'œil se voiler de brouillards sanglants pour fusionner les styles, imposer aux architectes les fantaisies les plus bizarres de l'orgueil théocratique, mêler l'Inde primitive, l'Europe du nord, l'Asie et l'Amérique comme leurs mythologies s'étaient

confondues et défigurées dans l'âme farouche des
vieux prophètes mexicains. Rien ne peut exprimer le
trouble ardent de l'âme de ces peuples qui connaissaient l'astronomie, avaient divisé l'épopée humaine
en quatre âges grandioses, les Soleils d'eau, d'air, de
feu, de terre, la lutte contre le déluge, le froid, la lave
et la faim, chantaient des amours de volcans, adoraient
le soleil, le père profond de la vie, du haut des terrasses,
mais croyaient nécessaire que les murs des temples
qu'ils lui élevaient fussent toujours baignés de sang
humain pourrissant sur la terre brûlante et qu'à leur
faîte une Pierre des Cœurs offrît aux aigles les viscères
des sacrifiés (1).

A Teoyaomiqui, déesse de la mort, à Huitzilo-
poctli, dieu du carnage, à Tlaloc, dieu de l'eau, des
forêts, des orages, dieu qui réglait les torrents tièdes
ruisselant du ciel pendant six mois, à Quetzalcuatl,
le serpent emplumé qu'adoraient déjà les Toltèques (2)
auxquels les maîtres de Tenochtitlan avaient pris l'art,
le culte du soleil, la soif du sang, il fallait des cadavres
frais. Pour consacrer à Tenochtitlan le temple d'Huit-
zilopoctli, on égorgea quatre-vingt mille prisonniers.
Le pain offert en sacrifice était pétri avec le sang des
enfants et des vierges. On arrachait les cœurs pour les
élever vers le dieu, on faisait savamment fuser sur son
image pour qu'elle disparût sous un manteau de
caillots fumants à la fin des cérémonies, les flots de
sang jaillis des artères tranchées. On élevait aussi haut
que les temples pyramidaux, des amas de têtes coupées.
Il y avait des sanctuaires où l'on entrait par une bouche
dont les dents écrasaient des crânes et déchiquetaient

(1) J'adresse mes plus vifs remerciements à M. AUGUSTE GÉNIN, de
Mexico, pour les précieux renseignements qu'il m'a transmis quand
je ne les ai pas trouvés dans ses beaux *Poèmes aztèques*.
(2) Toltèque signifie « artiste ».

182

des entrailles et qu'on ne pouvait franchir qu'en marchant dans le sang jusqu'aux genoux. Les prêtres écorchaient des hommes pour se vêtir de leur peau.

Du fond de cette horrible buée rouge qui montait de partout, prenait à la gorge, faisait rouler dans les veines un poison nauséeux, voilait le souvenir, comment l'âme énervée et découragée des peuples eût-elle pu tout à fait dégager des formes qui l'environnaient ces grandes lois de la structure vivante d'où sortit, par l'Égypte et la Grèce, la civilisation de l'Occident ? On dissimulait à leurs yeux tout ce qui n'était pas la mort. Le soleil ne touchait qu'au zénith l'autel sculpté qui se cachait au sein de la montagne artificielle creusée d'un puits en son milieu. Les bas-reliefs plats dont on recouvrait les murailles et où l'on aurait pu voir des hommes aux casques emplumés chasser le tigre et le boa sous le vernis brillant des verts, des bleus turquoise et des rouges, disparaissaient sous le sang. Une vapeur d'abattoir masquait les idoles. La tradition de la matière sculptée ne pouvait se transmettre à des générations mutilées, et la nature sur laquelle elles jetaient trop hâtivement les regards fumait toujours de pluie ou vibrait toujours de soleil. C'est par l'intuition de la masse, non par l'intelligence du profil qu'on peut comparer les idoles de pierre que leurs outils de bronze dégageaient peu à peu du bloc aux purs colosses égyptiens dont les plans se répondent, s'amènent l'un l'autre et se balancent comme le flot des sables et des mers. Ils ne pouvaient pas dépasser, à peine pouvaient-ils atteindre l'étape architecturale de l'évolution de l'esprit. Sans doute, le souci d'une symétrie essentielle les hante quand ils dressent sur leur socle ornementé Tlaloc accroupi, les yeux caves au ciel, immobilisé dans une expression prodigieuse d'attente et d'ennui,

74

Chac-Mool recueillant la pluie dans son ventre et la déesse de la mort vêtue de serpents et de griffes et levant sa face de squelette et ses horribles mains pourries. Sans doute parviennent-ils souvent ainsi, par un effort qu'on sent douloureux vers l'expression la plus tranchante, à des résumés structuraux profondément émouvants, un équilibre soudain qui arrête et assied la forme titubante avec l'énergie du désespoir même. La continuité du monstre composite n'est plus alors, comme chez l'Égyptien, dans l'ondulation progressive

74. Mexique. Civilisation Maya-Toltèque (987-1185). Chac-Mool, dieu de la pluie. Musée national d'anthropologie Mexico. *Ph. Giraudon.*

75

et fuyante du modelé, coulant ainsi qu'une eau limpide. Comme une végétation tropicale boursouflée
de bulbes spongieux, de dards, de dartres, de verrues,
elle procède en poussant, du cœur qui bat sous ses
profondeurs torpides, son sang épais dans les proémi-
nences grasses, têtes et tronçons de reptiles, crânes
dénudés, doigts humains, bréchets d'oiseaux qui, au
premier abord, semblent accrochés au hasard. Cependant une architecture sommaire, mais imposante, fai-

75. Mexique. Civilisation Aztèque (1324-1521). Coatlicue, déesse
de la Terre, de la Vie et de la Mort. Musée national d'anthropologie.
Mexico. *Ph. Giraudon.*

76

sant masse sous toutes ses épaisseurs, et vue par l'ensemble vivant plus que par le plan abstrait, le ramène
à l'unité organique sans qui l'œuvre s'effondrerait.
Seulement, leur destin épouvantable les avertit qu'ils
n'auront pas le temps d'en approfondir le sens, de   72
s'élever dans l'abstraction, de parvenir à la notion de   73
l'harmonie. En hâte, ils disent ce qu'ils ont à dire, des 74
visions confuses et violentes, brèves, morcelées, un   75
cauchemar pesant de tristesse et de cruauté.   76

76. Mexique. Civilisation Aztèque (1324-1521). Xochipelli,
seigneur des fleurs. Musée national d'anthropologie, Mexico.
Ph. Boudot-Lamotte.

77

Même quand ils élèvent des statues entières, quand ils abandonnent pour un jour leurs combinaisons hiéroglyphiques de figures géométriques et de formes animées, on dirait à leur façon d'articuler les membres et d'architecturer les masses, qu'ils n'ont jamais vu que des troncs mutilés, des membres épars, des crânes scalpés, des faces écorchées aux orbites vides, où claque le rictus des dents. La vie n'est là que par tronçons, coupée comme elle est dans leur âme, n'ayant que des tressaillements courts, figée par

77. Guatemala. Tortue de Quirigua. Moulage. Musée de l'Homme, Paris. *Ph. Giraudon.*

le dogme et la peur. Ils combinent en formes confuses des morceaux d'animaux vivants, d'énormes masses pulpeuses, gonflées d'eau trouble, hérissées d'épines comme les échinocactus. Dans l'Amérique centrale

78

où, sur la terre imbibée d'averses brûlantes, la végétation est plus broussailleuse, les miasmes plus mortels, les fourrés infestés de bêtes malsaines, où les buissons de dards vénéneux sont impossibles à traverser, le rêve est plus horrible encore. On ne distingue plus dans les roches sculptées que des amoncellements de chairs broyées et palpitantes, des paquets soubresautants d'entrailles, des visages sanglants dont on a arraché la peau, un amas confus de viscères des bords duquel il semble qu'on voit couler du sang.

78. Mexique. Civilisation Aztèque (1324-1521). Statue, lave, représentant probablement un prêtre. British Museum. *Ph. Mansell-Giraudon.*

Par quelle aberration l'art qui est fait pour réunir les hommes a-t-il si exclusivement célébré chez ces peuples-là le meurtre et la mort, et si fréquemment aussi chez les plus civilisés ? Notre cœur bat plus régulier et plus fort quand nous suivons les Assyriens dans leurs montagnes, quand ils étranglent des lions dont les muscles de fer se bandent et qui déchirent de leurs ongles le ventre des chevaux. Nous nous réunissons comme pour une prière autour des groupes harmonieux qui, sur les frontons grecs, évoquent les terribles mythes d'Hercule, la guerre des dieux et des hommes, des centaures et des lapithes, des amazones, toujours l'égorgement, la chute des haches, le vol des piques, les doigts crispés sur les couteaux. Les défilés militaires des arcs de triomphe romains, le passage des licteurs, des légionnaires, des enseignes, du sombre imperator lauré, le piétinement des captifs, le pas sonore des chevaux nous comblent de calme et d'énergie. Nous savons sur quels amas de cadavres s'élèvent les mosquées et les alcazars, de quelle boue sanglante leurs pierres sont cimentées, et pourtant nous aimons la fraîcheur de leur ombre et de leurs jardins. Nous ressentons une ivresse puissante devant les monstres indiens même qui boivent du sang et dévorent des chairs pourries. C'est que le spectacle de la force exalte notre force. C'est aussi que nous nous trompons sur le sens de nos actes et que nous aimons les formes nécessaires au développement de notre faculté d'ordonner et de comprendre, à travers même les monstres composites et les tronçons mutilés, comme nous poursuivons à travers le combat et la violence un idéal illusoire et lointain d'harmonie et de communion. Nous tâtonnons dans l'obscurité et heurtons douloureusement les murailles. La porte de lumière ne se trouve jamais.

Il convient donc de la chercher ensemble, ou tout au moins de s'interdire d'assommer au fond des ténèbres ceux qui la cherchent passionnément. Au Mexique, au Pérou, l'égorgement des peuples fauchait à tout instant des pensées nécessaires au développement d'autres pensées et coupait une à une, à mesure qu'elles repoussaient, les racines de l'avenir. Si la guerre, parfois, peut exalter et même révéler l'énergie créatrice d'un peuple, le massacre systématique éteint toute énergie. L'arrivée des Espagnols dans le Nouveau Monde, qui mettait face à face la plus implacable des races européennes et les plus implacables des races exotiques fut une confrontation terrible et providentielle dans l'histoire. L'Espagne, à qui la conquête de son unité avait donné un siècle d'élan créateur, allait s'apercevoir, grâce à l'Inquisition, du besoin que l'homme a de l'homme pour se réaliser. Le désert moral ne devait pas tarder à s'étendre sur elle, comme il commençait à s'étendre sur l'Amérique quand elle en avait fait un désert matériel en incendiant ses villes et en jetant ses idoles brisées dans le lac de Tenochtitlan.

Byzance

I

Byzance a prolongé le monde antique jusqu'à la fin du Moyen Âge. Comme elle gardait les portes de deux continents et de deux mers, au centre du remous des civilisations déchues, elle nourrit de leurs lentes agonies sa vie violente et trouble. Elle défendit mille ans contre les inondations humaines qui venaient du Nord, de l'Est, de l'Ouest, l'esprit légalitaire de Rome, les habitudes de négoce, de politique et de spéculation des Grecs, le luxe cruel des monarchies d'Orient.

Le culte de la sagesse, sans doute, ne se fût pas senti très à son aise sous la coupole de Sainte-Sophie, Athènes n'eût pas reconnu, dans les idoles raides qui décoraient l'église, la liberté de son naturalisme religieux, ni son respect de la forme vivante dans les mutilations atroces que la justice byzantine infligeait aux condamnés. Le réalisme intransigeant de l'Assyrie eût trouvé fades les images des livres de prière, et les rois ninivites n'eussent pas compris les révolutions d'hippodrome, les coups d'État d'antichambre et d'alcôve où la pourpre de l'Empire se teignait d'un sang toujours frais. La Rome de la république n'eût pas reconnu ses légionnaires dans ces gras soldats cuirassés d'or, elle n'eût pas toléré le recul incessant de la loi devant le caprice impérial ou les intrigues des

79. Rome. Catacombes. Portrait d'une défunte, fresque. *Ph. Wilpert.*

eunuques. Pourtant, sous la fermentation des vices, l'orgie des jeux, les cris des massacrés, l'autocratisme convulsif obligé d'obéir aux ordres de la populace, c'était la loi de Rome, l'opulence de Babylone, la curiosité d'Athènes, et le seul foyer lumineux au centre de la nuit.

Le christianisme, que les Grecs de Rome propageaient d'autre part au moyen de l'image dans la nuit des Catacombes, ne put ni purifier ni éteindre ce foyer où se consumait, dans un bruit d'incendie, tout ce qui restait de la sève antique en ses fruits empoisonnés. L'autocrate byzantin, pour s'assurer l'appui des foules qui avaient répondu à l'appel des apôtres de Galilée et rendu possible, en abdiquant leur instinct révolutionnaire, l'avènement d'un régime social plus dur que le premier, l'adopta dans sa lettre, et enjoignit aux prêtres de changer les noms de leurs dieux. Ce fut tout. Les sophistes avaient dévoyé l'esprit philosophique. Les conciles byzantins codifiaient la sophistique.

Le schisme de 1054, qui sépara du pape l'Église d'Orient, fut la consécration du schisme politique qui séparait l'Orient de l'Occident depuis le partage de l'Empire. Chacune des moitiés du vieux monde reprit désormais seule sa route vers la transformation et la refonte. Le moule romain s'offre aux barbares au risque de se briser sous la poussée de leurs désirs. L'hellénisme asiatisé domine l'Orient par Constantinople jusqu'à ce que l'Orient l'asservisse par Stamboul. Les icônes orthodoxes vont représenter l'idolâtrie grecque mourante comme les icônes catholiques, quelques siècles plus tard, représenteront l'idolâtrie latine renaissante.

Quand on ouvre un de ces psautiers que les moines

grecs, entre les VIᵉ et Xᵉ siècles, enluminaient au fond
des cloîtres, on s'aperçoit bien vite que le christianisme est venu demander à l'idole grecque qui meurt
la consécration de la vie. Toute l'histoire du peuple
juif s'y transpose pour revêtir, sous les noms des divinités nouvelles, les apparences de la mythologie des
Grecs. David est Héraclès quand il combat, et dès
qu'il chante il est Orphée. La grande déesse est toujours là, avec ses beaux bras, son beau visage et sa
poitrine, dans le paysage d'idylle des romans alexan-
drins. Au temps de la jeunesse de Byzance, Alexandrie
vit encore, la croissance de l'une et le déclin de l'autre
mêlent leurs voix confusément. Byzance, à qui l'Asie
transmet, par la Perse sassanide, l'esprit des hauts plateaux et de la contrée des fleuves, est sensible par-
dessus tout, parce que grecque, à l'apport des artistes
du delta du Nil qui lui révèlent, en même temps que le
portrait profond et maladif de l'Égypte hellénisée,
le portrait aux yeux insondables, leur industrie décorative, la mosaïque, les guirlandes de feuillages, de
fruits, d'amours et d'animaux, dont les peintres pom-
péiens décoraient aussi les murs (1).

Les images des manuscrits n'ont évidemment plus
rien de la fraîcheur du monde éperdu de se découvrir.
Mais c'est l'esprit grec tout de même. L'homme va
vers le dieu avec une attitude libre, toute la vie vient
aboutir à lui comme à un centre d'attraction et s'organise en groupes naturels dont les éléments s'équilibrent.
Si cet esprit est moins apparent dans les grandes idoles
peintes, dans les mosaïques rutilantes qui décorent du
haut en bas les couvents et les églises, c'est que la
matière est moins souple, les surfaces à recouvrir plus

(1) Voir les origines multiples de l'Art de Byzance dans le *Manuel
d'art byzantin* de CHARLES DIEHL.

exigeantes, le parti pris décoratif plus nécessaire et l'artiste plus surveillé. Quelquefois, à Ravenne surtout, au contact du sol italien, les images se disposent en tableaux mouvementés où il y a des formes qui remuent parmi les arbres, les troupeaux, sur la mer ou sur ses bords. Presque toujours elles sont raides, rangées parallèlement, elles n'ont plus de l'humanité grecque que quelques inclinaisons timides de cous et de têtes les uns vers les autres, comme une ébauche vague de cette ondulation de flot qui bougeait au front des vieux temples. Pourtant, l'âme antique survit dans les grands gestes simples, le silence, les regards calmes, on ne sait quelle noblesse et quelle majesté meurtries. L'âme antique survit surtout puisqu'elles sont là, puisque le peuple peut prier devant elles, puisque taillées dans l'or et l'argent et l'ivoire, incrustées de joyaux, elles ont envahi l'autel, les chapelles, les reliquaires. Un siècle et demi d'ordonnances impé-

riales, d'interdictions ecclésiastiques, de révoltes, de carnages, leurs grandes sœurs partout brisées dans les sanctuaires, en Asie, en Grèce, aucune menace, aucune persécution ne les chassera tout à fait. Dogmatiques par l'immobilité, asiatiques par la matière, elles restent grecques d'abord parce qu'elles expriment quelque chose qui peut se transformer, se vicier, s'abâtardir mais qui ne peut disparaître : l'instinct qui pousse un peuple à demander aux formes de la nature l'éducation de son esprit.

II

Elles sont grecques aussi parce que, malgré leurs attitudes fixes, malgré le faste barbare qui les entoure et les raidit, un sens profond de l'harmonie rayonne d'elles. Trouble instinct, germe vivant d'une fleur magnifique au fond d'une mare empestée, redoutable splendeur des mouches bleues ou vertes, des mouches

80   81

80. Ravenne (vᵉ s.). Mausolée de Galla Placidia, intérieur. *Ph. Alinari-Giraudon.* — 81. Almenno San Salvatore (prov. de Bergame). San Tommaso in Limine, intérieur (vᵉ et vıᵉ s.). *Ph. Alinari-Giraudon.*

de métal glacé qui naissent de la pourriture. L'esprit de Phidias a fait retour au charnier commun où les vies confuses s'élaborent. Toute la vie glorieuse dont les frontons des temples, comme du bord d'un horizon à l'autre, contenaient le balancement, paraît s'être amassée au fond des crânes atrophiés et sourdre des yeux immenses ouverts sur le vide, l'obscurité, la décomposition, la fièvre morbide des âmes. L'intérieur de l'être apparaît vraiment au travers de ces regards étranges, qui tentent de reconcentrer, dans la fermentation prodigieuse de la conscience, les énergies éparpillées par la décadence hellénique sur tous les chemins de l'esprit. Les idoles byzantines ont retrouvé l'immobilité des statues qui caractérisait, avant que Myron et Phidias apparussent, la concentration de tous les efforts helléniques en vue d'un équilibre grandiose et fugitif à conquérir. Mais le calme dorien, le sourire ionien les ont quittées. Une inquiétude effrayante habite leurs prunelles fixes et autour d'elles, au lieu de la lumière du grand jour et du limpide espace, l'obscurité des chapelles accumule ces phosphorescences magiques qui traînent sur les tas d'ordures et les eaux empoisonnées. Le monde grec, dépossédé du rythme qui s'était si vite élevé des profondeurs de son désir aux sommets de sa volonté, retourne à ses origines pour demander à l'ivresse des harmonies barbares la signification de ses pressentiments nouveaux. Dans la pénombre enflammée par les lourdes lueurs qui tombent des mosaïques, on se croirait, si l'on n'entrevoyait vaguement, comme au travers d'un long oubli, les défilés immobiles qui font songer à des Panathénées, au cœur d'un temple indou tout couvert de queues de paon pétrifiées dans la lumière. Jamais ni le ciel ni l'eau n'avaient eu ces profondeurs bleues,

82. Ravenne (VIᵉ s.). San Apollinare Nuovo. Les rois mages. Mosaïque, *détail*. Ph. *Alinari-Giraudon*.

concentrées, opaques, sans autres limites que le rêve
fumeux qui les prolonge à l'infini. Les rouges et les
verts n'avaient jamais brillé d'un éclat plus liquide
pour teindre de sang les prairies de la terre et les étendues miroitantes de la mer. Jamais le feu et l'or ne
s'étaient mieux confondus ensemble pour donner plus
de gloire aux soleils qui s'éteignent et environner la
prière de plus de volupté. Toutes les couleurs de l'univers semblaient avoir été ramenées à quelques teintes
essentielles, approfondies, intensifiées, sombres à force
d'entasser leurs nappes limpides, cristallisant dans
l'espace les harmonies flottantes qui troublent notre
désir.

A travers la brume rousse de l'encens répandu et
des dix mille cierges allumés, le christ pantocrator,
la vierge, les apôtres, les saints couronnés d'or, vêtus
de robes rutilantes, restaient lointains. Très haut, la
grande coupole écrasée empêchait le rêve naissant de

83. Istrie (vɪᵉ s.). Église de Poretch. La Visitation. *Ph. Alinari-Giraudon.*

s'évader du temple que les demi-coupoles d'angle et
les trois absides du fond rattachaient au sol par une
série de moutonnements étagés, comme les contreforts
d'un massif montagneux conduisent les sommets jusqu'à la plaine. Le temple antique, où tout se combinait
pour associer le sens de la forme extérieure à la ligne
des montagnes et des horizons voisins, était retourné
du dehors en dedans et le naturalisme grec brutalement
accommodé au goût des peuples énervés par les mœurs
asiatiques. Quelles que fussent au dehors la force
ramassée de Sainte-Sophie et la lourdeur de ses cou-
vercles ronds, c'est par le luxe du dedans qu'elle tenait
les foules et stupéfiait les voyageurs qui venaient à
Constantinople et répandaient au loin la gloire de
l'Empire grec.

Jamais semblable luxe matériel n'attacha le sentiment populaire à la lettre d'une religion qui se
réclamait de l'esprit pur. Les marbres veinés, les
mosaïques polychromes, les grandes peintures des
voûtes, des murailles, des pendentifs qui permettaient
d'inscrire exactement dans le carré de l'édifice le
cercle lourd de la coupole constellée, la barrière
d'argent du sanctuaire, l'autel d'or, la tribune d'or,
les six mille chandeliers d'or, l'essaim des gemmes
incrustées qui couvraient d'un ruissellement d'étin-
celles l'or de la tribune et de l'autel, des encensoirs,
des croix, des statues émaillées, des châsses, des tiares,
des diadèmes, des rigides robes brochées où s'immo-
bilisaient les idoles vivantes, l'empereur et le patriarche,
c'était comme une énorme sphère de diamant traversée
de flammes, un resplendissement suspendu par des
guirlandes de lumière. Les paradis promis se réali-
saient ici-bas.

Et cependant, quand le temple est tout à fait nu,

comme à Périgueux par exemple, ou quand les mosaïques, par leur ton, font tellement corps avec lui qu'on
ne voit plus, dans la pénombre rousse et chaude, rien
d'étranger aux murailles épaisses, aux piliers trapus
et massifs, rien que des lignes qui s'incurvent, des
voûtes, des berceaux, des pleins cintres, une harmonie
étrange vous envahit peu à peu. La vertu du nombre,
cette mystérieuse puissance toujours présente et agis-
sante dans la grande architecture, sur qui tous les
maîtres s'appuient, qu'ils invoquent toujours et ne
formulent jamais, la vertu du nombre s'y impose avec
une formidable et monotone et musicale autorité. Oui,
la coupole écrasée empêche la montée du rêve, mais
le rêve tourne et revient sans cesse sur lui-même dans
quelques orbes fermés, géométrie mouvante dans
l'espace qui reproduit, résume et pétrifie la gravitation
des cieux. Les sphères d'or roulent leur ronde. La
sophistique réfugiée dans les Conciles, la mathématique exilée fusionnent en un éclair de pureté pour
enfermer l'architecture dans l'orbite obéissante des
mondes silencieux.

III

Voilà sans doute où il faut chercher la plus haute
expression d'une époque où le luxe barbare écrasait
l'intelligence réduite à s'enfermer dans la délectation
solitaire des mystères harmoniques que se transmet-
taient les initiés. Hors d'eux, enchaîné d'or, immobilisé
par le dogme, par les règlements bureaucratiques qui
fixaient jusqu'en leurs plus infimes détails la vie
sociale et professionnelle des corporations et des
artistes, l'art byzantin ne donna jamais sa mesure.

84

L'essor pesant qu'il avait pris fut même brisé pour
plus d'un siècle par les édits de Léon l'Isaurien et de
ses successeurs qui interdisaient les images. Le culte
iconolâtre ne triompha qu'après cent ans de proscriptions, de tueries, de vandalisme furieux. Quand les
images reparurent, la tradition était brisée, l'effort
coupé dans sa racine, les artistes de Byzance étaient
dispersés par l'exil dans l'Orient voisin, en Italie et   87
jusqu'en Espagne et en France. Si l'art byzantin sur-
vécut, c'est que les enlumineurs continuaient, en pleine
iconoclastie, leur travail dans les monastères, c'est
qu'un renouveau d'énergie suivit l'effort que Constantinople dut faire pour refouler l'invasion slave et
l'invasion mahométane, c'est surtout qu'avec les
Croisés un grand courant de vie la traversa. Il rayonna
deux siècles encore, peupla Byzance, Salonique, la   86
Grèce, la Syrie de ces basiliques à tours polygonales,
si pauvres au dehors avec leurs dômes aplatis couverts
de tuiles, leur matière indigente et sèche, mais riches
au dedans d'une obscurité bleue et verte où des figures
étirées regardent avec de grands yeux. Il s'installa au
berceau de Venise, pénétra jusqu'au cœur des khali-
fats arabes, jusqu'à Bagdad, jusqu'en Abyssinie où

84. Rome (IXe s). Santa Maria in Cosmedin. Bas-relief. *Ph. Alinari-
Giraudon.*

85

il dure encore, envahit la Russie christianisée pour
s'y combiner plus tard avec d'obscures influences
asiatiques que l'invasion mongole apporta de la Perse,
de l'Inde et même de la Chine, — coupoles d'or renflées, bulbeuses, écrasées, allongées, effilées, tordues
en enroulements rythmiques, tournoyantes, icônes
de gemmes et d'or. Partout en Europe, jusqu'à l'heure

86   87

où l'âme française, après avoir concentré aux sources
de son inspiration tous les courants venus de l'Orient
grec, indou, arabe, des Scandinaves, des Romains,
commença à refluer sur l'Occident, partout aux chapiteaux des colonnes, aux broderies de métal, de pierre,
de bois qui couvrent les rampes, les portes, les coffrets,
aux écorces d'émail des reliquaires, des ciboires, des
encensoirs, aux plis rigides des vêtements sacerdotaux,
on retrouva pendant trois ou quatre cents ans la raide
arabesque de Byzance, ses plates bêtes symboliques,
ses roues, ses croix à branches évasées, ses bas-reliefs
en buissons d'épines, l'envahissement serré d'un art
ornemental monotone et systématique. Monotone et
systématique, ce qui est la marque évidente de la persistance du génie grec, acculé par l'intelligence à formuler une harmonie qui fuit le cœur de l'artiste pour
habiter l'esprit des théoriciens. Mais d'ornementation
serrée, ce qui est la marque évidente de la persistance
du génie asiatique romanisé, acculé par la sensualité
à exprimer une richesse d'impressions que l'esprit des
théoriciens ne peut arracher du cœur de l'artiste. La
surabondante saveur du décor romain fusionne, dans
un ensemble raide et morne, mais impressionnant,

85. Périgueux (xᵉ s.). Saint-Front, les coupoles. *Ph. Boudot-Lamotte.*
— 86. Salonique (xivᵉ s.). Église des Douze Apôtres. *Ph. Boudot-
Lamotte.* — 87. Monreale (Sicile). La cathédrale (xiiᵉ s.). *Ph. Anderson-Giraudon.*

avec la faculté d'équilibrer et de choisir qui caractérisait le décor grec. Les marchands de Byzance inon-
dèrent le monde d'ivoires travaillés, d'orfèvreries
incrustées d'émaux et de perles, d'étoffes d'or, de
châsses d'or à cabochons de gemmes, d'une profusion
d'objets de culte par qui la dure patience des ciseleurs
et des lapidaires réussit à vaincre la passivité morale
des barbares, à entretenir partout un semblant de
tradition, à répandre inconsciemment dans les sensibilités nouvelles ce qui restait de l'effort de Rome et
d'Athènes, et à établir une transition imprécise et
flottante, mais réelle entre l'Europe et l'Asie, l'esprit
antique et l'esprit médiéval.

Quand l'énergie ascensionnelle est épuisée, quand
un groupe social et politique devient l'immobile centre
de gravitation d'un monde, il est historiquement nécessaire que la révolution ou l'invasion le renouvelle ou
le détruise. Tout le sang sué par le Moyen Age, tout
l'or qu'il avait amassé, étouffaient Constantinople.
Son rôle était fini. D'autres foyers s'allumaient.
L'Islam approchait du faîte. Les Croisades, depuis
la fin du XIᵉ siècle, jetaient, par torrents troubles,
l'Europe sur l'Orient. Les barbares de l'Ouest se
ruent sur les villes fabuleuses de l'Est comme le barbare du Nord avait marché sur Rome. Cent ans après
avoir pillé Jérusalem, ville infidèle, les Francs pillaient
Byzance, ville chrétienne. L'Europe abat le rempart
qui la garde contre l'Asie.

Il y eut bien, au XIVᵉ siècle, après la chute de
l'Empire franc, un dernier sursaut qui répandit l'art
de Constantinople sur la Roumanie, la Serbie et la
Macédoine. La mosaïque se fit plus vivante et mouvementée, le monde remuait, l'Italie giottesque, après
avoir subi Byzance, atteignait Byzance à son tour.

La grande peinture allait sortir de la confusion primitive, peut-être, et préparer, comme à la même heure
en Occident, le règne de l'individu. Mais ici, l'effort
avait été trop souvent brisé, et trop long, le rythme
grec qui prolongeait son écho dans d'autres contrées,
cédait devant l'Asie qui refluait de partout. Il était
trop tard. Même si les Turcs n'avaient pas pris Constantinople, on s'en serait aperçu. Manuel Panselinos
qui couvrira de fresques, vers le commencement du
XVIe siècle, les couvents du Mont-Athos, semble
complètement, trop complètement même, italianisé.
Et vers la fin du même siècle, Théotocopuli fuit son île
grecque, ne laissant derrière lui rien que la lettre de
Byzance et emportant dans la somptueuse enveloppe
de la peinture de Venise son esprit seul, sublimé par
la flamme d'un cœur unique et capable de féconder
l'âme ombrageuse et solitaire de l'Espagne d'un seul
coup. Il était trop tard. En réalité, quand Mahomet II
planta sur la Corne d'Or l'étendard du prophète et
installa l'Islam dans Sainte-Sophie, la crise finissait
et aucun événement n'eût pu en modifier l'issue. En
Palestine, en Égypte, en Sicile, en Tunisie, en Espagne,
en France, partout autour de la Méditerranée, les
deux courants mystiques nés du vieil idéal sémite se
heurtaient depuis trois cents ans, se repoussant sur
quelques points, se mêlant sur d'autres et révélant
malgré eux et à leur insu les uns aux autres la ressemblance de tous les hommes et l'unité de leur désir.

L'Islam

Quand leur confrontation dramatique s'ouvrit, l'Islam, on doit le dire, apportait aux civilisations occidentales des réalisations autrement vivantes que celles offertes jusqu'alors par le christianisme aux civilisations d'Orient. L'Islam qui s'était lancé, dans un élan sauvage de foi désintéressée, à la conquête de la terre, pauvre et libre, ayant pour patrie ses tentes et l'infini d'un rêve qu'il poursuivait au galop des chevaux, dans le vent des burnous et la poussière soulevée, l'Islam, au cours du Moyen Age, fut le véritable champion de l'idée jamais atteinte dont la recherche nous enfonce toujours plus loin dans l'avenir.

Quand Justinien avait fermé les écoles d'Athènes et chassé de l'Empire les artistes et les savants, — vers l'époque où Grégoire le Grand brûlait la bibliothèque palatine, — c'est auprès du roi sassanide Chosroès qu'ils s'étaient presque tous réfugiés. L'histoire a de magnifiques hasards. Les Arabes, maîtres de l'Iran, y trouvaient les trésors arrachés au naufrage qui permirent à leurs savants d'initier l'Europe nouvelle à la pensée antique. Alors que l'ombre s'épaississait en Occident, les Khalifes ouvraient des universités, creusaient des canaux, traçaient des jardins, reconstituaient la géométrie, la géographie, la médecine, créaient l'algèbre, couvraient les terres conquises de caravansérails, de mosquées, de palais. Ce fut, sur le fond noir de l'histoire de ces temps-là, une féerie éblouissante, un grand conte héroïque des mille et une nuits.

Le miracle de l'esprit arabe, c'est qu'il fut lui partout et partout domina sans rien créer par lui-même. Anarchique et un, nomade, sans plus de frontières morales que de frontières matérielles, il put, par cela même, à la fois s'adapter au génie des peuples vaincus et persuader aux peuples vaincus de s'absorber dans l'unité de son génie. Copte en Égypte, Berbère au Moghreb, en Espagne, Persan en Perse, Indien aux Indes, il laisse en Égypte, au Moghreb, en Espagne, en Perse, aux Indes, la race convertie à l'Islam exprimer au gré de sa nature l'enthousiasme nouveau qu'il a su lui communiquer. Partout où il s'est arrêté, il est resté maître des cœurs.

Quand Abou-Bekr eut proclamé la guerre sainte après la mort de Mahomet, les premiers conquérants de la Syrie et de l'Égypte installèrent leur rêve immobile dans les églises byzantines ou coptes qu'ils rencontraient sur leur chemin. La consécration primitive de l'édifice ne leur importait pas beaucoup. Ils étaient partout chez eux. Ils recouvraient les mosaïques et les fresques d'une couche de peinture, creusaient un mihrab dans le mur qui regardait la Mecque, et s'abîmaient dans l'extase les yeux fixés de son côté. Quand ils trouvaient dans les ruines égyptiennes, ou grecques, ou romaines, des colonnes antiques, ils les assemblaient au hasard, le chapiteau à terre souvent, toutes confondues comme des arbres dans la même unité vivante. Sur trois côtés de la grande cour intérieure, où la fontaine à ablutions amenait au sol des-

89. Le Caire. La citadelle et les tombeaux des mameluks. *Ph. Roger Viollet.*

séché l'éternelle fraîcheur de la terre, leurs rangées
parallèles soutenaient, sur les arcades ogivales, les toits
plats des pays brûlants. Les murs extérieurs restaient
nus comme des remparts. L'Égypte reconnaissait son
rêve en celui des conquérants.

Mais l'enthousiasme crée l'action et suscite la
découverte. Trois siècles ont passé, l'ère des conquêtes
est close. L'Islam, par l'Afrique du Nord, va de la
rampe iranienne aux Pyrénées. Le nomade jouit des
domaines conquis, y réveille les énergies lasses, consent
à animer de son esprit le génie plastique des vaincus
fanatisés. Toutes les oasis qui sèment les déserts
d'Afrique et d'Espagne se transforment en villes
blanches, s'entourent de murs crénelés, voient surgir
des palais pleins d'ombre où les Émirs viennent chercher la fraîcheur après la traversée des sables. Quand
la horde ou la caravane a marché de longs jours dans
le cercle fauve et mouvant dont on n'atteint pas les
bords, au lieu du bouquet de palmes que l'air brûlant
qui vibre et monte suspendait parfois au bord du ciel,
elle aperçoit maintenant une buée rose ou bleuâtre où
des terrasses, des aiguilles rondes, des coupoles
tremblent derrière un voile impondérable. L'âme des
musulmans, même à l'heure où elle croyait se saisir,

n'a jamais atteint qu'un mirage, une ombre froide étendue pour une heure entre les deux nappes de flamme où les conquérants passaient.

La grande chevauchée finie, le rêve qui allait devant lui comme une vague, rencontrant maintenant partout la mer ou des barrières de montagne ou les murs de Byzance ou les escadrons francs, il faut qu'il trouve une autre issue, et, l'horizon fermé, qu'il monte. Il étouffe maintenant sous la coupole byzantine, il s'étale et s'étend sous le plafond des Égyptiens (1). Le plein cintre trapu des basiliques est devenu déjà l'arc brisé qui s'élance. La coupole sphérique montera comme lui. Elle retrouvera les vieilles formes assyriennes que la Perse sassanide a prolongées jusqu'au seuil de l'Islam. Ovoïde, élancée, donnant au regard perdu l'illusion que le rêve glisse avec elle et suit sa courbe fuyante pour s'échapper à son sommet, elle s'étrangle à la base pour masquer son point d'appui et réaliser le mystère de l'infini suspendu. A partir du XIVe siècle, les colonnes disparaîtront, la nudité des grandes nefs évoquera le désert avec l'horizon circulaire et la voûte du ciel pour seul repos aux yeux levés. Dehors, au-dessus des murs verticaux aussi dépouillés que le sol, on la voit monter, toute pure, accompagnée du vol des minarets d'où, par la voix des muezzins, tombent les paroles d'en haut à l'heure de la prière.

Le mysticisme des nomades avait trouvé son abri. Le Turc seul, qui réfléchissait son âme épaisse aux tons ternis des faïences persanes, gardait la courbe byzantine avec la coupole écrasée qui restait invisible sous les bouquets de cyprès noirs d'où s'élancent les toits

(1) AL. GAYET. *L'Art arabe.*

90. Le Caire. Mosquée de Kalaoun (1284). *Ph. Roger-Viollet.*

pointus des minarets cylindriques. Il héritait sans le 88
savoir de la gloire de Byzance, il ne voyait pas le torrent des pierres blanches, bleues et roses ruisselant
jusqu'à la mer, s'allumer avec le matin et s'éteindre
avec le soir les dômes d'or qui retenaient jusqu'au bord
de la nuit la flamme des crépuscules. Mais, hors de lui,
de l'Égypte à l'Espagne, les architectes musulmans,
s'ils changeaient au gré de leur génie la distribution
des dômes, le type des minarets tour à tour ronds,
carrés, octogonaux, lisses ou damasquinés, et la dispo- 89
sition des nefs, s'attachaient d'instinct aux formes
élancées des fenêtres et des coupoles où l'aspiration
mystique ne se limitait pas. Les mosquées égyptiennes 90
restaient aussi nues que l'esprit du désert, les mosquées
du Moghreb, de l'Espagne entrecroisaient leurs arcades
à voussoirs blancs et noirs et surélevaient les rangées
de leurs colonnes cylindriques pareilles à des taillis de
palmiers à longues palmes retombantes. La grande
mosquée de Cordoue, des temps de foi intransigeante, 91
est une forêt presque obscure. On y sent la présence,
dans l'ombre qu'épaissit la fuite des fûts silencieux,
d'un infini terrible impossible à saisir.

90

II

L'artiste moghrébin, dans les mosquées, dans les palais surtout, les alcazars, les alhambras d'Andalousie où le souvenir énervé erre des salles rouge et or, noires, émeraudes, bleu turquoise, aux grandes cours à colonnades, et des jardins dallés où le parfum des citronniers, des mimosas, des orangers alourdit l'air étouffant, aux ombrages immobiles sous lesquels les bassins de marbre offrent à l'image des ifs de longs miroirs d'eau pure, l'artiste moghrébin variait la forme des arcades et diversifiait ses aspects de salle en salle et d'alcôve en alcôve. Vide de formes animées, son cerveau cherchait à briser la monotonie de ses visions plastiques en combinant sans repos les lignes familières qu'il tordait dans tous les sens. Le plein cintre rapprocha ses pointes, s'incurva en fer à cheval, l'arc brisé s'allongea, se rétrécit, se raccourcit ou s'évasa, se chargea de stalactites, d'alvéoles comme une ruche à miel, s'échancra plus ou moins de festons et de dentelures. Et comme la formule s'épuisait, l'arabesque vint qui mordit la pierre, fouilla les moulures de plâtre où s'enchâssaient les vitraux de couleur, envahit l'encadrement rectangulaire des arcades, fit serpenter ses flammes jusqu'aux intrados bleus, rouges, blancs et or des niches, des berceaux, des voûtes qui permettaient d'échapper à l'uniformité torride du ciel et du sol extérieurs par les paradis multicolores étendus dans l'ombre fraîche et le silence au-dessus des eaux parfumées et des profonds divans.

Quand l'ornementation linéaire eut atteint son plein essor, elle envahit la mosquée comme l'alcazar du bas des murs jusqu'au sommet des coupoles. Dédaignant ou ignorant la forme d'un monde pauvre en sollicitations visuelles, l'Arabe eut le temps de poursuivre, de combiner, de varier, de multiplier l'arabesque. Les rosaces entrelacées, les ornements polygonaux, les inscriptions stylisées, tous les motifs ornementaux sortis d'une imagination vague et subtile tout ensemble où l'extase, le doute, la sérénité, la détresse s'exprimaient par l'obliquité, la verticalité, l'ondoiement, les détours, l'horizontalité des lignes, tous les motifs ornementaux correspondant à l'ensemble obscur et complexe des sentiments humains, arrivèrent à s'entremêler, à se superposer, à se juxtaposer en carrés, en cercles, en bandes, en ovales, en éventails, passant sans effort apparent, comme l'âme elle-même, de l'exaltation à la dépression et de la rêverie à la logique, des formes rectangulaires aux formes arrondies et de la fantaisie des courbes indociles aux rigueurs absolues des figures géométriques. Tout ce qui s'écartait des murs, les minbars, les rampes, les clôtures, se brodait de lignes entrecroisées, s'ajourait comme des dentelles, la pierre, le plâtre, le bois marqueté, les plaques de bronze, d'argent, d'or ciselé... On eût dit qu'un immense réseau de tapis et de broderies tendait les murs, recouvrait les arcades, divisait le jour des fenêtres, parfois tombait sur les coupoles, sur les minarets à étages où les entrelacs et les arabesques se compliquaient de plus en plus. C'étaient des féeries suspendues, des toiles d'araignées scintillantes dans le grand jardin de l'espace, de la poussière et du soleil.

L'arabesque avait eu son heure de vie concrète. L'ornement géométrique auquel elle devait aboutir ne naît jamais spontanément, il réalise dans le cerveau des artistes la stylisation dernière d'un motif naturel, comme la formule mathématique est pour le savant le

91

langage où doit en fin de compte entrer pour s'immobiliser une vérité d'expérience. L'arabesque était née
de l'enroulement de fleurs et de feuilles apparu pour
la première fois autour des arcades de la vieille mosquée d'Ibn-Touloun, au Caire, quand, la conquête
terminée, l'imagination arabe moins tendue eut le
loisir de se compliquer et de se vouloir plus subtile.
Elle se fit beaucoup plus rare dès que le XIVe siècle
eut fixé la loi décorative. Et ce passage progressif de

92

la ligne vivante à la ligne idéographique, de la ligne
idéographique à la ligne géométrique définit rigou-
reusement le sens spirituel de cet art. Quand le polygone régulier fit son apparition dans le répertoire ornemental, les géomètres arabes essayèrent d'en dégager
quelques principes généraux qui permirent d'étendre à
toute la décoration le système polygonal. L'art arabe,
dès lors, devint une science exacte (1), et permit

(1) Une formule tirait du polygone et ramenait au polygone tous
les motifs géométriques de l'ornementation.

91. Cordoue (VIIIᵉ s.). Intérieur de la Grande Mosquée. *Ph. Alinari-
Giraudon.* — 92. Grenade (XIVᵉ s.). Alhambra. Patio de l'Alberca.
Ph. Alinari-Giraudon.

d'enfermer la rêverie mystique dans le langage rigoureux de l'abstraction tout à fait nue.

Le spiritualisme arabe, né du désert où il n'y a pas de formes, où l'étendue seule règne, ne commence et ne finit pas, trouvait ici son expression suprême. L'arabesque, elle aussi, n'a ni commencement ni fin. Le regard ne peut pas s'arrêter sur elle. C'est comme ces voix du silence que nous entendons pour les suivre dans leur ronde interminable quand nous n'écoutons qu'en nous et que nos sentiments et nos idées s'enchevêtrent confusément dans la volupté somnolente d'une conscience fermée aux impressions du monde. Si la rêverie veut aboutir, si l'abstraction métaphysique cherche à se préciser, elle ne peut trouver d'autre langage, étant restée hors de la vie, que l'abstraction mathématique qui force l'esprit à se mouvoir dans un absolu conventionnel.

Il est singulier que le plus précis des langages que nous parlons, le plus utile aux civilisations modernes, soit aussi celui qui n'éveille en nous, dès que nous recherchons le plaisir désintéressé de ses créations abstraites, que les sentiments les plus imprécis et les plus impossibles à saisir. Il est singulier que cet instrument d'esprit pur ne serve qu'aux plus matériels de nos besoins et qu'appliqué à l'exploration du monde spirituel il soit le plus impuissant de tous à en pénétrer le mystère. Tout puissant dès qu'il s'agit de savoir ce qu'est la matière immobile, il est tout à fait inutilisable dès que nous nous demandons ce qu'est la matière vivante dans son action actuelle et dans son devenir. S'il est une arme incomparable pour un esprit qui le domine, il est la mort pour un esprit qui se laisse dominer par lui.

L'art, comme la vie même, est un devenir con-

93. Grenade (XIVe s.). Alhambra. Salle des Abencérages. *Ph. Alinari-Giraudon.*

stant. Si la certitude scientifique se substitue un jour dans l'âme de l'artiste au désir de certitude qui fait son tourment et sa force, elle détruit en lui la nécessité de l'effort et brise l'enthousiasme en remplaçant par la réalisation immobile le désir sans cesse renaissant. Quand la mathématique s'introduit dans le domaine des artistes, elle doit rester un instrument au service des architectes afin de définir et de déterminer la logique des constructions. Mais l'architecture ne peut prétendre qu'à adapter un édifice à sa fonction utilitaire et suggérer par les directions de ses lignes les aspirations les plus puissantes, comme aussi les plus vagues, des grands sentiments collectifs. Elle n'a pas le droit d'accaparer la forme en lui interdisant de sortir de l'abstraction pure. Quand elle empêche la sculpture de se développer et l'image peinte de naître, elle condamne le peuple qu'elle exprime à ne jamais se dégager de la synthèse provisoire où se déploya son effort, et par conséquent à mourir.

Ce qui fait sa grandeur fait sa faiblesse. Sa réalisation la tue. Elle ne se renouvelle pas, puisque l'individu ne peut briser les formules définitives où elle voulut s'enfermer. La mosquée s'immobilise avec le monde arabe précisément à l'heure où les peuples occidentaux sortent des rythmes collectifs. Et comme c'est l'espoir de la découverte entrevue qui fait la puissance de l'œuvre, elle prend dès ce moment-là un aspect découragé.

Si le désert révèle aux hommes l'unité de l'esprit, il impose à l'esprit l'oubli des rares formes qu'il présente. C'est de lui qu'est sortie la conception antisociale et anticivilisatrice des deux mondes irréconciliables de l'âme immatérielle et du corps matériel. Quand meurt l'esprit d'un peuple qui ne sut pas

trouver et dire son accord avec l'univers extérieur, il
ne reste plus rien de lui, quelle qu'ait été sa vaillance,
et l'esprit que les hommes suivent, c'est celui qui sut
animer de sa vie les formes de cet univers. Ce sont les
rochers, l'eau, les arbres, qui, à travers l'esprit des
Grecs, ont fécondé l'Occident. Chaque fois que
l'histoire hésite, nous regardons vers les frontons des
temples où les hommes se reconnaissaient dans les
dieux.

III

L'Arabe, il est vrai, n'interdit jamais tout à fait
à l'artiste la représentation de la vie animée qui tressaille parfois furtivement aux murs des palais et des
mosquées de l'Espagne et du Maroc. Il obéissait seulement à la répugnance instinctive pour tout ce qui
est forme vivante, des peuples monothéistes modelés
par le désert. La religion ne comprime l'instinct qu'aux
époques de déchéance. Aux époques de force, l'instinct
l'entraîne où il lui plaît d'aller. L'art musulman avait,
en Égypte ou en Syrie, la nudité, la tristesse et la grandeur du désert. Au fond des antres frais du Moghreb
et de l'Espagne où les khalifes venaient écouter les
philosophes et respirer l'odeur des citronniers après
la moisson militaire, il paraissait fait de blocs d'or
broyés dans des caillots de sang. Aux Indes, il laissait
envahir les mosquées par la marée matérielle du
monde. Sur les plateaux de l'Iran, il était comme un
champ de fleurs.

La Perse ne ressemblait pas plus aux plaines de
sable de la Méditerranée orientale, qu'aux vallées
andalouses ou marocaines que l'ombre dure et la flamme
se disputent éternellement. Dans les hautes régions de

l'Ouest qui bordent le désert central, au-dessus des poussières, à trois mille mètres plus près des étoiles que la surface de la mer, l'air a la transparence et la limpidité des glaces. Le vent y moire des prairies blanches, des prairies roses, des nappes de pavots, des champs de céréales qui parcourent, du printemps à l'automne, toutes les nuances incertaines allant du vert tendre au jaune d'or. Les ciels où volent des pigeons, les nuages, ont de ces tons naissants qu'on voit aux fleurs des arbres. Les villes y sont noyées de roses (1).

Quand on approche d'elles, leurs dômes ovoïdes, leurs dômes renflés, leurs assemblées de dômes tournoyants, leurs longs minarets droits qui fusent des taillis de cyprès et de platanes, apparaissent comme des souvenirs déjà noyés d'incertitude. Bleus de turquoise, roses éteints, verts pâles, jaunes effacés, le mirage a pris l'apparence d'une aquarelle aérienne peinte avec la vapeur d'eau sur le fuyant horizon par l'imagination des artistes qui suivent, de caravansérails en oasis, le sentier des caravanes. De près ce sont des murs qui croulent, des coupoles lézardées, des minarets dont les entrelacs blancs et noirs s'écaillent. Ce sont des ruines. Mais ce sont des ruines fraîches. L'émail qui les revêt, le vieil émail chaldéen que la Perse ancienne avait fait connaître à la Chine et que la Chine rapportait à l'Iran par les hordes tartares, l'émail a gardé, par-dessus l'enduit silicaté qui recouvre la brique, tout son éclat glacé. Des violets, des bleus, des bruns, des blancs d'ivoire, des lilas, des jaunes, des verts y brillent purs ou s'y combinent en buissons de roses, en fleurs d'anémones ou d'iris par-dessus les inscriptions blanches et les arabesques d'or.

(1) PIERRE LOTI. *Vers Ispahan.*

La chair pulpeuse, l'épiderme nacré des fleurs gonflent les guirlandes vivantes qui se marient là où l'arabesque abstraite des Arabes affirmait ses combinaisons. Sous la haute ogive des portes encadrées d'une croûte d'émaux où les turquoises, les améthystes, les lapis font ramper les phosphorescences de leurs lueurs atténuées, sous la couronne intérieure des dômes mollement arrondis qui ne connaissent pas l'élan mystique du désert, les ornements alvéolaires ruissellent de stalactites. Parfois, l'intérieur des coupoles miroite de plaques de verres et de prismes associés.

L'époque ancienne où l'on tendait sur les murailles les tapis persans qui ressemblent à des labours sombres pétris de fleurs écrasées, était oubliée depuis longtemps et la brique émaillée miroitait à leur place quand le grand Abbas, à la fin du XVIe siècle, fit élever d'un coup la féerie monumentale d'Ispahan. L'école persane de peinture qui naquit à ce moment-là n'eut qu'à écouter les conseils des décorateurs précieux des mosquées émaillées pour atteindre par Djahangir, par Mani, par Behzadé surtout, la plus haute expression vivante qu'ait connue l'art musulman. Toute l'industrie du potier, la plus ancienne et la plus durable partout, lui apportait aussi sa contribution nécessaire. Le pot persan, c'est déjà de la peinture cristallisée dans le feu. Son décor, qui n'est pas très riche en images, est sans doute le plus riche en stylisation toujours neuve des sommets de la sensation. Du monde sensible, il n'y reste que ce qu'il a de plus profond dans la couleur, de plus immatériel dans l'objet et de plus fuyant dans la forme. Ni le ciel, ni la mer, ni les fleurs n'y figurent, mais des nappes de fleurs y pénètrent par leurs plus fraîches corolles, de grandes étendues de ciel par leurs

94

moutonnements les plus nacrés, l'immensité des mers
par leurs surfaces miroitantes. En taches, en traînées,
en gouttes, en grappes, en moires, leurs éléments les
plus somptueux et les plus insaisissables y évoquent
les fleurs et les ciels et les mers selon les harmonies
errantes dont ils peuplent le souvenir. La rare peinture
persane arrête dans les formes mêmes cette fugitive
splendeur. Elle fleurit soudain pour se flétrir vite et
mourir en deux siècles parce qu'elle avait répandu
trop de parfum et d'éclat. Ce fut comme un songe
enchanté où se confondirent pour une heure l'ardente
sensualité de l'Inde, le maniérisme des Persans, la
science lente des Chinois, la grande rêverie féerique
des Arabes.

Océan profond qui, des déserts d'Arabie aux îles
heureuses du Japon et du Moghreb aux Indes, roule
avec des saphirs et des perles toute la luxure ingénue,
toutes les ivresses candides, toutes les puérilités, tous
les sourires, toutes les imaginations éperdues et tou-
chantes des humanités primitives brusquement trans-
portées au delà des portes vermeilles du paradis de

94. Perse (XVIᵉ s.). Éléphants combattant. Miniature. Musée
des arts décoratifs. *Ph. Giraudon.* — 95. Perse (XVIᵉ s.). Un seigneur
et des serviteurs faisant de la musique. Miniature. Boston, Musée
des Beaux-Arts. *Ph. Archives photographiques.*

96

l'art!... C'était un Éden où des tigres foulaient des
prairies pleines de fleurs, où des hommes et des
femmes en robes de soie verte, rouge ou bleue, des
hommes et des femmes à nez fins, à petites bouches,
à très longs yeux noirs, à longues figures ovales,
s'étaient assis en cercle sur de beaux tapis brodés.
Sur les fonds tout en or montaient des arbres en fleurs.
Jamais assez de fleurs, des fleurs dans les gazons d'un
de ces verts à peu près noirs qui font sentir la proximité des eaux vives, des fleurs entre toutes les feuilles,
des fleurs sur les tapis, partout des fleurs, d'énormes
fleurs qu'on retrouvait, à peine perceptibles, sur les
petites tasses de corail et de porcelaine où l'on déguste,
avec des cuillers d'or, des confitures de fleurs. Dans
les paysages rouges, verts et or, dans leurs symphonies
naturelles de velours précieux et profond, passaient
de fins chevaux noirs au galop, portant un cavalier
de race, le faucon au poing, l'aigrette brillante au
turban, de nerveux chevaux noirs dont le col se recourbe.
Des oiseaux diaprés volaient dans les arbres, et c'étaient
des gennis qui parlaient aux hommes, beaucoup mieux

96. Perse. Behzadé? (XVIᵉ sⁱ). Personnage peignant. Miniature.
Ph. Giraudon.

que ces oiseaux d'or aux yeux de topaze qui chantaient
en battant des ailes autour du trône de l'autocrate
byzantin. Des palais magiques ouvraient leurs portes
de lumière, portiques de dentelles, murs d'émail, murs
damasquinés brodés de gemmes, plafonds de cristal,
tapis silencieux qui mènent à des trônes d'or où des
paons d'or étalent des queues d'émeraude, jardins
avec des bassins de porphyre et des jets d'eau où le
soleil allume des opales, terrasses blanches étagées,
coupoles roses, azurées, laiteuses qui semblent de la
neige dans l'aurore, même au centre de la nuit. Le soir
venu, sur les eaux bleues, on écoutait des musiciens
en respirant l'odeur des fruits qui luisent au cœur noir
des arbres. Les effrits descendaient au milieu des
hommes avec des corbeilles de rubis et des corbeilles
de topazes, et la lune qui se levait était comme une
perle tombée du collier d'étoiles qui fait le tour de
l'étendue... Traits subtils, tons éclatants éteints par
l'harmonie, pureté tremblante des ténèbres, lumière
immobile du jour, toutes les mille et une nuits rêvées
par les vieux conteurs qui, du soir au matin, parlaient
intarissablement aux voyageurs hilares assis en cercle
sous la tente...

Races étranges, toutes en contrastes, plus surprenants et plus accusés à mesure qu'elles s'enfoncent au
désert, qu'elles habitent loin des villes et que leur soleil
est plus lourd. Elles portent des robes de soie verte et
rouge sous les burnous de laine blanche et harnachent
d'or leurs chevaux. Les armes qu'elles forgent sont
encroûtées de gemmes et elles conservent l'eau pure
dans le cuivre damasquiné. Elles ne connaissent, hors
le silence et la contemplation mélancolique, que le rire
frénétique et les clameurs. Elles oublient, pour d'in-
croyables et brusques ripailles, leur sobriété naturelle.

Elles méprisent la mort, elles méprisent la vie. L'extase succède chez elles à des crises de sensualité sans mesure. Leur paradis abstrait est peuplé de femmes. Leur effroyable fanatisme n'a d'égale que leur effroyable inertie et la fuite du temps n'est rien, et elles laissent crouler leurs temples avec autant d'indifférence qu'elles mirent d'ardeur à les bâtir.

Les climats excessifs, les grands contrastes naturels, la vie nomade ont fait cette ignorance — ou ce dédain — des beaux équilibres de l'âme. L'oasis est trop fraîche après les sables, l'eau si douce aux lèvres brûlées, les villes offrent aux errants tant de voluptés et d'or! Le riche aura cent femmes et le pauvre n'en aura pas, et le vide sera impossible à combler entre les absolus métaphysiques et la pire bestialité.

Or, les races d'Occident comblent ce vide en explorant les chemins qu'il faut suivre pour monter de la vie sensuelle et par la vie sensuelle au seuil de la vie héroïque. Les races d'Occident et quelques-unes parmi les races d'Orient qui appartiennent aux mêmes groupes ethniques que les peuples européens. Sans doute est-ce pour cela que les Persans, dont l'esprit était moins spacieux peut-être, mais certainement plus curieux que l'esprit des Sémites, ne faillirent jamais à leur rôle historique qui est de perpétuer dans l'avenir un peu des civilisations immémoriales de la contrée des fleuves. C'est pour cela qu'il n'y eut pas dans l'art des Persans, entre la Perse sassanide et la Perse musulmane, de solution de continuité, et que les tapis et les vases continuèrent à sortir de leurs ateliers. C'est pour cela qu'ils se relevèrent des invasions tartares et survécurent trois siècles à la grandeur arabe. C'est aussi pour cela que les adorateurs des idoles, à Byzance, triompheront un jour devant l'histoire morale du monde comme ils triomphèrent, il y a dix siècles, dans leur lutte contre ceux qui n'en voulaient pas. Une religion résolument spiritualiste doit se passer d'images, sans doute, au risque de déchoir, au risque de mourir, mais ce qu'il importe de savoir, c'est s'il vaut mieux, pour nous, cultiver l'esprit pur ou les images. On défend mal les Empereurs iconoclastes quand on les montre encourageant l'art partout où il se séparait du culte. L'art est un, il grandit dans une poussée de foi vivante sans se soucier des étiquettes dont on l'affuble et du rôle qu'on veut lui fixer, et si la religion meurt par la liberté, l'art ne vit qu'en introduisant dans le monde, chaque fois qu'il se manifeste, un peu plus de liberté. Défendre à l'art de s'alimenter à une source quelconque, c'est tarir toutes ses sources à la fois.

Si l'idolâtrie n'a pas sauvé Byzance, c'est que Byzance n'était pas un commencement, mais une fin, un fruit pourri de l'arbre grec. Mais c'est l'idolâtrie qui fit l'Égypte et la Grèce et l'Inde, qui déchaîna la révolution ogivale, la Renaissance italienne et flamande et qui plus tard, au seuil de notre temps, suscita le sensualisme, le transformisme, l'admirable enquête vivante de tout le dernier siècle européen. Toutes les civilisations durables sont nées de l'idolâtrie, obligées qu'elles ont été, pour réaliser leurs images intérieures, de demander à la nature extérieure de leur livrer le trésor inépuisable de ses renseignements. On ne peut exiger de l'humanité qu'elle habite toujours au désert, alors que les peuples du désert eux-mêmes, recherchent les oasis.

Il ne faut pas croire que chez les peuples idolâtres, les esprits supérieurs se soient libérés de l'idolâtrie, ils se sont libérés par elle. Ce sont eux qui, par elle, par les rapports vivants qu'elle leur révélait, ont introduit dans le monde la raison, non pas fin des choses, mais instrument incomparable d'analyse et de libération individuelle. Seuls, les peuples spiritualistes n'ont jamais pu se détacher des idoles métaphysiques que le néant du désert imposait à leurs méditations, parce qu'ils n'ont pas pu les saisir et les confronter avec la vie.

Loin d'arrêter le rêve, d'ailleurs, l'image, en même temps qu'elle lui offre un point d'appui qui le maintient tout entier dans la réalité humaine, l'élargit, parce que les relations qu'elle révèle font soupçonner d'autres relations, désirer d'autres images, et sans cesse tirer de la réalisation toujours morte l'hypothèse toujours vivante. L'idolâtrie mène à l'expérience, et par elle à l'action. Quand nous avons perdu l'équilibre, c'est à elle que nous allons demander de nous enseigner à nouveau la forme et la vie. La science est l'aspect actuel de l'éternelle idolâtrie. L'idolâtrie sauve le monde quand il ne reste plus rien qu'un peu d'invisible poussière des grands rêves sans contrepoids qu'ont vécus les peuples prophètes façonnés par le désert.

Le Christianisme
et la Commune

I

L'esprit sémitique, au déclin du vieux monde, tenta de conquérir l'Europe par les apôtres du Christ, comme il allait s'emparer de l'Asie occidentale et de l'Afrique par les cavaliers de l'Islam. Mais la religion de Mahomet restait près de ses sources, le désert, le ciel nu, la vie immobile. Elle pouvait facilement garder sa forme originelle et spiritualiser jusqu'à son expression plastique. L'Europe offrait à l'idée juive un cadre moins bien fait pour elle. Le contact des terres cultivées, des bois, des eaux courantes, des nuages, de la forme mobile et vivante, devait imposer à la religion de saint Paul une forme sensuelle et concrète qui la détourna peu à peu de son sens primitif pour replacer dans la voie de leur destinée naturelle les peuples de l'Occident.

L'empreinte, il est vrai, était prise. Malgré le dualisme décevant qu'il fit entrer en elles avec la force de pénétration de sa foi désintéressée, l'apostolat juif peupla la solitude intérieure des masses oubliées par les civilisations disparues. Son impitoyable aspiration vers la justice y fortifia l'instinct social. Et c'est grâce à lui que l'esprit grec et l'esprit sémitique effectuèrent lentement dans le creuset occidental un accord pressenti par Eschyle et désiré par Jésus.

S'il était resté tel que le voulait saint Paul et que
le définissaient les Pères de l'Église, le christianisme
eût dû renier les interprétations plastiques des idées
qu'il apportait. Mais comme il voulait vivre, il obéit
à la loi qui nous force à donner à nos émotions la
forme de nos visions. A Rome, alors qu'il tâtonnait
dans l'ombre, essayant d'arracher sa doctrine à l'amas
confus des vieux mythes, des figures gravées ou peintes
apparaissaient dès le premier siècle aux murs des
Catacombes. Elles annonçaient sans doute de nouveaux dieux, mais leur forme restait païenne, grecque
même le plus souvent, car c'est l'esclave oriental
qui propageait la religion de Galilée à Rome. Devenu
gauche entre les mains des pauvres gens, l'art qui
bâtit au-dessus du pavé des thermes et des amphithéâtres et couvre les villas de fresques et les jardins
de statues, hésite au fond des ténèbres. L'âme populaire ne se taira que le jour où le christianisme officiel
sortira de terre pour s'emparer des basiliques romaines
et les décorer d'emblèmes pompeux. Il lui faudra dix
siècles de recueillement pour trouver son expression
réelle et imposer aux hautes classes la revanche de
la vie profonde et de l'espoir libéré.

L'organisation de la théocratie nouvelle, les
invasions répétées des barbares, la faim, la torpeur,
la misère affreuse du monde entre la chute de l'Empire
et le temps des Croisades, ne permirent à aucun des
peuples de l'Europe occidentale de prendre racine
sur son sol. En revanche, bien que chaque marée
humaine emportât les villes nouvelles construites
sur les ruines neuves, les tribus descendues du Nord
subissaient peu à peu la domination de l'unité morale
dont l'appareil des civilisations antiques offrait à
l'idée chrétienne le cadre imposant. Par-dessus le

97. Notre-Dame-la-Grande de Poitiers (xiᵉ s.). *Ph. Boudot-Lamotte.*

malheur des peuples, une alliance instinctive rapproche les chefs militaires ralliés à la lettre du christianisme organisé, du haut clergé dont l'esprit, à se frotter contre eux, devient de plus en plus rude. Quand Grégoire le Grand, quelques années après Justinien, ordonne de détruire ce qui reste des vieilles bibliothèques et des temples des anciens dieux, il consacre l'accord de Rome et des barbares. L'âme antique est bien morte. Les monarchies orientales recueillent ses derniers échos, les couvents remuent sa poussière.

Les communautés religieuses étaient restées jusqu'aux Croisades les seuls îlots clairs dans l'Europe obscure. Un luxe d'élite cloîtrée, une civilisation de serre représentaient soixante siècles d'efforts, de sensibilité, de réalisations vivantes. Thèbes, Memphis, Babylone, Athènes, Rome, Alexandrie tenaient entre les quatre murs d'un monastère, en de vieux manuscrits feuilletés par des hommes durs qui opposaient le contrepoids indispensable de la Règle aux impulsions épouvantables d'un monde retombé à l'état primitif. Mais c'est autour de ces murs, dans les vallées écartées, hors des grandes routes du massacre,

97

que se groupait çà et là le peuple des campagnes pour y façonner l'avenir. Le nord des Gaules, aux temps mérovingiens, dans le chaos des mœurs, des races, des langues qui s'agitait sur les villes incendiées et les moissons détruites, n'eut pas d'autres centres d'action.

Dans le Midi, au contraire, la tradition vivait encore profondément. Les aqueducs, les arènes, les thermes, les temples étaient debout au milieu des campagnes que les bois d'oliviers argentent. Les amphithéâtres ouvraient encore dans la lumière leur courbe pure. Les sarcophages sculptés bordaient toujours les voies ombragées de platanes que l'hiver blanchit en les dépouillant de leurs feuilles et qui restent blancs sous la poussière de l'été. Sur la terre brûlée de la France méridionale qui s'inscrit sur le ciel par les lignes sûres qu'on retrouve au bord des golfes grecs, l'art gallo-romain unissait naturellement au positivisme de Rome l'élégance hellénique et la verdeur gauloise. A peine s'il déclinait quand passèrent les Arabes que ce sol ardent adopta. Rien ne put arrêter sa fièvre. L'Asie nomade mêla son sang à la Gaule gréco-latine dans la violence du soleil. Ce fut un

98. Cathédrale d'Autun. Chapiteau de la nef (XIe s.). *Ph. Giraudon.* — 99. Abbaye de Moissac. Tailloir de chapiteau du cloître (XIIe s.). *Ph. Giraudon.* — 100. Clocher de l'église d'Elne (XIIe s.). *Ph. Archives photographiques.*

monde étrange, cruel et pervers, mais de vie intense,
égalitaire, irrépressible, et plus libre et plus profond
quand la dissociation de l'Empire de Charlemagne
l'eut séparé du Nord qui commençait à se débattre
entre les Francs et les Normands.

Quand l'orgie amoureuse et sanglante demande
à la haute culture l'excitant de sa tension nerveuse,
quand la sensualité morbide et l'intelligence exaspérée
jaillissent du même terrain, l'éclair de leur choc allume
des foyers brûlants dont la flamme monte d'un jet,
alimentée de tous les vents qui soufflent, des poussières qu'ils apportent, des débris de bois vert et de
bois mort qu'ils y poussent confusément. Un art
hybride et convulsif sort de terre, un peu débile, mais
si étincelant d'ardeur qu'il trace d'un élan un sillon
ineffaçable. La traînée de feu passa sur la Provence,
ceignit Toulouse, remonta vers le plateau Central.
On relevait les colonnes antiques autour des bas-
reliefs nerveux et gauches qui s'inscrivaient péniblement dans la courbe rigide des portails. Byzance et
l'Islam déposaient leur ferment et leur étincelle
au cœur du bloc romain, et les Croisades portaient

100

en désordre aux pierres qui s'animaient le tribut des souvenirs grecs, du monde syriaque, l'écho plus éloigné de la Perse et de l'Inde. Quand, vers le XIᵉ siècle, les Clunisiens mirent la main sur elles pour y mêler l'apport des Normands et des Scandinaves dont les bijoux épais portaient la trace des plus vieilles traditions asiatiques, le grand style roman se cristallisa soudain pour devenir, entre les mains des moines, l'expression architecturale la plus pure du christianisme organisé.

II

L'église en croix sortit des vieilles basiliques, raide et drue, élevant avec effort vers le ciel ses deux tours trapues vibrantes de cloches et que le vent n'ébranlait pas. Si le lourd berceau qui pesait sur la nef centrale n'écrasait pas ses supports, c'est qu'on chargeait les autres nefs de voûtes longitudinales calées sur d'énormes murs et supprimant les vides où la fenêtre eût pu s'ouvrir. Plus s'étendait la nef, plus s'épaississaient les murailles et plus s'épaississait la nuit dans le sanctuaire barbouillé de rouge et de bleu où les courts piliers peints semblaient porter, sur leurs chapiteaux entamés de formes grossières, le formidable poids d'un ciel plein de regards qui jugent et de portes fermées sur les paradis entrevus. C'était comme un monstre accroupi dont l'échine, trop pesante, rampait sur des pattes épaisses. Même quand le soleil faisait craquer le sol au centre des cloîtres silencieux qui découpent un carré d'ombre dans la lumière du Midi, le froid tombait de la voûte. De ces formes ramassées, de ces façades nettes où le plein cintre positif s'ouvrait entre des colonnes massives, une force nue rayonnait, affirmant l'élégance austère, brutale et catégorique d'une caste en possession d'un pouvoir indiscuté. C'était l'image exacte d'un catholicisme fixé, l'autorité des conciles assise sur le roc. Aucune échappée sur la vie, l'âme seule a droit à la vie à condition de ne jamais franchir le cercle continu de pierre où le dogme la maintient. Rome a cimenté la pensée de saint Paul dans la matière des églises.

Quand la morale intransigeante de ce monde rigide, habillé de bure et de fer, voulut quitter les pages des manuscrits et la chaire des temples pour montrer à la multitude son visage symbolisé, quand les quatre animaux des Évangiles consentirent à laisser croître à côté d'eux un monde neuf de formes animées qui descendit le long des colonnes, s'échappa jusqu'aux tympans des portes, envahit leurs linteaux, saint Bernard fut le seul à s'apercevoir qu'une ère allait prendre fin. Les moines ne pouvaient plus fermer leurs yeux que le jour avait effleurés. Puisque la vie pénétrait le dogme, c'en était fait, fallût-il encore quelques siècles pour le désagréger, de la masse compacte et fermée du christianisme doctrinaire. Il avait beau ouvrir l'enfer, faire ramper sur la pierre de raides monstres dévorants, déchaîner d'horribles batailles entre les vertus absolues et les vices irréductibles, diviser le monde en vérités et en erreurs définitives, la vie, pauvre et meurtrie, mais peu à peu envahissante, introduisait lentement ses passages subtils entre ces entités morales pour les animer et les unir.

Le moine sculpteur des églises romanes, le théologien armé du ciseau ne pouvait évidemment découvrir tout d'abord, dans cet univers fermé depuis dix

101

siècles, que de sèches images, une maigre nature
émaciée, comprimée, souffrante comme lui. De longues
et plates figures qui tentaient, dans un tragique
effort, de briser la gangue byzantine, se plaquaient
aux façades neuves, exprimant mécaniquement un
symbolisme arrêté. Ceux qui seuls, à ce moment-là,
gardaient le droit d'exprimer la forme et la vie, étaient
précisément les héritiers et les dépositaires de mille
années théologiques qui n'avaient cessé de voir et de
condamner, dans la forme et la vie, de méprisables
apparences. Le peuple, écrasé depuis le même temps
entre l'invasion matérielle des barbares et l'invasion
morale du christianisme, s'était abandonné, dans
l'espoir promis d'une vie future, aux hasards de la vie
présente et ne trouvait plus, quand il fuyait la dévas-
tation des campagnes, que le refuge intérieur des
sentiments surnaturels.

Mais malgré tout, et contre l'existence et contre
l'idéal qu'ils avaient accepté, les moines artistes
exprimaient, dans ces sculptures primitives qui envahissaient les porches des églises d'une foule de plus
en plus drue, les premiers tressaillements des besoins

102

101. Abbaye de Moissac. Motif de la porte occidentale (XIIᵉ s.).
Ph. Boudot-Lamotte. — 102. Vézelay. Église de la Madeleine.
Figures du tympan (XIIᵉ s.). *Ph. Giraudon.*

98
99
101
102
103

de leur époque. Une force singulière y montait très vite, en végétations serrées de formes frustes où circulait quelque chose de la savoureuse énergie qui soulevait aux mêmes siècles la pierre travaillée des pyramides dravidiennes et des temples cambodgiens. Un rythme sourd, un rythme lourd et vigoureux comme celui qui pousse hors du sol, par bourgeonnements épais, la marée printanière, parcourait ces figures rudes, ces têtes et ces corps à peine équarris qui se levaient d'un mouvement. Une grâce puissante, un charme candide et robuste hésitaient dans la pierre même. Des plans drus définissaient les mouvements élémentaires qui inclinent la face vers la face et tendent la main vers la main, comme pour obéir à la musique silencieuse qui groupe les nombres en constructions et en figures selon l'apparence sommaire, mais essentielle, qui les révèle à notre émoi. Expression fruste, mais ardente, rencontre dramatique du symbolisme chrétien à sa plus haute tension et du réalisme populaire à sa plus innocente aurore. La poitrine du monde se dilatait avec lenteur, d'un effort irrésistible qui devait briser son armure. Plus d'invasion depuis un siècle ou deux. Né de la guerre et vivant d'elle, le féodal la porte au dehors. Les Gaules, vers qui les chefs militaires depuis tant d'années menaient leurs hordes, devinrent le foyer central d'expansion de la conquête. Au déclin du XIᵉ siècle, celui-là même où l'église romane laissait la vie comprimée crever de partout son écorce, les barons normands passaient en Sicile, en Angleterre, et la première Croisade précipitait les barons français vers les lieux saints. La brutalité féodale émigra pour deux cents ans.

III

Alors le sol natal que ne connaissaient plus les peuples depuis qu'une rafale humaine en arrachait, à chaque génération, les racines qu'ils y plongeaient, le sol natal monta au cœur des races. En même temps, le mouvement profond qui jetait sur l'Orient riche l'Occident mystique et misérable, faisait refluer sur l'Occident la vie des contrées merveilleuses, d'autres croyances, d'autres légendes, d'autres mœurs, et la sensation puissante et confuse que le monde matériel et le monde de l'âme s'élargissent en changeant d'apparences et que l'univers ne tient pas dans les limites d'une religion révélée.

La terre frémit d'orgueil. Presque à la même heure apparaissent la République de Florence, les Universités de Salerne, de Bologne, de Paris. Au sein même de l'Église naissent des esprits plus religieux qu'elle qui soumettent le dogme à un examen courageux. Abailard, chrétien, nie le péché originel, conteste la divinité de Jésus, relève la dignité des sens et tente d'établir, de l'antiquité au Moyen Age, par l'étude impartiale de la philosophie ancienne et de la doctrine des Pères, l'unité de l'esprit humain. Quatre ans après sa mort, son disciple Arnaldo de Brescia proclame la République à Rome. Une telle vie anime les cœurs que le catholicisme, entraîné par elle, discute, interprète, critique, et que la lettre morte recule devant le vivant esprit. Pour la première et la dernière fois dans son histoire, il suit ce mouvement profond qui révèle de temps à autre, à un peuple privilégié, les conquêtes de son silence. Il ne s'aperçoit pas qu'à l'heure où il regarde en lui pour y voir monter le flot, les plus fortes villes de la France du Nord,

240

Le Mans d'abord et Cambrai, puis Noyon, Laon, Sens, Amiens, Soissons, Reims, Beauvais, quelquefois soutenues par la monarchie qui sent en elles un appui contre les seigneurs, s'érigent en communes libres par le refus de l'impôt, les proscriptions, l'insurrection à main armée. Il y eut des cadavres d'évêques traînés par les rues.

Il importe peu que le mouvement communal ait eu un prétexte étroitement intéressé. Contre l'esprit du christianisme des Conciles dont l'obéissance constituait le principe fondamental, l'esprit de la France qui devait, par la Renaissance et l'Encyclopédie, aller à la Révolution, l'esprit de la France s'y révélait pour la première fois avec une jeunesse et une force qu'il ne retrouva jamais. Deux cents ans, il valut aux villes de l'Ile-de-France, de la Picardie, de la Champagne, une civilisation touffue, confuse d'apparences, mais d'un rythme intérieur puissant, qui contraignit la féodalité à se réfugier dans les campagnes pour y provoquer la Jacquerie deux ou trois siècles plus tard et à se ruer, sous prétexte d'exterminer l'hérésie, sur les cités méridionales dont elle écrasa la culture et le libre esprit grandissant. Ce fut la rançon terrible de la liberté du Nord. Les foyers d'énergie étaient encore trop dispersés sur notre sol, l'antagonisme trop tranché entre les provinces, pour que l'esprit du peuple pût se sentir solidaire partout et renverser dans un effort coordonné les puissances politiques dont il avait encore besoin pour le couvrir contre l'ennemi du dehors.

De vie ardente, parce qu'elle avait été très longtemps contenue, parce que tout être y tenait l'emploi qui répondait à ce qu'il savait faire, association en profondeur de fortes corporations où les tempéraments

103. Abbaye de Coulombs. *Détail* d'une colonne (XIIᵉ s.). Ph. *Giraudon*.

individuels n'obéissaient à d'autres règles qu'à cette harmonie spontanée qu'ont les bois, faits de cent mille arbres plongeant au même sol, arrosés des mêmes pluies, fécondés par les mêmes vents, la Commune française entra dans l'histoire avec une puissance qui lui donne ce caractère de nécessité qu'ont pris maintenant à nos yeux « le miracle grec » et « le miracle juif ». L'art formidable et un qui l'exprima naquit, mourut avec elle, et sur place. Il fut l'âme française livrée à elle-même pour la première et la dernière fois. Les peuples qu'il pénétra de son action vivante purent l'accueillir pour l'adapter à leurs besoins, ils ne pouvaient toucher à son principe étinrieur sans ruiner du même coup sa signification nationale et sociale. Entre les Vosges, la Manche et la Loire, il fut réellement la vie, l'ordre, la vérité. Il fut la grange et la ferme, et la maison des villes qui dentelait le ciel de découpures et de pointes, l'étroite maison de terre et de bois bordant les ponts bossus et les ruelles tourmentées. Il fut le mur épais mordant le roc, le mur haut et net comme une conscience, le refuge altier qui dominait la mer, l'égoïste abbaye où s'écoulaient de lentes vies, rythmées par l'heure des offices. Il fut la petite église des campagnes autour de qui s'assemblaient quelques chaumes, au pied de la courtine du château, sous le donjon qui défendit, pendant dix générations d'hommes, le contact prolongé et fécond de ceux qui vivaient à son ombre avec ceux qu'il recelait. Il fut la grande cathédrale. Il fut la force, il fut le rêve et le besoin, le ventre, et le cœur, et l'armure. Partout une harmonie spontanée qui sortit du désir populaire pour s'éteindre peu à peu en même temps que lui. Les tours crénelées affirmaient sans doute, face à la Commune produc-

trice, le principe en apparence antagoniste du droit
de conquête. Elles affirmaient avec elle le même principe vivant. Elles étaient bâties par le maître maçon
qui dirigeait les travaux de la cathédrale. Et la cathédrale naquit avec les communes, grandit et se couvrit
pendant leur âge mûr de statues et de verrières,
languit et s'arrêta de croître quand elles déclinèrent
et moururent. Noyon, Soissons, Laon, Reims, Amiens,
Sens, Beauvais. Là où naît la grande Commune, la
grande cathédrale apparaît, d'autant plus vaste et
plus hardie que la Commune est mieux armée et
mieux assise, l'esprit communal plus vivant.

Les villes françaises, pendant deux siècles de paix
relative, avaient défoncé leurs murs. Leurs maisons
débordaient le long des rivières, des chemins, les
forêts voisines se défrichaient. Les organes nouveaux
qui poussaient peu à peu du corps social reconstitué
pour bâtir les habitations, paver les rues, y tendre les
chaînes, apporter de la campagne les légumes et le
bois, abattre les bêtes, les tondre, tanner le cuir,
forger le fer, voyaient leurs intérêts communs accroître
leur solidité. La concentration des forces sociales
projetait sur leur route cette merveilleuse espérance
qui naît spontanément en lui quand tous les éléments
d'un organisme s'accordent dans la volonté d'un but
pratique et prochain à atteindre. Les corps de métiers,
tous ensemble, sentaient germer de leur instinct un
désir de plus en plus impérieux qui réclamait, pour
se satisfaire, la création d'un organe central résumant
l'effort dont l'ensemble de la Commune exprimait la
puissance et la nécessité. L'église des Clercs était
trop étroite et trop sombre, la foule qui montait avec
une rumeur de mer réclamait son église à elle, elle se
sentait la vaillance et le savoir qu'il fallait pour la

104

105

106

107

construire à sa taille, elle voulait que cette fonction
supérieure passât tout entière, avec la vie matérielle
et morale, des mains du moine cloîtré dans celles du
peuple vivant. Ce ne serait plus la voûte écrasée sous
laquelle les pauvres gens qui vivaient à l'ombre des
monastères viendraient craintivement, à l'heure des
offices, entendre la voix de l'Église dans l'obscurité.
Ce serait la maison commune, le grenier d'abondance,
la bourse du travail et le théâtre populaire, ce serait

104. Mont Saint-Michel. Le promenoir (xiie s.). *Ph. N.-D.-Giraudon.*
— 105. Les Saintes-Maries. L'abside (xiie s.). *Ph. N.-D.-Giraudon.*
— 106. Cathédrale de Chartres. L'annonce aux bergers (xiie s.),
détail. Ph. Giraudon. — 107. Cathédrale de Chartres. Le mois de
juillet (xiie s.). *Ph. Giraudon.*

la maison sonore et lumineuse que le flot des hommes pourrait envahir à toute heure, le grand vaisseau capable de contenir toute la ville, l'arche pleine de tumulte les jours de marché, de danses les jours de fête, de tocsin les jours de révolte, de chants les jours de culte, de la voix du peuple tous les jours (1).

Quelques-uns de ces grands temples, sans doute, sortent du pavé au milieu du silence des foules, à Paris, à Bourges, à Chartres où l'esprit communal n'a pas vaincu. Mais Bourges est ville royale, ses métiers qu'enrichit la Cour échappent, sous l'épée du roi, au bras féodal. Au pied de son énorme masse irrégulière, sa cathédrale déploie sans inquiétude ni remords ses portiques de fêtes. A Paris, ville royale aussi, Notre-Dame se couvre de statues et magnifie la lumière du jour par les roses de ses transepts à l'heure où ses bourgeois et ses marchands tentent l'effort libérateur. A Chartres, que la vision de la façade pure et de la flèche vous domine ou que la sensation d'un mystère poignant vous étreigne quand vous parcourez la nef, vous savez bien que vous vous trouvez en présence d'une obscure tragédie du cœur. Sa prodigieuse harmonie a quelque chose de désenchanté où se devine le tourment d'une conscience prisonnière. Comment l'austérité romaine a-t-elle pu accepter qu'à son ombre rayonnât la gloire sensuelle du peuple de statues qui garde l'énigme de la nef? La volonté théocratique s'y heurta au désir populaire sans que ni l'un ni l'autre s'en aperçût, et du conflit ignoré jaillit une flamme invisible, la beauté sourde,

(1) La plupart des idées exprimées dans ce chapitre ont déjà été défendues avec une logique et une autorité profondes, bien que dans un esprit beaucoup trop étroitement laïque par Viollet-le-Duc, dans son *Dictionnaire d'architecture*.

108. Cathédrale de Chartres. Transept (XIIᵉ-XIIIᵉ s.). *Ph. René Jacques.*

mystique, déchirante d'une grande idée qui contient
le secret d'un monde et ne peut se formuler.

IV

Partout ailleurs, la multitude est maîtresse du
chantier. L'honnête maître d'œuvre à qui s'adressent
la Commune et l'Évêque ne sait à peu près rien, que
son métier. Derrière lui la tradition romano-byzan-
tine, confuse, et qu'il possède mal, devant lui un

108

problème à résoudre : bâtir un édifice assez vaste pour contenir les habitants d'une cité. Il connaît bien sa matière, la pierre de France friable, aqueuse, facile à travailler. Il a son compas, son niveau d'eau, son fil à plomb, son équerre. Autour de lui de bons ouvriers de même esprit, croyants et que n'effleure aucune inquiétude sociale, aucun doute religieux. Il possède ce bon sens clair, cette logique libre et droite qui fit plus tard sortir du même sol Rabelais, Montaigne, Molière, La Fontaine, Rameau, Diderot, Voltaire. Une fonction nouvelle apparaît, si complexe qu'elle absorbe la vie du siècle. Pour que l'organe neuf s'y adapte tout à fait, il suffit que le maître d'œuvre consente, comme le dernier des compagnons, à être un homme de son temps.

Quels que soient la force du mouvement ascensionnel et le lyrisme des églises françaises, leur intelligence parfaite est trop intérieurement formulée pour qu'elle frappe d'abord. La forme entière en est déterminée par la croisée d'ogive qui se cache orgueilleusement dans les hautes ombres de la nef. Elle ne nous a pas révélé le passage subtil qui conduisit un maçon français ou normand à isoler, dans l'église romane, les saillies de la voûte d'arêtes et à soulever ses bords latéraux par la fenêtre angulaire que les Croisés avaient vue en Orient. Mais elle a vaincu le plein cintre, le poids vertical qui écrasait le vaisseau. Tout va rayonner de l'ogive, la retombée de ses nervures diagonales sur les colonnes élancées qui séparent les trois nefs, la voûte entière inscrite dans leurs intervalles, l'arc-boutant qui transmet obliquement au sol l'effort qu'elle exerce sur lui... Partout ailleurs des verrières immenses par où pénètre le jour... C'est la logique du squelette où toutes les pressions

sont équilibrées et transmises et l'image de l'absolu
transporté dans l'ordonnance périssable des éléments
dispersés de la vie. Entre l'arc-boutant et la voûte,
l'édifice est comme une carcasse de cétacé géant
suspendue dans l'espace par des crampons de fer
pour que la lumière du ciel puisse la traverser dans
tous les sens. Il paraît flotter dans les airs (1).

L'architecture gothique n'a pas voulu l'obscurité.
Elle est morte, au contraire, de son amour pour la
lumière. Sens, Beauvais, Laon, Soissons, Amiens,
Bourges malgré ses cinq nefs, sont lumineuses comme

---

(1) *L'Ogive*, dont on cite un exemple en Angleterre, à Durham, vers
1104, apparaît probablement pour la première fois en France vers
1115, à Morienval, à proximité de Soissons et de Noyon, entre
l'Ile-de-France, la Picardie et la Champagne où, par Saint-Denis
et Notre-Dame, Amiens et Beauvais, Reims, Laon, Sens, etc.,
elle vit naître ses plus nombreuses et ses plus belles conséquences
architectoniques. Qui l'a trouvée? Peut-être plusieurs maîtres
d'œuvre, chacun apportant une idée nouvelle de l'association
desquelles l'ogive naquit spontanément. C'est là un des caractères
les plus surprenants du Moyen Age occidental et qu'il ne partage
guère qu'avec l'ancienne Egypte et l'Inde. Presque pas un seul nom
d'imagier n'est arrivé jusqu'à nous et si nous connaissons quelques
douzaines d'architectes, il a fallu de patientes recherches ou le
hasard pour tirer leurs noms des pièces de comptes municipaux
qui dormaient dans nos archives. Art anonyme, par conséquent
collectif et désintéressé, *art social*. Ces hommes ne pensaient qu'à
accomplir leur tâche, et aucun ne songea à réclamer la paternité
de la création la plus originale de l'architecture depuis la voûte
assyrienne.
    Guillaume de Sens, qui fut l'un des plus grands et qu'on fit
venir en Angleterre pour construire la nef de Canterbury, a longtemps
passé pour avoir inventé l'ogive. Il fut sans doute l'un des premiers
à l'appliquer à la construction d'un édifice — la cathédrale de Sens
— dont elle détermine toute la structure. Mais elle semble avoir reçu
une application d'ensemble presque aussi complète dès la construction du chœur de Saint-Denis (1144), et dans quelques églises
transitoires datant de cette époque-là, Noyon, Lisieux, Le Mans, etc.
En tout cas, c'est dans l'Ile-de-France, qu'avant le milieu du XIIᵉ siècle, les architectes ont systématisé l'emploi d'un procédé de construction qui permit à Jean d'Orbais de bâtir Reims, à Robert de
Luzarches de bâtir Amiens, à Pierre de Montereau de bâtir la
Sainte-Chapelle, à cent autres d'élever sur tous les points de la
France et de l'Europe des édifices d'une unité de structure absolue
et d'une inépuisable variété d'aspects.

des halles de verre et de fer. Il y a pourtant, là comme ailleurs, l'armature nécessaire qui contribuait à l'assombrissement, les châssis de pierre de la rose, les plombs qui tiennent les vitraux, les grilles qui les protègent, la crasse des siècles, la vieille poussière entassée... Quand la cathédrale est obscure, c'est que le maître d'œuvre a mal calculé son effort, qu'il a voulu lui faire rendre plus qu'elle ne pouvait donner, y entasser des foules, comme à Paris où les quatre nefs latérales sont écrasées de galeries. Le vitrail n'était pas là pour enténébrer la nef, mais pour glorifier la lumière dont il répandait aussi dans les pièces des châteaux et des maisons bourgeoises les rayons incandescents où scintillent des joyaux pulvérisés. Le souvenir des tapis suspendus dans les mosquées emplissait ceux qui revenaient d'Orient de visions transfigurées par l'enthousiasme et le regret. Ils jetaient au flanc du mur une peinture translucide, une fresque traversée de flammes, enluminée par le ciel. Le vitrail offrait aux jours pâles du Nord sa matrice enflammée pour que leur caresse fût plus chaude à la pierre qui montait de toute part. Ses azurs, ses bleus sombres, ses jaunes de safran et d'or, ses orangés, ses rouges vineux ou pourpres, ses verts foncés traînaient au travers de la nef le sang du Christ et le saphir céleste, la rousseur des vignes en automne, l'émeraude des mers lointaines et des prés d'alentour. Il ne s'assombrissait vraiment, au fond des chapelles absidiales où la tache des cierges faisait trembler la nuit, que pour accumuler autour du sanctuaire l'imprécision angoissante et la volupté du mystère. Dès que le ciel se découvre, le grand vaisseau tressaille d'allégresse, le chant royal de la lumière s'y répand en nappes d'or. Quand, par un de ces jours gris d'Ile-de-

France on entre à Notre-Dame pour y attendre le soleil, on reconnaît sa venue à l'inondation blonde qui envahit la nef d'un flot, la fait aérienne et dorée, atteint peu à peu et éblouit jusqu'aux nervures qui suspendaient sous leurs palmes rigides l'ombre des bois. A la tombée du soir, alors qu'il fait à peu près nuit dans le vaisseau dont on aperçoit vaguement les voûtes planer très haut comme les ailes d'un grand oiseau nocturne, il n'y a plus de lumineux que les verrières. Le jour qui meurt dehors éclabousse les piliers noirs et le pavé disparu d'une averse de feu plus pressée et plus ardente à mesure que l'obscurité s'accroît. Les roses accumulent les derniers reflets du soleil englouti pour illuminer les ténèbres.

Tout ce qui donne à la cathédrale sa signification, tout ce qui détermine son aspect, l'irrésistible ascension de ses lignes, le balancement des courbes qui l'élèvent au-dessus des villes, tout est amené par le désir de la lumière, et le désir de la lumière s'est accru chez ses architectes en même temps que le maniement de ses courbes et de ses lignes leur devenait plus familier. Jamais édifice moins menteur n'accusa sa fonction avec une telle innocence. Partout les os y affleuraient la chair, chacun reconnaissait son rôle, il n'était pas un enfoncement, il n'était pas une saillie qui ne justifiât sa présence. La charpente extérieure immuable, les immenses arceaux parallèles qui s'élancent de partout pour suspendre la nef centrale ou rayonner au chevet la lancent, la bercent dans l'espace, pareils aux membres articulés d'un gigantesque animal. Chacun de ses organes, du plus fier au plus obscur, participe à sa puissance, l'humble ornement, la fleur qui frôle un plan trop nu, le bas-relief léger qui fait remuer un profil, les clochetons qui chargent les pinacles pour augmenter la force des piles où portent les arcs-boutants, les niches à statues creusant les contreforts partout où la poussée est nulle, les gargouilles rejetant loin les eaux de pluie qui trouent et rongent, les longues colonnes évidées sur le corps même des piliers pour donner aux supports des voûtes cet élan nerveux et soutenu qui s'épanouit à leur sommet avec l'aisance d'une gerbe.

Nulle part l'ornement sculpté n'entra ainsi dans l'édifice. Chez les Indiens, la statue fait corps avec lui parce qu'elle sort en même temps que lui d'une conception panthéistique de la vie qui entraîne pêle-mêle les constructeurs et les statuaires dans son propre mouvement. Ici, non seulement l'unité de conception, de traditions et de croyances emporte d'un même élan tous ceux qui travaillent, mais il n'est pas une statue, pas une colonne ouvragée, pas une branche, un fruit sur la muraille qui ne soit là pour donner à l'ensemble plus d'équilibre et de solidité. L'ornement anime, fait remuer, emporte dans l'espace tout ce qui sert à immobiliser la cathédrale et à la rattacher au sol.

Nue au début, à Sens, à Saint-Denis, au premier étage de Paris, à Soissons, nue comme une race abordant la vie, la cathédrale se couvrit en un siècle des formes que cette race avait trouvées sur son chemin. Les porches, les tympans, les linteaux, les galeries à colonnettes, les hautes tours, orgues sonores élevant d'un vol leurs futaies de pierres serrées, tout ce sol d'abord dépouillé germa en bas-reliefs tremblants, en rinceaux regorgeant de sève, en mille statues puissantes où la vie d'un peuple frémissait. Dans le brouillard ou le soleil, le monde des images peintes fait participer les façades, de la base sévère à l'emportement des tours, au mouvement des rues noires où

109. Clocher de l'église Saint-André de Bagé (XIIe-XIIIe s.). *Ph. René Jacques.*

les campagnes voisines pénètrent sans arrêt avec les colporteurs, les marchands, leurs chevaux, leurs moutons, les bateliers et les maraîchers qui apportent à la ville les légumes et le bois. Les jours de prière, on demande aux symboles de pierre qui environnent Chartres d'une foule d'êtres purs et doux, le sens humain de l'émotion mystique. Les jours de pluie on se réfugie sous les porches de Notre-Dame, les trois porches inscrits dans la muraille nue, sobres, simples, assis comme elle, pour y commenter les histoires que les imagiers, depuis un siècle, y racontent à l'abri. Les jours de fête et de beau temps, on regarde fleurir la façade d'Amiens, comme si les moissonneurs et les vendangeurs de ses portes la couvraient de pampres et de gerbes, des galeries brodées aux flammes de la grande rose. Les jours de foire, on reconnaît les bœufs penchés sur la campagne du haut des tours de Laon. Les jours de sacre ou de pompe royale, quand les cortèges défilent entre les maisons étroites où pendent des tapisseries, on s'engouffre pêle-mêle avec leurs harmonies et leurs tumultes dans les cinq porches de Bourges ruisselant de sculptures peintes, on les prolonge jusqu'au sommet de Reims d'où croule incessamment le torrent des couleurs et des formes de la nature.

Mais au-dedans, pas une image. La nef perdrait de sa sonorité, de sa grandeur, de sa lumière. La voûte, le principe générateur, est nue, et seul le chapiteau des colonnes fleurit. Les longs troncs fuselés, les longues nervures retombant pour sertir les verrières, les lignes absolues qui convergent et se répondent, le rayonnement pur des roses, tout a la force abstraite et la nudité de l'esprit. Et partout, c'est la fonction qui détermine la forme. Le château fort est une église retournée, nu au-dehors pour la résistance, couvert de fresques, de tapis, meublé de bois sculpté, de fer forgé au-dedans pour la joie de l'œil et le repos, et la seule cathédrale ogivale française dont l'intérieur soit plein de peintures et d'images, dont l'extérieur soit dépouillé et qui forme une masse hostile, est construite à Albi dans un esprit de défiance et de combat, forteresse montant d'un bloc pour entourer d'une armure l'asile de l'esprit. Dans le midi, le mur garde la majesté romaine, et par instants même l'accroît. Là surtout où l'esprit roman et l'esprit ogival fusionnent, aux Saintes-Maries-de-la-Mer, à Aigues-Mortes, à Albi, à Agde, au château des Papes d'Avignon, un art sublime apparaîtra. Si altier, si nu, si sobre et mesuré dans l'alternance rythmique du mur massif qui monte droit et du retrait inscrit dans son épaisseur même pour y ouvrir, sous la fière ogive du faîte, les fenêtres superposées, qu'auprès de lui — église ou forteresse —, le temple roman semble écrasé ou lourd ou grêle et la cathédrale française trop ouvragée au dehors.

On a, dans l'architecture ogivale comme dans l'architecture romane, isolé plusieurs écoles. Et en effet, il est aussi facile de distinguer au premier abord, dans le monument ogival, la sobriété et la mesure de l'Ile-de-France et du Valois, la gaieté, l'animation, la truculence, la verve de la Picardie et de la Champagne, la force carrée et rugueuse de la Bretagne, la profusion et la complexité de la Normandie que, dans la construction romane, la patience ouvrière des Poitevins, la puissance ramassée des Auvergnats, l'élégance tendue des Provençaux, la vigueur et la finesse des Périgourdins. Aussi facile de reconnaître le confluent des deux grands styles dans l'éloquence fastueuse des Bourguignons. Mais chez les uns comme

chez les autres et malgré la tendance générale qui,
dans le Sud, fait dominer l'élément spirituel, abstrait,
structural, didactique, et dans le Nord l'élément
nuancé, vivant, anecdotique, pittoresque, en un mot
la sculpture ici et l'architecture là, une interpéné-
tration constante des styles locaux, des époques, des
influences du dehors, transforme la terre entière de
France en une forêt de pierre ordonnée et ouvragée
telle que l'Inde seule, peut-être, en vit sourdre une
comparable de son sol miraculeux. Et d'ailleurs l'art
indien, comme l'art khmer ou javanais, l'art byzantin
comme l'arabe, l'art grec comme l'art romain, par
filiation directe ou indirecte, par raisonnement ou
intuition, par rencontre de sentiment ou de hasard,
semblent accourir ici de tous les points de la terre
pour se résumer et s'ordonner un siècle dans la sensibilité toujours en éveil et l'intelligence aisée qui caractérisent la France. Une variété merveilleuse de sensation et d'expression entre sans effort, d'un bout du
territoire à l'autre, dans l'unité spirituelle de volonté
et de foi. Que le temple, chez les romans, soit ou non
travaillé comme un ivoire, la tour carrée, polygonale
ou ronde, presque pleine ou toute aérée de fenêtres
juxtaposées, le clocher droit comme un cri ou incurvé
comme une plainte, l'abside polyédrique ou circulaire, les pleins cintres multipliés sur la surface
remuante ou à peine indiqués au faîte des murs droits,
farouches comme des remparts, partout la majesté
et la force de la doctrine pénètrent les surfaces expressives de la vie et ses rythmes savoureux. Que, sur les
façades ogivales, les grands plans silencieux s'ouvrent
à peu près nus entre les contreforts dépouillés, qu'au
contraire ces contreforts soient cannelés en tuyaux
d'orgues comme pour accentuer l'élan vertical vers

le ciel, et ces façades recouvertes d'une arborescence
de dentelles, que les porches s'inscrivent dans les murs
ou se hérissent de frontons, de clochetons, de pinacles,
que les roses rayonnent ou flambent, que les tours dont
le nombre et la disposition varient sans cesse soient
évidées par de hautes fenêtres ou fasciculées en colonnettes comme des gerbes d'épis ou passent par des
transitions insensibles du carré au polygone et du
polygone au cône, partout l'inondation débordante
des formes animées et des visages innombrables de la
vie laisse cependant apparaître la logique de la fonction
et le rationalisme de l'esprit. Même, et là le miracle
est plus surprenant peut-être, quand trois siècles et
quatre ou cinq styles mêlent le roman et le gothique
dans un même monument, le monde des sentiments
et des sensations enchevêtrés qu'il présente entre
d'un bloc, et pour jamais, dans l'ordre immuable de
l'esprit.

V

La France, au fond, en recouvrant de chair vivante
une charpente si logique qu'elle fixait jusque dans ses
détails la forme du monument, poursuivait sa propre
conquête. L'esprit français est le plus structural qui
soit, mais sa structure est aussi simple que la surface
en est mobile et nuancée, près de son sol, de ses
rivières, des vents qui traversent ses ciels. Les hommes
de cette terre avaient toujours aimé donner à la matière
la figure de leurs visions. Les premiers objets gravés
et sculptés que le monde connaisse étaient apparus
sur le territoire qui va de l'Atlantique aux Pyrénées
et aux Cévennes. Les Gaulois frappaient, forgeaient,
fondaient le bronze avant l'arrivée des Légions. Le

110

génie gréco-latin tressaillait chaque fois qu'il touchait
ce sol.

Pourtant, avant que la sculpture ne quittât tout
à fait le cloître, les saints et les saintes étaient des dieux
lointains que le peuple apercevait à peine au sommet
de la hiérarchie ecclésiastique. Quand ils eurent gagné
la rue, ils y vécurent. Le dieu local, le dieu des travaux
et des jours, le dieu des fontaines, des bois, le génie
qui participait à tous les actes de la vie agricole,
ouvrière, sociale du peuple, les rejoignit sans qu'on
s'en aperçût. La sculpture fut envahie soudain, et
tout entière, par un sentiment moral et familier aussi
simplement pénétrant qu'une action d'humanité
vivante et continuant, sans lien visible, notre plus
lointain esprit. Ses gestes avouaient, ils protégeaient,
ils aidaient, ils attiraient contre les cœurs. Des mains se
cherchaient, et se trouvaient, des visages s'inclinaient
vers d'autres visages, respirant la douceur qu'ont les

111/112

110. École rémoise (XIIIᵉ s.). Ange. Bois. Musée du Louvre.
Ph. Giraudon. — 111. Cathédrale de Reims. L'Hiver (XIIIᵉ s.).
Ph. Giraudon. — 112. Église de Rampillon. Un compartiment du
retable : le charpentier (XIIIᵉ s.). *Ph. Giraudon.*

uns pour les autres tous ceux qui ont besoin les uns des autres. La vierge, divinisée contre le désir du clergé, portait son enfant dans la foule et le montrait aux pauvres gens.

Certes, ils étaient bons chrétiens, ceux qui sculptaient ces torses ronds, ces hanches gonflées par la grossesse, soulevées par le poids du petit, ces longs membres nerveux ou pleins sous la robe de laine, ces bonnes figures souriantes qu'ils copiaient dans le chantier sur celle qui leur apportait la soupe. S'ils n'aimaient réellement du christianisme que ses tendres mythes humains, ils acceptaient sans les discuter ses affirmations surnaturelles, ce qui les dispensait d'être trop sévères pour les actions qu'ils commettaient. Comme ils travaillaient bien, ils considéraient que leur coupable gourmandise avait l'avantage de réparer leurs forces et que leur coupable luxure compensait bien des ennuis. Les clercs ne s'offensaient pas plus

113

que les laïcs des contes ingénus et gaillards que l'imagination populaire ne cessait pas d'enfanter. Il faut se souvenir qu'en ces siècles vivants, les mœurs n'étaient pas très édifiantes (1). Les prêtres eux-mêmes avaient à peu près tous des concubines, et pas un ne s'en cachait. La vie, pour accepter des digues, était trop riche en forces rajeunies. L'homme de ce temps apportait aux offices son plus grand, son plus simple amour, mais c'est l'esprit qu'il adorait, la puissance même de sa foi libérait son action en l'affranchissant de la lettre. On se poussait souvent du coude, on s'allongeait des tapes aux prêches, on daubait sur le curé. Ce n'étaient plus toujours des moines qui représentaient les vertus sur les linteaux et les tympans. Beaucoup plus souvent elles accueillaient les pauvres par le sourire enchanté d'une figure féminine. On trouvait très naturel de voir des démons pousser dans leurs chaudières un troupeau gesticulant de soldats, d'évêques, de rois que bousculait la peur. Le peuple de France était trop sûr de lui pour ne pas pratiquer le pardon des injures, mais il disait ce qu'il pensait avec une candeur parfaite, et bien que son enfer fût plus comique qu'effrayant, il en ouvrait les portes avec malice à ceux qui ne respectaient pas la tâche qu'ils prétendaient avoir la sainte mission d'accomplir.

Dieu le père n'apparut à peu près jamais dans la statuaire des églises. Les pauvres imagiers ne regardaient pas si haut. Ils ne savaient pas bien faire ce qu'ils n'avaient pas vu. Ils ne manquaient pas d'imagination, certes, et même d'une vague, universelle et confuse culture. Mais leur imagination se mouvait entre les cadres, d'ailleurs immenses et multiples,

(1) Voir dans l'*Histoire de France* de Lavisse, le xiiie siècle par M. Langlois.

113. La descente de croix. Ivoire (xiiie s.). Musée du Louvre. *Ph. Archives photographiques.*

de la vie qui les entourait, et leur instinct d'artistes
était trop impérieux pour permettre à leur culture
théologique et légendaire de leur fournir autre chose
que des prétextes à le manifester. Madame la Vierge
sortait vivante de la pierre parce que l'image de la
maternité, en ces temps de vie frénétique, était partout.
Et si les saints et les anges entouraient les portails,
c'est que ceux qui souffraient voyaient tous les jours
se pencher sur leur détresse des figures de bonté et des
figures d'espérance.

L'Église, au cours de sa période d'organisation
défensive, avait détourné au profit de sa puissance
extérieure, l'élan sentimental dont le christianisme
était sorti. La France du XIIIᵉ siècle replaça en pleine
humanité vivante cet élan sentimental. Sous la poussée
de sa force intérieure, le vieux cadre théologique
craqua de partout, le christianisme qui jusqu'alors
avait dominé la vie, fut dominé par elle, entraîné
dans son mouvement. Par-dessus le sémitisme de
saint Paul, qui avait préparé son explosion en lui
imposant le repos, contre la discipline de Rome qui
élevait depuis mille ans des digues pour la protéger
contre les forces anarchiques du dehors, elle rejoignit
l'esprit fraternel de celui qui était né dans une étable,
qui traînait des bandes de pauvres, qui accueillait
les femmes adultères et qui parlait aux fleurs, parce
qu'elle sortait d'un état social encore plus dur que
le vieux monde et qu'une insurrection de tendresse
virile devenait l'universel besoin.

Les civilisations antiques à leur déclin pleuraient
sur elles. Leur douleur avait paru déclamatoire et
grimaçante parce que la vie les quittait. Le Moyen
Age, en qui montait la vie, fut le maître de sa souffrance. Il fut heureux, aussi heureux que le vieux

monde en plein essor, et la pitié ne fut jamais pour
lui qu'un élément de l'énergie de vivre reconquise.
C'est en ignorant sa vaillance qu'il tendit les deux
mains à tous ceux qui les demandaient. Il retrouva
sans effort dans l'exercice quotidien de la tâche accomplie le principe social du christianisme que les Pères
de l'Église avaient cherché dans une organisation
théocratique momentanément nécessaire pour protéger la croissance des peuples neufs, mais nuisible
à la manifestation de leur pensée originale.

Ce caractère social définit la sculpture française.
Vue par dehors, sans doute, et dans son ensemble,
elle rappelle tout à fait, du XIIe au XVe siècle, la marche
des écoles antiques, de l'archaïsme à l'académisme en
passant par un point d'équilibre où la science et le
sentiment élevés à leur plus haute certitude rayonnent
d'un même foyer. L'art roman a la force souriante
et la raideur rythmique du VIe siècle grec, l'art du
XIIIe siècle français est calme et mûr comme celui
qu'affirmèrent, dans la pleine possession d'eux-mêmes,
Phidias et ses précurseurs. Après, en France comme
en Grèce, la virtuosité descriptive, naturaliste et pittoresque prend peu à peu le dessus. La différence essentielle, sans doute, c'est que la sculpture gothique ne
tend pas à réaliser avant tout ce balancement des
volumes par qui les statuaires d'Olympie et du Parthénon passaient d'une forme à une autre forme, d'une
idée à une autre idée sans que l'esprit s'aperçût de
la route suivie et pour qu'il entrât avec eux dans la
conscience et le besoin d'une harmonie universelle.
Quand elle le saisit, cela semble déjà une tentative
isolée, l'apparition impressionnante d'un individu
solitaire dans une foule en rumeurs... Presque toujours
l'artiste grec répartissait en flots rythmés la vie inté-

rieure de la pierre sur toute l'étendue des plans, pour faire participer toutes ses figures à l'équilibre cosmique. Presque toujours le Français la concentre dans un front penché, dans un menton levé, une épaule, un sein, un coude, une hanche, un genou qui brise souvent la ligne attendue pour faire mieux sentir le sens direct, actuel et simple de l'action qu'il veut exprimer... Il y avait sans doute l'aurore d'un modelé de même esprit que celui-là dans les sculptures d'Olympie et les Parques du Parthénon. Mais le désir de l'harmonie dominait tout.

Les profils de la statue gothique sont moins définis que chez les Égyptiens, et moins subtils que chez les Grecs. Ils sont plus variés et plus vivants car la lumière est plus changeante et plus diffuse, et surtout parce qu'ils expriment un monde de besoins moraux que ne pouvaient ressentir ni les Grecs, ni les Égyptiens. Jamais on n'avait distribué avec un pareil sentiment de leur valeur psychologique les ombres et les clartés. Jamais on n'avait travaillé la matière avec cette émotion concrète. Jamais n'avait émané d'elle, des formes pleines et largement traitées qui la dénonçaient aux yeux, un rayonnement plus profond, plus total et plus doux. Jamais une jeunesse plus vaillante à vivre la vie, mais mieux avertie que les humanités adolescentes du malheur qui l'attend, n'avait accepté d'une âme plus joyeuse la nécessité de l'effort. Telles statues de Reims font penser à l'Apollon d'Olympie par leur ascension dans la lumière d'où semble émerger leur front. L'eau pure des sources qui sortaient du roc hellénique semble couler sur les flancs et les membres des statues de femmes qui veillent au portail du transept de Chartres. Les hommes, une fois de plus, ont prêté leur héroïsme aux dieux.

Il ne faudrait pas en conclure que les plus grands même parmi les maîtres d'œuvre et les imagiers français, aient eu des préoccupations philosophiques d'un ordre aussi élevé que les sculpteurs en qui les penseurs grecs puisèrent la vie de l'esprit. Mais en dehors des conditions géographiques qui différenciaient si sensiblement la France du Nord, humide et fraîche, de la Grèce aride et brûlée, la vie avait été plus dure au Moyen Age qu'au siècle de Périclès, la guerre et le malheur avaient rendu plus nécessaire aux masses la solidarité active, et l'homme avait de l'homme un besoin plus profond. De plus, ces conditions différentes de vie naturelle et sociale se révélaient brusquement dans l'atmosphère de légende sentimentale que la mythologie chrétienne avait créée peu à peu. Il n'est pas douteux que le sculpteur grec, qui arrachait le monde antique à ses rythmes épuisés, ait eu sur le maçon des cathédrales une supériorité de pensée mesurable à la distance qui sépare le *Prométhée* d'Eschyle ou l'*Antigone* de Sophocle d'un Mystère du xiiie siècle, mais il est certain que le maçon des cathédrales le rejoignit sans effort dans l'eurythmie universelle parce qu'il fut un élément de la symphonie monumentale que l'instinct commun à toute une foule faisait jaillir de son cœur.

VI

Le peuple entier du Moyen Age avec tout ce qu'il savait, tout ce qu'il désirait et tout ce qu'il rêvait confusément bâtit son temple, maison de la réalité et de l'espoir, comme il bâtissait en même temps que lui, par les libertés communales, son droit de vivre, le droit pour les âges futurs de conquérir par la pensée. Ce n'est pas, comme on l'a prétendu, que chaque habitant de la ville et de la campagne y portât sa pierre. Mais les corporations qui y travaillaient, les charpentiers, les maçons, les tailleurs de pierre, les verriers, les plâtriers, les plombiers, les peintres plongeaient, par toutes leurs racines, dans le fond du bas peuple dont elles puisaient à plein cœur les pressentiments et les besoins. Le maître d'œuvre dessinait le plan, il distribuait l'ouvrage, puis chacun, dans l'indépendance de ses instincts, animait un chapiteau, sculptait une image, encastrait dans le plomb la fête d'un vitrail, alignait, entre les nervures diagonales, les petites pierres taillées à la main qui suspendaient la voûte à cent ou cent cinquante pieds du sol. La cathédrale vivait tellement de la vie de ses bâtisseurs qu'elle changeait en même temps qu'eux, qu'une génération élevait un étage ogival sur un étage en plein cintre, qu'une autre abandonnait un bras de transept à moitié construit, ajoutait une couronne de chapelles, changeait le profil des tours, les multipliait ou les laissait inachevées, faisait flamboyer une rose au front d'une nef romane débarrassée de son berceau. La cathédrale montait, s'abaissait, s'étendait avec nos sentiments et nos désirs.

De là son unité touffue où, comme dans la foule ou la nature, toutes les formes différentes puisaient la solidarité dans le courant des mêmes sèves. De là la liberté, l'élan et la violence et la douceur de l'hymne que chantaient ses voix innombrables et dont elle tremble toujours. C'était une Encyclopédie ciselée avec amour dans la matière de la France. L'histoire sainte et le mythe chrétien transposés dans sa vie active se perdaient dans la marée montante des formes expressives qui racontaient de leurs mille rumeurs mêlées tout ce que contenait l'âme malicieuse ou naïve et tantôt lyrique et tantôt bonhomme de ceux qui les avaient entendues s'éveiller en eux. Les bons chevaliers ramenaient d'Orient les dragons et les chimères. Les imaginations renouvelées prêtaient une figure concrète aux vampires, aux loups-garous, aux bêtes moralistes et discoureuses dont parlaient les fabliaux. Comme les imagiers n'avaient pas vu les rois, ni les saints, ni les évêques dont les entretenait la légende, ils demandaient aux gens des rues de leur fournir les visages les plus caractérisés. La cathédrale frémissait du bruit des métiers et des forges. Les paysans y semaient leur blé, y moissonnaient leurs épis, y pressaient leurs raisins ou leurs pommes. Les chevaux, les ânes, les bœufs y traçaient leur sillon, y traînaient leur charrette, les chèvres et les moutons ne s'étonnaient pas de rencontrer au tournant d'un pilier un éléphant, un rhinocéros, un hippopotame, un roi mage sur son chameau. La statue de la Liberté unissait l'avenir des hommes aux lointains souvenirs échappés au naufrage du monde antique. Une vie confuse et murmurante, pleine de chants d'oiseaux, de bruits de sources, de fourmillements sous la mousse, s'éveillait ou s'endormait. Autour des chapiteaux, le monde végétal germait, de gros bourgeons, puis des feuilles de galbe pur accolées par des mains terreuses sur la pierre à peine dégrossie, puis le débordement des pampres, des rameaux épais, toutes les feuilles de la France bruissant au vent qui animait l'orgue des tours, la vigne, le rosier, le chêne, le fraisier, le saule, la sauge, la mauve, le trèfle, le céleri, le chou, le chardon, le persil, le cresson, la fougère, les feuilles de la France creusées dans la matière avec un

114-115-116-117-118. Aigues-Mortes, Albi, Coutances, Laon, Chartres. *Photos N.-D. Giraudon et photos René Jacques.*

117

118

tel emportement sensuel qu'elles se muaient à tout instant en vagues formes remuantes, lèvres, poitrines, replis de chair où hésitait la vie universelle dans ses apparences primitives. Les bas-reliefs qui sortaient des murailles avaient l'air, tant l'image se mêle aux fonds, à l'espace ambiant plein de vapeur d'eau, de cueillir la fleur de la pierre, de préciser peu à peu par le ciseau les formes qu'elle contient en devenir.

Rien qui rende plus vaine la vieille opposition entre l'architecture et les arts dits d' « imitation », que la cathédrale française, où des surfaces vivantes couvrent un squelette vivant. Rien qui soit plus superficiel que l'ordinaire définition de la plastique dont le rôle n'est pas d'imiter le monde des formes, mais d'y saisir des rapports à qui l'architecture donne précisément leur expression la plus abstraite. Ce n'est pas seulement toute son ornementation sculptée ou peinte qui fait participer l'architecture à la vie du sol et du ciel, c'est son origine première, la répétition instinctive qu'elle présente des grandes architectures naturelles où l'esprit humain recueille les éléments de la révélation logique qu'on appelle l'invention. Toutes les voûtes sont sorties des formes que nous enseignèrent la coupole des cieux et la retombée des hautes branches, toutes les colonnes sont des arbres, tous les murs sont des rochers ou des falaises, et le toit ne s'étale que pour permettre aux habitants de recueillir le vent nocturne, il ne s'incline que pour conduire les pluies jusqu'à la terre qui les boit. Les pays du Nord qui sont boisés et dont la lumière est diffuse imposent des façades ornées à notre imagination, les pays du Midi qui sont nus et dont la lumière éblouit dictent les longues lignes pures — le roman dura dans le Sud. L'eau pénètre la pierre du Nord, la fait bouger, la mêle à l'humus mouillé, aux mousses, aux feuilles pourries. Le marbre du Midi est tellement saturé de soleil qu'il devient peu à peu un foyer de lumière, une source de chaleur aussi vivifiante que celle qui concentre l'automne et l'été dans les fruits. Tout attache à son sol l'édifice construit avec la pierre qu'on en tire, le régime des eaux et des vents et la couleur du ciel et des cultures, le rythme habituel des saisons. Sous le pavé des nefs, c'est la forêt souterraine, les colonnes épaisses plongent dans les ténèbres de la crypte, pour enraciner à la terre l'élan vertical des futaies, l'épanouissement des rameaux et des feuilles. Dans la cathédrale française, dans ses longues colonnes pâles tremblent les bois d'aubiers et de bouleaux, les bois clairs, aérés de Picardie et de Champagne, et leurs branches illuminées aux flammes de ses vitraux. Quand les crépuscules inondent la nef, font grandir les piliers dans la pénombre, reculent encore dans le mystère les voûtes solennelles où l'or des jours finissants s'assombrit, on pense à nos forêts de chênes. Et la vapeur légère de nos ciels qui appartient à la masse de l'air, qui mêle au silence des fonds le mouvement confus des formes ornementales, pénètre les tours ajourées et voile d'une fumée blonde l'incendie des verrières, élève avec la cathédrale au-dessus des coteaux et des plaines l'eau trouble des fleuves sinueux, le tremblement grêle des arbres dont la dépouille, par les temps humides, sature la boue des chemins. Des branches remuent, des bruits s'élèvent, des chuchotements reprennent quand le vent s'est apaisé. Coutances monte de partout, les flèches, la tour centrale, les clochetons polygonaux s'élancent, ils pénètrent l'espace d'un essor si pur et si nu que leurs pointes s'y perdent, comme des voix. Laon, de la base au [117]

[116]

haut des tours, est verte de mousse et de plantes sauvages, les contreforts de Beauvais qui jaillissent trois
fois plus haut que les bois du pays font un bruit de forêt
quand l'orage se lève, et le vieux clocher de Chartres
est une flamme d'or suspendue dans le brouillard.

VII

Rien, dans cette expression sociale et naturelle,
n'est hors de la terre et du peuple dont elle sortit
spontanément. L'unité de la symphonie est d'autant
plus impressionnante qu'un plus grand nombre de
voix y sont entrées pour le chant, la prière, le murmure, les pleurs, le rire, et pour jeter la mélodie changeante des dentelles de pierre, de verre et de rayons
sur le tonnerre intermittent des cloches, sur la rumeur
des nefs sonores où le plain-chant monte et descend.
La cathédrale est, avant même l'université voisine
qu'elle abrite souvent (1) et à qui elle n'abandonna
jamais toute la vie intellectuelle puisque les écoliers
rencontraient les artisans sous ses voûtes pour com-
munier avec eux dans l'élaboration collective et
confuse des farces, des mystères et des moralités, un
résumé puissant de l'idée du siècle et des images de la
vie. Elle a formulé pour nous ces troubles écoles où
quatre ou cinq nations viennent s'instruire, où tous
les éléments qui se débordent collaborent confusément, le maître avec les disciples, les philosophes
grecs avec les Pères de l'Église et ce qu'on enseigne
avec ce qu'on apprend. L'innombrable Aristote dont
se réclamait la pensée révolutionnaire contre les
théologiens eût reconnu, dans l'unité désordonnée

(1) Les conseils de l'Université de Paris se tenaient à Saint-Julien-le-
Pauvre.

et la riche matière de ce temps, l'irruption du génie
sensuel qui de mille en mille ans monte de la profondeur des peuples pour arracher le monde aux dangers
de l'abstraction pure.

On avait tant, et depuis si longtemps maudit la
chair, dédaigné les formes, on avait tant et si longtemps
comprimé le désir de les aimer pour ce qu'elles nous
apprennent, que le jour où ce désir ne put plus être
contenu, il changea l'axe de la vie, et, après l'avoir
révélée à elle-même, l'étouffa. Il y eut un tel débordement de formes, un tel enivrement de sensations,
que non seulement l'idée chrétienne de purification
en fut anéantie, mais que l'art, venu pour protester
contre elle, se dévora. Il mourut pour avoir satisfait
avec trop de violence les besoins qui l'avaient fait
naître. En moins de trois cents ans, l'esprit français
suivit la route qui conduit de Sens ou de Noyon, de
Notre-Dame, de Chartres, de Beauvais, la logique
nue, l'unité, l'harmonie, l'élan, partout la sobriété
et la force, à Reims, la magnifique orgie sensuelle,
à Rouen, l'agonie frêle et flamboyante. La sculpture,
d'abord plaquée contre les murs, plus tard incorporée
aux murs, se détacha des murs, et la dissociation
commencée, elle s'accentua rapidement jusqu'à l'anarchie finale. Elle n'exprime guère plus dès le xive siècle
que le portrait individuel, pénétrant, bonhomme,
cordial et sûr de lui. Puis, l'imagier sait trop, il manie
son ciseau avec une telle aisance qu'il le regarde
jouer dans la matière et que la force qui gouvernait
son cœur est passée toute dans sa main. Les lignes de
la cathédrale se compliquent et s'enchevêtrent, perdent
leur sens, ses voûtes s'encombrent de nervures supplé-
mentaires que l'ornement inutile va bientôt fragmenter.
Elle disparaît sous la profusion du détail, elle affaiblit

119. Cathédrale de Bourges. Les Élus (xive s.), *détail. Ph. Giraudon.* ▶

ses supports en les fouillant de ciselures, elle diminue tous les jours ses pleins au risque de s'écrouler pour laisser une place de plus en plus grande aux verrières envahissantes. Quand elle était apparue, le monde se mourait d'obscurité, de solitude et des ilence. Elle lui révéla la lumière, la forme et le tumulte pour en mourir.

De là le caractère explosif et passager de l'art français du Moyen Age. La cathédrale eut des béquilles, comme le lui reproche Michelet. Ses arcs-boutants qui sont si purs parce qu'ils portent avec fidélité le poids d'un monde, un siècle lourd comme mille ans ramassés dans un effort, lui donnent cet aspect d'improvisation qui la rend si vivante et la fait croire si fragile. A voir cette hâte, on dirait que le peuple de France, tout d'un coup sorti du sommeil pour entrer dans l'ivresse de vivre, ébloui de jour, envahi d'images innombrables, débordant de verve et de joie, pressentait qu'il aurait à peine le temps, entre l'oppression théocratique agonisante et l'oppression militaire prochaine, d'exprimer en tempête et confusément ce qu'il avait compris de la nature dans sa première rencontre avec elle depuis la mort des anciens dieux.

La cathédrale vaincue en même temps que la Commune et pour les mêmes raisons, il ne resta rien — qu'elle-même — de l'élan dont elle était sortie. L'énergie nationale, énervée d'abord de sa propre croissance, puis écrasée sous l'invasion recommençante et la plus atroce misère, peut-être, qu'ait connue l'histoire, l'énergie nationale s'affaissa. Il n'y eut plus en France que la monarchie grandissante et le catholicisme qui regagnait le terrain perdu en agissant sur les esprits découragés. Le haut clergé, représentant du christianisme politique, s'empara de la cathédrale pour combattre le christianisme doctrinaire du clergé

régulier avec le christianisme humain du peuple.
Grâce à lui, le catholicisme bénéficia des coups que
lui avait portés le Moyen Age. Il y gagna le renom de
grandeur esthétique qui le rendit si séduisant. Il fut
pour l'avenir cette chose terrible et douce, puissamment artiste, puissamment morale, diverse selon qu'elle
se manifesta en France, en Italie, en Flandre, en
Espagne, en Allemagne, en Angleterre, une pourtant
par le dogme et l'autorité, à la fois théologique et populaire, traditionnelle et spontanée, universelle et nationale. On crut, — il crut sincèrement lui-même, —
qu'il avait fait à son image l'Occident du XIIIe siècle.
En réalité c'est la France et l'Europe qui, soulevées
de vie, firent cent cinquante ans le catholicisme semblable à ce qu'elles étaient.

« Si nombreuse, disait saint Bernard, anathé-
matisant déjà la raide sculpture romane qui décorait
les premiers temples en même temps qu'il combattait
l'esprit communal et condamnait dans Abailard
l'esprit des Universités, si nombreuse, si étonnante
apparaît partout la variété des formes, que le moine
est tenté d'étudier bien plus les marbres que les
livres et de méditer ces figures bien plus que la loi de
Dieu »... La cathédrale n'est chrétienne que pour
ceux qui ne sentent pas ce qui est humain contient
le christianisme et le précède et lui survit, comme elle
n'est antichrétienne que pour ceux qui ne sentent pas
par quels côtés le christianisme reste humain (1).
Elle est humaine, et traditionnelle, et révolutionnaire,

Posé sous la forme moderne, le problème n'a pas de sens. On
discute encore pour savoir si les constructeurs de la cathédrale
n'étaient pas « anticléricaux ». Quand donc voudra-t-on comprendre
que toute ascension de vie au sein des masses brise le dogme d'hier,
même quand elle le célèbre? Francs-maçons ou non, il n'importe.
Les imagiers du Moyen Age ne sont pas des libres-penseurs. Ce
sont de libres-instincts.

et profondément opposée au principe autoritaire et moralisateur du christianisme se disant définitivement organisé, pour avoir exprimé des idées morales sous la forme la plus sensible et traduit dans le langage le plus sensuel les dogmes affirmant la royauté de l'esprit pur. Elle réhabilite la nature de l'homme, la nature du monde où il vit. Elle aime l'homme pour lui-même, faible et plein d'un courage immense et décrit son paradis avec les arbres, les eaux et les nuages qu'il voit en levant les yeux ou en sortant des portes de sa ville, avec les légumes pleins de terre et les fruits que lui portent des champs, les jours de marché, les bêtes domestiques qui partagent son destin.

La cathédrale — l'art ogival entier — réalise un moment l'équilibre des forces populaires vierges avec le monument métaphysique dont la philosophie chrétienne lui préparait le cadre depuis mille ou douze cents ans. Mais ces forces brisent ce cadre en se déployant tout à fait. Les maçons et les imagiers consacrent, contre l'Église, l'entrée de la forme du monde sans cesse mourante et renaissante dans notre esprit et notre chair. Le désir populaire entraîne dans son mouvement toute la matière immobile des prohibitions et des formules où l'appareil théocratique prétend l'enfermer. Le clergé, sans doute, imposait aux décorateurs l'obligation d'ailleurs très allégrement consentie de respecter dans les images une hiérarchie rigoureuse, une inflexible écriture symbolique dont il surveillait la disposition : « l'art seul appartient au peintre, l'ordonnance aux Pères », a dit le concile de Nicée (1). Le concile de Nicée ne savait

_____

(1) Consulter, pour tout ce qui concerne les rapports extérieurs de la symbolique chrétienne et de l'art des cathédrales, *L'Art religieux du XIIIe siècle en France*, de M. EMILE MALE.

pas que l'art est tout et que l'ordonnance est sans lui comme un vêtement vide, puisqu'au moment où l'art jaillit des cœurs il est la passion, la volonté, la souffrance, la religion, la justice, la vie. Qu'importait donc que l'édifice fût la croix, que l'abside fût la couronne d'épines, que le chœur fût la tête du Christ et le feu du vitrail la lumière céleste et que les tours fussent des bras qui suppliaient? La foule, au Moyen Age, s'exprimait symboliquement parce que le symbole résumait les réalités morales supérieures qu'elle ne discutait pas pour rester plus libre de découvrir ses réalités spirituelles, et parce qu'elle trouvait en lui un inépuisable prétexte à dire ce qui l'étouffait. Au Moyen Age, la symbolique et la théologie vivaient avec la vie, de la même vie que la vie, elles n'étaient qu'un élément dans la symphonie formidable où toutes les forces du temps se rejoignaient pour se répondre et s'associer. Le corps social, insoucieux de reconnaître les éléments qui le constituaient, laissait leur vie ardente organiser spontanément son équilibre et son action.

Il semble que de loin, de haut, nous ne puissions envisager l'histoire d'une grande race que par les caractères généraux qui la dénoncent. Elle nous paraît alors tenir tout entière dans une œuvre particulière, prendre pour ainsi dire une forme visible, tangible, où toutes ses aventures d'intelligence et de douleur apparaissent comme sublimées. Elle semble n'avoir vécu, saigné, fait la guerre et le commerce, cultivé le sol, travaillé le fer, que pour que cette œuvre naisse, qui contienne, résume, exalte les vies obscures et les sentiments informulés de ses milliards de vivants et de morts. Et dès lors, chaque fois que nous évoquons l'esprit d'un peuple, le nom de l'homme qui le représente le plus évidemment à son heure la plus décisive nous vient aux lèvres. Beethoven nous apporte l'Allemagne, Shakespeare l'Angleterre, Michel-Ange l'Italie, Cervantes l'Espagne, Rubens la Flandre, Rembrandt les Pays-Bas. Quand nous pensons à la France, nous hésitons. Montaigne est le héros de l'intelligence éternelle, supérieure au destin des peuples, à leur langage, à leur passion. Pascal n'a pas la joie divine qui monte avec le sang du peuple dans ses gestes, même quand ce sont des gestes d'injustice ou de désespoir. Il manque à ceux qui nous racontèrent le mieux, Rabelais, La Fontaine, Molière, cette sorte de passion mystique qui héroïse l'âme humaine et fait qu'en un seul homme et en un seul moment elle peut concentrer en elle et résumer toutes les puissances de vie qui, à ce moment-là, définissent à nos yeux l'orientation de la destinée et du monde. Hugo boursoufle sa puissance de programmes et de sermons. Eh bien! la cathédrale a tout ce que nous aimons dans Hugo ou Pascal, tout ce que nous retrouvons de nous en Rabelais, Molière ou La Fontaine, tout ce qui, dans Montaigne, domine les temps et les lieux. Mais elle soulève cela par ses voûtes et par ses tours dans un tel emportement lyrique, qu'elle fait monter la foule française jusqu'aux pressentiments suprêmes que les plus grands de nos artistes n'ont presque jamais atteints.

Le héros français, c'est la cathédrale.

L'expansion
de l'idée française

Le « miracle français » fut si bien un miracle, qu'il stupéfia le peuple des villes et que les pauvres gens accoururent des campagnes pour voir monter tous les ans plus haut au-dessus des tuiles en pente et des pignons aigus, la broderie bleue et dorée des pierres peintes, les verrières de sang miroitant dans la lumière, l'élan massif ou fuselé des tours et des flèches qui vibraient aux battements du bronze. Leur œuvre faite, les maçons et les imagiers la regardaient avec autant d'étonnement que s'ils fussent venus de l'autre bout du monde pour la voir. Chacun avait travaillé dans son chantier, assujetti son vitrail, taillé sa statue, élevé son mur moellon sur moellon, chacun n'avait vu qu'une feuille, une herbe de la forêt, beaucoup même étaient morts sans lever les yeux du bourgeon qui poussait sous leurs doigts, du fruit dont ils surveillaient la maturation et qu'ils n'avaient pas toujours eu le temps de cueillir. Et voici que les échafaudages enlevés, les tréteaux jetés à bas, de hautes voûtes solennelles, des cataractes de rayons, une montagne légère de colonnes et de statues emplissaient le ciel familier. D'où venait donc cette formidable unité où la présence de la foi, de l'espérance, du dieu vivant qui habitait le cœur des foules, s'affirmait sans que personne, pas même le maître d'œuvre qui avait fait le plan de l'édifice, eût songé d'avance à les exprimer? Aucun d'eux ne savait qu'elle préexistait en lui, aucun d'eux ne savait que sa propre humilité et sa propre faiblesse, parce qu'elles allaient dans le même sens, du même pas, au même rythme que la faiblesse et l'humilité du voisin, se soudaient tous les jours à elles pour constituer avec elles une énorme puissance anonyme qui éclaterait sur l'histoire comme la plus haute manifestation d'idéalisme collectif. Quand ils se retournèrent pour regarder leur ouvrage, aucun d'eux ne se rappela qu'il y avait mis la main, mais ils surent tous que c'était ça le paradis.

On venait donc de la campagne, et de plus loin. On venait voir, on venait prendre des leçons, on venait demander aux maîtres d'œuvre de passer la mer ou la montagne aux frais des villes riches qui voulaient toutes avoir la plus belle église ou le plus haut rempart. Depuis deux siècles, d'ailleurs, la France était le grand foyer occidental. Elle avait conquis, par les Normands, la Sicile et l'Angleterre, elle envoyait incessamment en Orient, sous le prétexte ingénu et puissamment stimulateur de délivrer le Saint-Sépulcre, des expéditions coloniales qui couvraient la Syrie, la Grèce, les Iles, de cités françaises, et tentaient d'occuper l'Égypte et l'Afrique du Nord. Des barons français ceignaient les couronnes d'Athènes, de Constantinople, de Chypre, de Jérusalem. L'âme française déployait la force d'expansion qui lui permettait, chaque année, et en cent points de la France, de creuser des canaux, de bâtir des ponts, des aqueducs, des fontaines, d'ouvrir des hôpitaux et des écoles, de suspendre à cent pieds du sol le vol majestueux des voûtes ogivales. Comme elle devait, cinq cents années plus tard, enseigner

au monde que la révélation monarchique avait vécu,
elle dénonçait ingénument et joyeusement la révélation
théologique en semant partout l'action, la vie, l'expérience, la liberté.

Là où n'entraient pas les hommes de guerre, la
pensée pénétrait quand même par les marchands et
les artistes. Sur tous les fleuves d'Europe, des bateaux
entraînaient la matière et l'esprit de l'Ouest. Les
romans français couraient le monde. Les maîtres des
Universités étrangères avaient presque tous passé par
celle de Paris où les nations entretenaient des collèges
en permanence. Philippe Chinard, maître d'œuvre
français, suivait partout Frédéric II. Charles d'Anjou
en avait appelé un autre, Pierre d'Angicourt, en Sicile.
Eudes de Montereau accompagnait en Palestine, où
il fortifia Jaffa, saint Louis prisonnier des Sarrasins et
roi spirituel de la terre. Depuis que le grand Guillaume
de Sens s'était cassé les reins en tombant d'un échafaudage dans la nef de Canterbury, cent autres avaient
répondu à l'appel des communes ou des fabriques
étrangères. Martin Ragevy, Villard de Honnecourt
construisaient des églises au fond de la Hongrie. Des
équipes de maçons partaient pour l'Allemagne. Un
maître maçon de Troyes bâtissait les temples, les
couvents, les châteaux, les commanderies de Chypre.
Mathieu d'Arras, qui fit les plans de la cathédrale
et du pont de Prague, venait d'Avignon. La plupart
des villes espagnoles appelaient, au xIVᵉ siècle, des
architectes français. D'autres allaient jusqu'en Pologne,
jusqu'en Finlande. Les Bénédictins, les Dominicains,
les Cisterciens surtout fondaient des Maisons et des
Ordres qui répandaient sur l'Europe l'esprit vivant.
L'Ordre des Templiers, l'Ordre de Calatrava, l'Ordre
Teutonique portaient d'un bout à l'autre de la terre

chrétienne une continuité d'action où les hommes
reconnaissaient pour une heure leur unique et puissant
espoir. La grande unité morale du catholicisme prenait
partout l'apparence que l'idéalisme social des communes françaises lui imposait irrésistiblement.

Presque partout, au début tout au moins. Les
maîtres d'œuvre apportaient un plan primitif inspiré
par Amiens, ou Reims, ou Chartres, ou Notre-Dame,
ou Beauvais. Mais la construction d'une cathédrale
durait souvent deux ou trois siècles, des architectes
indigènes succédaient aux maîtres français, les maçons
et les imagiers qui se recrutaient de plus en plus
nombreux au sein des corporations locales, prenaient
racine dans leur sol. Le ciel et son soleil et ses nuages,
la plaine environnante, la montagne boisée ou nue
qui montait aux portes de la ville, les forces séculaires
déposées dans la race par le régime des saisons, la
nature des travaux, des négoces, la paix, la guerre,
l'aliment, tout cela donnait peu à peu sa forme au
profil des nefs et des tours, à la disposition des baies,
à la transparence des verrières, aux saillies qui distri-
buaient l'ombre et la lumière sur le front des monuments. Mais l'emprunt primitif pesait toujours sur
l'œuvre, jamais, ou presque jamais ne se retrouva
nulle part l'élan d'où sortit pour une heure l'accord
spontané de la foule française avec la création enthousiaste et logique des artisans qui l'exprimaient.

II

L'Angleterre, cependant, faillit vivre en même
temps que la France du Nord ce moment qui jusqu'ici
ne s'est jamais rencontré plus d'une fois dans l'histoire
d'un peuple et que celle-ci connut seule peut-être,

120

avec l'Inde du Moyen Age et l'Ancien Empire égyptien. L'Angleterre trouva l'ogive avec nous, sinon quelques années plus tôt. Pourquoi donc ne sut-elle pas, en faisant appel à ces facultés de généralisation puissante dont elle a donné, de Roger Bacon à Newton, autant de preuves que nous-mêmes d'Abailard à Lamarck, pourquoi ne sut-elle pas en systématiser l'emploi, suspendre en l'air les pierres de son sol entre deux nervures diagonales, articuler sur cette carcasse

120. Angleterre (XIIᵉ s.). Cathédrale de Lincoln. *Ph. Camera-Press-London, Holmès-Lebel.*

121

grandiose les membres monstrueux qui s'arc-boutent au pavé des villes comme pour supporter le poids des tours? (1).

120
121

C'est que la cathédrale anglaise fut plutôt un luxe de classe, c'est qu'elle ne traduisit pas un de ces

(1) Et pourquoi fit-elle venir de France Guillaume de Sens, si ce constructeur n'était pas le premier en Europe, avec peut-être l'architecte de Saint-Denis, à faire de l'arc brisé le principe déterminant de toute l'architecture ogivale?

121. Angleterre (XIᵉ-XIIᵉ s.). Cathédrale d'Ely. *Ph. Boudot-Lamotte.* — 122. Angleterre (XIIIᵉ s.). Cathédrale de Lichfield. *Ph. Roger-Viollet.*

élans d'idéalisme où les pauvres et les riches et ceux qui ne font rien et ceux qui travaillent et ceux qui souffrent et ceux qui sont heureux se rencontrent parfois dans la foule française pour dix ans, pour un mois, pour une heure. Comme en France, sans doute, la classe bourgeoise anglaise avait, au XIIᵉ siècle, conquis les droits que confirma la Grande Charte de 1215. Mais elle n'eut pas à faire, pour maintenir ces droits, l'effort incessant de nos communes, sans cesse menacées par l'Église et les barons. Dans la liberté de la commune anglaise, la solidarité des organes sociaux n'était pas aussi nécessaire, et le farouche orgueil des corporations que les pouvoirs politiques traitaient toujours sur un pied d'égalité, les dressait sans danger pour elles les unes contre les autres. La cathédrale exprima leur richesse commune et non pas leur communion.

Elle est égoïste, exclusive, fermée au grand courant humain, une formule raide et sèche que n'anime presque jamais, et toujours timidement, la vie confuse et pullulante des bas-reliefs et des statues par qui les artisans français apportaient à l'armature sociale, comme des fruits sur un autel, le tribut de leur amour. Rien de populaire et de vivant n'avait pu sortir de ces arts aristocratiques de prêtres et de soldats qui se pratiquaient depuis cinq cents ans dans les deux îles brumeuses à l'abri des remparts des cités militaires et des murailles des couvents. L'Irlande, gorgée d'eau, submergée sous ses feuilles vertes, ne put passer à l'Angleterre, quand elle lui transmit le christianisme, que les miniatures patiemment composées dans ses monastères pendant que l'éternelle pluie noyait les vitres. Les armes saxonnes, les proues sculptées des barques scandinaves, les importations de Byzance, autant d'éléments séparés à qui manquait, pour se souder dans une poussée commune, la flamme d'un peuple homogène. Les Normands, à leur arrivée, s'emparant de la tradition romaine importée de France au cours des siècles précédents, construisirent bien de puissantes églises, où une tour carrée et crénelée montait du centre de la nef comme pour poser sur l'esprit le gantelet militaire. Mais ils campaient sur le sol britannique. Ils ne devaient fournir au peuple anglais que les fondations inébranlables des temples et des châteaux forts. Cathédrales, abbayes, châteaux, remparts, manuscrits enluminés, statues funéraires d'albâtre, art de classe, depuis toujours et jusqu'à l'heure où Shakespeare délivrera, pour le répandre sur le monde, le torrent des émotions et des images scellé dans le cœur de la foule par toutes ces sombres pierres et ces sépulcres ouvragés.

Quand on descend la vallée de la Seine, des clochers apparaissent au-dessus des tours, de plus en plus aigus, de plus en plus frêles. En Normandie, la vie qui rampe au flanc des cathédrales françaises et les fait bouger tout entières se fige, s'immobilise un peu déjà, tout en devenant plus abondante et grêle, tandis que la masse se fait aérienne, ajourée. Le puissant poème populaire se complique, se maniérise et tend à devenir un objet d'art. On est à mi-chemin entre l'art social de France et le monument raide et riche dont on aperçoit, quand la brume se déchire, au-dessus des gazons et des arbres, la tour centrale à parapets sur la nef écrasée et longue et les deux flèches positives pointant symétriquement. D'ailleurs, à Rouen, à Coutances, la tour est déjà posée sur la croix du transept. Et si le décor vivant des provinces françaises anime encore les églises normandes, leur élan net et volontaire fait pressentir le décor géométrique anglais.

Le diadème orfévré que les marchands insulaires dressaient sur leurs rudes villes d'industrie, en face des enthousiastes monuments qui semblaient, de l'autre côté du détroit, ramasser les maisons et les campagnes pour en exalter la vie, affirmait donc la volonté très évidente de rendre un hommage orgueilleux à l'émancipation d'une classe égoïste et dure. Alors que des ailes s'éployaient au-dessus des nefs continentales où les colonnes vivantes montaient du sol en frémissant, ici un toit de bois soutenu par des consoles dominait les nefs basses qu'arrêtaient de tous côtés d'implacables horizontales. Souvent, des gerbes serrées de nervures parallèles étouffaient toutes les lignes de la nef dont les profils et les courbes disparaissaient sous leurs faisceaux tendus, forêt à mille branches sèches, sans voûte de feuillage, et sans espace et sans air au-dessus. A l'abside, là où l'ombre s'épaissit en France, où la paroi s'arrondit comme un berceau autour du dieu vivant amoureusement entouré, le mur tombait à la manière d'une herse, laissant passer le jour au travers des colonnades rectilignes comme des pals d'acier.

L'expression suprême du style ogival anglais, la perpendiculaire, apparut à l'heure où, chez nous, la flamme de pierre s'élançait en crépitant, dernier essor de la vie épuisée sur qui s'accumulait très vite un crépuscule mortel. Ici le rêve qui finit, là, la volonté qui s'affirme. D'un côté la brusque dissociation des forces sociales, la déroute quotidienne des illusions toujours recommençantes, les folles chevauchées, la défaite, les soubresauts fiévreux d'une civilisation qui meurt, de l'autre la concentration de tous les

moyens de conquête, la guerre méthodique, un but
défini à atteindre, la victoire, la rigueur pratique et
posée d'une civilisation qui se détermine et s'assied.
Quand il n'y a plus là que des ruines, ou des travaux
abandonnés, ici les tours à pinacles s'élèvent et les
clochers qui s'élancent, et les façades grésillantes
qu'on dirait de givre et de verre, et l'étroit réseau
grillagé des stalactites de pierre. Pour que la poésie
fantômale, aérienne et vague du peuple anglais
s'empare de ces monuments glacés et magnifiques,
il faut que la lumière de la lune y jette un voile bleu,
ou que les flèches aiguës, émergeant des feuilles
mouillées, sortent du brouillard. L'art septentrional
réclame la complicité de la vapeur répandue dans
l'espace, du feuillage, de l'eau dormante, de la lueur
imprécise des nuits. Ce n'est pas seulement par leurs
formidables profils que les manoirs rectangulaires qui
dressent au-dessus des lacs leurs tours polygonales,
pèsent sur l'histoire sinistre du Moyen Age anglais.
Ils n'entreraient pas dans le rêve puissant de ce
peuple aussi volontaire que leurs arêtes, aussi résistant
que leurs murs, mais dont l'âme, quand elle regarde
au fond d'elle, est aussi noyée qu'eux de brume et de
clartés nocturnes, si un manteau de lierre ne les
couvrait du haut en bas, si le sang ne filtrait pas entre
leurs pierres, si l'écho d'une hache qui tombe ne
s'entendait pas quand on traverse leurs corridors noirs
où des spectres errants vous frôlent. L'âme du Nord
n'a pu se définir par les lignes visibles du monde, et
les limites du poème ou de la musique seules sont assez
flottantes pour l'accueillir et la bercer.

123. Allemagne (xie s.). Cathédrale de Spire. *Ph. Roger Viollet.*

III

La mer, avec son flux et son reflux, porte l'esprit d'un bord à l'autre de ses rives. L'Angleterre, qui devait tant aux Scandinaves, jeta à son tour l'art anglo-normand en Norvège tandis que la Suède, où Étienne Bonneuil était venu de France, à la fin du XIIIe siècle, bâtir avec des compagnons la cathédrale d'Upsal, recevait par la Baltique l'architecture allemande et l'architecture française mélangées. Indirectement, c'est encore l'art français qui fécondait le versant oriental de la péninsule du Nord, puisque l'art allemand venait en ligne droite des maçons de Champagne, d'Ile-de-France et de Picardie.

Ce n'est pas que l'Allemagne n'eût tenté, à diverses reprises, depuis les plus obscurs moments du Moyen Age, de se faire un art national avec les éléments qu'elle recevait du dehors ou tirait d'elle-même. Charlemagne avait créé une civilisation mixte, antique, byzantine, germanique et chrétienne, dont l'expression plastique a à peu près disparu. Travail de moines et de scribes, rude et faux, qui devait mourir. Quand le roman parut il trouva, au contraire,

un terrain social et politique parfaitement apte à lui donner un caractère très puissant, très net, très pur. Le Saint-Empire, le clergé, la féodalité s'y rencontrent une minute et scellent ces pierres énormes d'un si dur ciment moral qu'il ne paraissait pas possible que l'Allemagne mystique et guerrière renonçât jamais à bâtir ces murs rouges salis par la pluie que l'ornement et la statue n'animent presque jamais. En fait, elle y renonça tard, et de très mauvaise grâce. Et quand la Bohême voulut une architecture nationale et en chercha près d'elle les plus solides matériaux, c'est dans la combinaison nerveuse et sobre du massif roman d'Allemagne et du style ogival français qu'elle en trouva la formule. Les temples des bords du Rhin où les formes rondes et octogonales se combinent dans les absides, dans les transepts, les quatre tours d'angle et les courts clochers incurvés, n'exprimèrent sans doute jamais, non plus qu'aucune autre forme architecturale en Allemagne, l'émotion vivante d'un peuple, mais le pouvoir des castes militaires et religieuses associées que reconnaissaient les classes popu-

123

124

125

124. Alsace (XIIᵉ-XIIIᵉ s.). Cathédrale de Strasbourg. *Ph. Boudot-Lamotte*. — 125. Alsace. Cathédrale de Strasbourg. Nicolas Van Leyden (XVIᵉ s.). Barbe de Hottenheim. *Ph. Giraudon*.

laires spontanément, fidèlement, lourdement disciplinées. L'âme vraie des foules allemandes ne fut jamais dans la pierre. En ces temps-là ceux qui la révélaient à l'avenir, c'étaient les jongleurs nomades qui chantaient les Niebelungen, en attendant les maîtres chanteurs des villes industrielles et les héros musiciens des heures d'espérance ou de désespoir, Luther, Sébastien Bach, Beethoven, Richard Wagner. La cathédrale allemande se fait et se défait sans cesse. Des hommes sont ensemble et tout à coup des cris jaillissent de toutes leurs poitrines pour planer au-dessus d'eux en voûtes aériennes dont tous leurs cœurs sont les piliers. Et quand ils ne sont plus ensemble, la cathédrale a disparu.

Malgré la Hanse, malgré la ligue des cités rhénanes, malgré la richesse des villes libres d'Allemagne dont la lutte, au XIIIe siècle, entre le pape et l'empereur, favorisa l'essor, malgré la force de l'Ordre Teutonique qui couvrait de tours carrées flanquées de poivrières aiguës la Bavière et les Sept Montagnes, l'Allemagne du Moyen Age n'eut pas d'architecture originale (1). Non que la cathédrale allemande ressemble aux monuments vivants des provinces françaises, aux orfèvreries merveilleuses de l'Angleterre, aux puissantes halles flamandes, à ces entassements de pierres sur des gouffres d'ombre où luit de l'or que sont les églises espagnoles. Elle est bien elle, par la complication pédante de ses lignes, l'enchevêtrement de ses nervures, sa raideur, son élan hérissé, étroit et métallique. Seulement, et surtout quand elle se libère de la formule peu à peu dégagée des édifices

(1) La cathédrale de Cologne, qui fut si longtemps considérée comme le type et le chef-d'œuvre de l'architecture gothique, est une amplification ampoulée, maigre et sèche de la cathédrale d'Amiens.

126. Allemagne (XIIIe s.). Cathédrale de Naumburg. La comtesse Baba. *Ph. Giraudon.*

ogivaux de la Picardie et de la Bourgogne, elle sacrifie
presque toujours sa loi de structure intérieure au
sentimentalisme abstrait et confus des surfaces ornementales.

Ce sont les vierges sages et les vierges folles des
portails français qui vinrent à Strasbourg porter la
bonne nouvelle à l'Allemagne. L'équilibre net de
l'ensemble, la grâce des statues souriantes où cependant s'épanouit déjà la bonhomie sentimentale des
Germains, n'eussent pas surpris un maître d'œuvre
de la vallée de la Seine si la façade rouge et dure,
semblable à du fer rouillé n'eût dénoncé, par l'abondance et la raideur des lignes verticales, les longs pieux
parallèles, les fuseaux secs des colonnettes, et en dépit
de la magique vie de son ensemble qui fait penser
à une vitre d'hiver enrichie d'arborescences, les
tendances du style allemand. Elle était l'étape nécessaire entre l'animation puissante d'Amiens, de Reims,
de Notre-Dame de Paris et le dogmatisme de Cologne
où la lettre théologique régnait deux siècles auparavant et qui présidait depuis cent ans au développement sévère de l'architecture romane.

Quand les villes allemandes se furent associées
pour régler le mouvement de tous les trésors de l'Europe, les draps de Flandre, les vins de France, les
épices d'Orient que les navires apportaient jusqu'aux
bouches du Rhin et que le fleuve dirigeait par ses
affluents vers le centre et le cœur du continent germanique, quand les courants d'action qui circulaient
partout, à la faveur de la lutte extérieure de la papauté
contre l'empire eurent déposé dans toutes les villes
des compagnons venus des provinces rhénanes, des
imagiers français, des huchiers de la Forêt noire,
des bronziers formés depuis deux siècles à la candide

et puissante école romaine de l'évêque Bernward d'Hildesheim, un brassage fécond de toutes ces forces confuses força la terre allemande à révéler ses désirs. A dire vrai, l'élan dura un siècle, le XIIIᵉ, au cours duquel les statuaires de Naumbourg, avant de retomber dans la complication et l'honnête sentimentalisme de la sculpture allemande, firent un vigoureux effort vers le style monumental dont les maîtres rémois révélaient à cette heure-là à la France et au monde l'amour, la force, la simplicité. Mais ce siècle suffit à définir les tendances dominantes de la construction gothique des Allemands, avant que l'esprit ouvrier des cités industrielles s'en emparât pour y déployer son ingéniosité méticuleuse et sa patience compliquée qui, tout en détournant l'architecture de sa réelle fonction, préparèrent l'Allemagne à la Renaissance en individualisant peu à peu ses industries et ses métiers.

A côté des cathédrales de nos provinces du Nord, carrées jusqu'à la base de leurs tours, si puissamment assises sur leurs lignes horizontales et puisant dans la vie ambiante et la nécessité de remplir un but défini tous les éléments de leur lyrisme incomparable, la cathédrale allemande est subjective, d'un sentimentalisme avoué, et décidée avant tout à monter aussi haut que possible en usant de moyens abstraits pour parvenir à ses fins. Ce sont partout des lignes dures, montant tout droit, et donnant d'autant plus d'élan à l'édifice que la forme pyramidale s'y dessine depuis le sol jusqu'au sommet de la flèche plantée en plein centre de la façade, sur une tour unique qui ramasse l'ensemble pour le porter plus haut, et vers qui des clochetons aigus s'élancent de toutes parts. C'est au gothique allemand que pensaient les écrivains qui

définissaient l'architecture catholique du Moyen Age
comme une aspiration impétueuse vers le ciel. Aspiration
surtout morale à qui n'a jamais tout à fait répondu
un équilibre de structure comparable à celui qui donne
aux tours de Reims leur légèreté aérienne, au vieux
clocher de Chartres son élan pur et sans fin, aux tours
de Notre-Dame ou d'Amiens la force redoutable
d'élever le pavé des villes jusqu'au sein de l'espace où
il reçoit tous les jours de printemps et d'été et d'automne la caresse dorée des derniers moments du

127

soleil. Noble effort, cependant, puissante élévation
mystique du sentiment humain vers l'amour déchi-
rant de cette chose inconnue qu'est le sens de la vie
et que la grande musique viendra, cinq siècles plus
tard, remuer au fond de nos cœurs.

Dans le nord de l'Allemagne, où passe moins
la guerre, où les plaines nues qui vont jusqu'au bord
de la mer contrastent avec les rochers surplombant
et les brumes traînantes du Rhin et les forêts de sapins

127. Allemagne (xive s.). Hôtel de ville de Stralsund. *Ph. Roger
Viollet.* — 128. Allemagne (xive s.). Cathédrale d'Ulm. *Ph. N.-D.
Roger Viollet.*

noirs des régions montagneuses de la Bavière et de
l'Autriche, où les villes hanséatiques les plus puissantes
de l'Empire, Lübeck, Brême, Hambourg, tenaient
le commerce de toute l'Europe septentrionale, des
comptoirs de Londres et de Bruges aux foires de
Nijni-Novgorod, l'essor pyramidal des églises était
bien moins éperdu. Parmi le gros négoce et la vie
maritime, les solides Rathaus opposaient aux embruns
salés qui couvrent de lèpre verte les clochers de cuivre
pointant au-dessus des toits rouges, des murs hauts

comme des falaises, allégés d'ouvertures circulaires entre des tourelles aiguës. Le vernis noir et bleu des briques y mettait un enduit visqueux, et les pêcheurs bottés de peaux de phoque qui rentraient de la banquise y retrouvaient leur ciel d'ardoise, leur mer huileuse, le miroitement terne du goudron de leurs bateaux. Ici, le sol et l'eau reprenaient l'architecture, et l'ogive lui restituait une figure originale en l'adaptant à sa fonction.

Plus profondément enracinée que la grande idée

129

130

catholique qui eût voulu couvrir l'Europe de temples partout pareils, la fonction locale de l'édifice, au moins dans les pays très caractérisés, pesait en effet sur lui jusqu'à lui faire toucher la terre de partout. Les Hollandais, peuple positif, médiocrement idéaliste et spontanément équilibré, conservèrent jusqu'à l'époque où, en Allemagne et en France, la complication grandissante de l'architecture ogivale marquait la fin de la société médiévale, les principes essentiels de ses monuments primitifs. L'indépendance et la

131

réforme s'annonçaient par les nefs dénudées, la massivité, la rondeur des piliers qui les soutiennent, la force trapue et ramassée qui correspond à leur esprit de commerçants sérieux, d'ingénieurs, de solides soldats occasionnels, depuis les épaisses digues basses qui font reculer la mer et les bateaux ventrus et lents qui pénètrent au milieu des pâturages, jusqu'aux édifices d'aujourd'hui où se prolonge, parmi l'architecture anarchique de l'Europe, un inébranlable bon

129. Flandres (XIIIᵉ-XIVᵉ s.) Les Halles d'Ypres (avant la Guerre de 1914). *Ph. Hachette.* — 130. Flandres (XIVᵉ s.). Halles d'Ypres. Console de poutre. *Ph. Giraudon.* — 131. Flandres (XIIIᵉ-XVᵉ s.). Halles et beffroi de Bruges.

sens. Plus près du sol où s'élevait la cathédrale populaire, en Flandre, dès la fin du XIIe siècle, les villes
ouvrières où l'on travaillait les peaux et les laines, où
l'on tissait et teignait les draps, Bruges, Ypres surtout,
bâtissaient des halles formidables, dont les murs
verticaux troués par deux rangs réguliers de fenêtres,
ont l'assurance de la nécessité, et qui traduisaient
sans hésitation un idéal catégorique, grâce à « un
siècle d'amitié » (1). Admirable héroïsme du besoin
populaire triomphant de tous les intérêts étroits et
faisant mentir les systèmes qui tentent de le ramener
à une forme abstraite, universelle et dogmatique. L'art
ogival fut si peu le langage du christianisme dépouillé
de toute attache locale et matérielle, que si son expression sociale, en France, prit une forme extérieure
religieuse, le principe qu'il apportait engendra, dans
les Flandres, des édifices de commerce, comme il fit
sortir de la ville italienne des forteresses sobres et de
hautains palais municipaux. Les Flamands se battaient
aussi, certes, mais pour défendre leurs entrepôts et
leurs métiers. Leurs plus beaux monuments naissaient
de leur esprit marchand, comme les plus beaux monuments italiens naissaient de l'individualisme passionnel
qui caractérise l'Italie et les plus beaux monuments
français de l'idéalisme social qui a fait la vie de la
France et qui va, par Rabelais et Diderot, de la cathédrale gothique à la Révolution.

IV

Seule en Europe, peut-être, l'Espagne mystique
ne sut pas trouver, dès le Moyen Age chrétien, l'expres-

(1) MICHELET. *Histoire de France.*

sion architecturale résumée du désir de ses multitudes. Deux siècles de guerres incessantes entre les natifs et les Maures, une confusion violente de races et de langues, un sol coupé par les ravins, par les montagnes, d'inaccessibles plateaux isolés les uns des autres par des déserts pierreux, c'était assez pour qu'une âme collective ne pût se définir là. L'Espagne subit tour à tour l'architecture romaine, l'architecture arabe, l'architecture romane, l'architecture française, jusqu'à l'heure où l'unité politique la révéla à elle-même trop tard pour qu'elle pût échapper aux influences de l'individualisme européen naissant où elle devait du moins puiser des encouragements à délivrer les énergies brutales et subtiles qu'elle enfermait à son insu. Quatre cents ans, les petites monarchies chrétiennes de ses provinces du Nord durent faire appel pour bâtir et décorer les alcazars et les églises aux architectes et aux sculpteurs de France, de Bourgogne, d'Allemagne et des Pays-Bas. Les sculpteurs de l'école toulousaine envahissaient la Castille, la Galice, la Navarre, la Catalogne où au XIIIᵉ, au XIVᵉ siècle, les imagiers et les architectes de la vallée de la Seine accoururent à leur tour. Au XVIᵉ siècle, en pleine Renaissance, alors que l'Italie l'entamait déjà par ses provinces méditerranéennes, l'Espagne appelait encore des maîtres français et bourguignons.

Dès que les Cisterciens et les Clunisiens eurent introduit en Espagne la sculpture romane, elle prit au contact de ce peuple épris d'oppositions brutales de lumière et d'ombre et de saillies pittoresques, un caractère d'exubérance et de profusion décorative où la ligne architecturale se perdit. L'enfer qui hérissait de bêtes monstrueuses les chapiteaux et les tympans eut beau reculer devant l'invasion des saints

et des vierges que les imagiers français amenèrent
avec eux quand les corps de métiers constructeurs,
en France, étaient trop riches en ouvriers pour les
employer tous à bâtir et à décorer les églises, la
fièvre mystique qui dévorait leurs élèves, demi-guer-
riers, demi-paysans, rendus par la flamme du ciel
aussi durs que leurs cailloux, arrachant les arbres
pour ne pas avoir d'ombre où rafraîchir leur sang, ne
pouvait pas s'accommoder des profils que la pierre

sculptée anime sans en altérer la puissance, comme une ondulation sur la masse des feuilles d'une lisière de forêt. Le souvenir des corroyeurs, des armuriers, des orfèvres mauresques les poursuivait en même temps dans leur travail. Ils ciselaient la pierre comme un métal qu'on peut fondre et tordre et bosseler par dedans. Quand Gil de Siloë, le maître du XVe siècle, reçut l'héritage multiple des statuaires français, des Espagnols qu'ils avaient formés, des décorateurs berbères qui sciaient dans le bois les dentelles des moucharabiés et les grilles des mosquées, les tombeaux, les retables, énormes joyaux lapidaires qui sortaient de ses mains, avaient l'air incrustés de gemmes, hérissés de stalactites, ils étaient gaufrés et verruqueux comme un cuivre repoussé.

Quand l'Espagne n'eut plus que Grenade à reprendre aux Maures, quand la poussière et les rochers de la péninsule eurent été réunis sous le sceptre catholique, il y eut vraiment une heure où, si la communion morale ne se fit pas pour créer d'un seul élan une grande architecture, une fièvre commune, au moins, quelque chose de funèbre, de cruel et de frénétique embrasa tous les sombres cœurs pour jaillir d'eux comme des jets de sang alourdis de caillots noirs, en furieux torrents d'or et de pierres. Qu'importait l'ordre, et l'harmonie! On éventre les nefs françaises et les mosquées musulmanes pour poser au milieu, entre des grilles d'or, un chœur rempli d'ornements d'or, une montagne d'or qui luit dans les ténèbres. Sans les lampes, on n'eût pas vu les idoles habillées, les cadavres crucifiés dont les genoux saignent, ni la croûte d'or qui couvre les nervures enchevêtrées des voûtes, ni la nuit qui dévore tout. L'orgie dorée des retables flamands

132. Espagne (XIIIe s.). Cathédrale d'Avila. *Ph. N.-D.-Giraudon.*

encombre toute la nef, d'énormes escaliers d'or descendent dans les églises qu'écrasent de lourdes
dentelles, une forêt de clochetons trapus, d'épais
réseaux de broderies serrées où la flamme gothique
se tord comme une arabesque et sous qui l'arc arabe
brise, arrondit, fait onduler l'arc ogival, un océan
de sculptures énervées où le plus mystique des peuples
apporte au plus mystique des siècles le témoignage
terrible de son consentement. C'est comme un bûcher

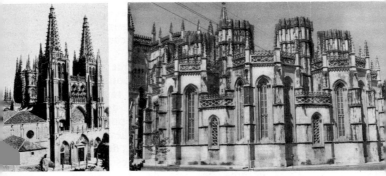

133

qui crépite, un viscère calciné, l'affreuse immolation
de l'être aux puissances sauvages qu'il ne sait ni
dompter, ni comprendre et obéir.

C'est ici que ce temps tragique où l'arrachement se
faisait entre l'instinct grandiose des foules qui acceptaient tous les symboles pour permettre à leur force
de création d'aller au but sans défaillance, et la raison
naissante des individus qui discutaient tous les symboles pour tenter de pénétrer le mystère de la nature,
c'est ici que ce temps tragique eut son expression

133. Espagne (xiiie-xive s.). Cathédrale de Burgos. — 134. Por-
tugal (xive-xve s.). Chapelle de Batalha. *Ph. Boudot-Lamotte.* —
135. Espagne (fin du xve s.). *Détail* de la façade de San Gregorio à
Valladolid. *Ph. Berne-Rapho.*

la plus confuse et la plus désordonnée. L'Espagne dut sentir qu'elle naissait trop tard à la vie collective, qu'elle n'avait plus le temps d'exposer l'idée catholique ébranlée pour la première fois et à laquelle, peut-être par remords de ne l'avoir vécue qu'après les autres, elle resta la plus farouchement et la dernière attachée. Elle entassa dans la fièvre toutes les pierres que travaillaient depuis cinq cents ans, les sculpteurs qui avaient vécu sur son flanc décharné, Wisigoths,

135

132
133
134
135

Français, Flamands, Allemands, Maures, Juifs, Ibères, et affirma avec fureur son fanatisme irréductible à l'heure où les ouvriers du Nord, dans les pays déchirés par la guerre, avouaient leur désespoir.

Cependant rien n'était perdu. L'homme, aiguillonné par le doute, recommençait à gravir l'inaccessible sommet. Pendant que les derniers maçons posaient les dernières et les plus hautes flèches sur les dernières et les plus hautes nefs, d'un port de cette même Espagne sortaient trois caravelles pour s'enfoncer dans l'Ouest. L'obscure solidarité qui avait permis aux hommes du Moyen Age, en cent cinquante années à peine, alors qu'il n'y avait pas d'autres routes que les rivières, que les villes s'entouraient de murs, qu'il fallait plusieurs mois de navigation périlleuse pour aller des côtes de France aux côtes du Levant, d'établir sur l'Europe entière une des civilisations les plus touffues, mais les plus cohérentes et les plus vivaces de l'histoire, s'élargissait tout à coup, comme si la vie d'un corps trop puissant avait crevé son armure et si son sang et son regard et sa pensée fusaient de tous côtés par les fentes du métal. Les architectes portugais demandaient déjà aux grands marins qui colonisaient l'Afrique et l'Inde, de leur dire comment les Indiens décoraient leurs temples, et de leur rapporter de leurs voyages, pour les assembler aux floraisons dernières de l'art mauresque et de l'art ogival, des carènes, des ancres, des câbles, la flore et la faune des mers, des algues, des pieuvres, des madrépores, des coraux, des coquillages... La conquête de la mer et la conquête du ciel allaient faire bondir l'esprit, dépouillé des croyances anciennes, jusqu'au seuil des intuitions nouvelles où de nouvelles croyances s'élaborent peu à peu.

Introduction à l'Art Italien

I

Quand j'écrivais, voici de longues années, les chapitres qui précèdent, le principe profond de l'art chrétien m'était complètement étranger. J'ai déjà confessé que je suis un autodidacte. Je n'ignorais certes pas que la civilisation chrétienne entière est symbole. Mais c'était justement chez moi une notion livresque, incapable de me pénétrer. L'autodidacte est moins celui qui n'a rien appris des autres que celui qui ne peut apprendre que de lui-même. Qu'on ne croie pas que je cherche à m'en excuser, encore moins à m'en enorgueillir. C'est peut-être bien là une espèce d'infirmité morale que nul de ceux qui en souffrent n'est libre de refuser et qui ne se peut guérir, même quand on y apporte beaucoup de bonne volonté. Quoi qu'il en soit, le sens réel du symbolisme chrétien m'échappait, et peut-être ne suis-je parvenu à en pénétrer depuis quelques années la vertu vivante que grâce à des contacts plus intimes et plus prolongés avec l'âme asiatique, qui ne conçoit même pas qu'on puisse envisager la vie autrement que comme une réalité spirituelle, — alors que l'Occident, depuis cinq siècles, a tenté de la saisir dans les manifestations d'un phénomène infiniment fécond dans l'ordre de la science mais qui, dans l'ordre de l'art, doit aboutir, après de brillantes conquêtes, à un rapide épuisement. Le monde étant une pensée de Dieu, il est normal que l'artiste accepte le monde avec une ferveur centuplée par l'obéissance que cette foi conditionne, et le transporte dès lors dans la forme avec une originalité délivrée des méthodes et des instruments extérieurs qui le rétrécissent et, pour se soumettre à ses apparences, l'éloignent de son esprit. Je fais donc ici pleine et entière amende honorable et reconnais avec une humilité chaque jour accrue la grandeur de cet art chrétien que je sentais sans en assimiler l'essence. Il a doté l'Europe, durant trois à quatre siècles, d'un miracle collectif dont nous admirons les témoignages analogues dans l'Asie méridionale et l'Insulinde à la même époque, mais qui nous touche plus encore, parce que nous sommes d'abord des Européens, et peut-être aussi parce que nous avons senti ruisseler dans nos veines le sang du plus humain des sacrifices depuis qu'il nous l'a révélé.

Pourtant, je me garde de renoncer à la revendication trop naïvement formulée du droit de l'homme à l'amour des formes que j'opposais à l'ascèse chrétienne dans le chapitre qui traite de l'art ogival français. Il y a eu là réellement un sursaut de l'âme occidentale reprenant peu à peu conscience d'elle-même à mesure qu'elle intégrait à sa substance — et grâce à cette intégration — les révélations intérieures du prophétisme d'Israël. S'il n'en eût pas été ainsi, l'art chrétien eût naturellement adopté l'iconophobie des Juifs et des Arabes. Or c'est en Grèce — ou tout au moins en pays grecs, — en Italie, en France, c'est-à-dire aux foyers mêmes des plus anciennes et des plus brillantes manifestations des besoins plastiques des peuples, que l'art « chrétien » est né — ou plutôt que ces besoins plastiques ont reparu à la faveur du mythe frais qu'apportait le christianisme.

Il y a là une preuve impressionnante de l'énergie des races — en tout cas des groupements ethniques formés d'éléments voisins, vivant dans les mêmes milieux, — à persister dans leur être. Hors de ces lieux, hors de ces peuples, les manifestations de l'art chrétien, aussi sincères qu'elles soient, sentent ou l'imitation ou l'effort. J'ai pu le dire gauchement, mais il reste vrai que la pensée de Dieu, en Occident, ne s'est réalisée qu'à l'aide de la matière assimilée avec les yeux, travaillée avec les mains, par un passage ardent du symbolisme spirituel dans les apparences, dont l'émotion en présence du monde sensible est le véhicule et le moyen. Je connais bien le danger de cette opération sublime, puisqu'il arrive que la matière, d'abord subordonnée à l'enthousiasme religieux, puis interrogée pour elle-même, parvient progressivement à submerger de ses conquêtes successives la pensée de Dieu. Mais ne voit-on pas tout de suite que le même danger attend la méthode contraire, puisqu'en Islam, par exemple, la pensée de Dieu, exclusivement écoutée, étouffe très vite la matière pour en négliger, puis en méconnaître, puis en travestir tout à fait les enseignements ? Quelle que soit la fécondité du système qui prend possession du monde, il porte en lui tous ses germes de mort.

Qu'on n'attende donc pas de moi une condamnation de la Renaissance italienne qu'il est de mode de maudire après qu'on l'a trop exaltée. Nous sommes toujours, dans ces jugements hâtifs, victimes d'une réaction irrésistible de l'esprit, porté à entraîner à des solutions extrêmes ses besoins momentanés, que des sensibilités trop débiles ne cessent jamais de prendre pour des besoins permanents. Son histoire est faite de flux et de reflux constants, qui en marquent le caractère, et qui ont pour but de chercher à chacune de ses étapes le complément des vertus intransigeantes qui ont assuré le succès de la précédente, mais ne suffiraient pas, ou sans doute nuiraient au succès de celle-là. L'une est d'ailleurs liée à l'autre, quel que puisse être leur antagonisme apparent, par un insensible passage dont un peu d'attention et de ferveur révèle la nécessité que je laisse aux matérialistes le soin de baptiser de « mécanique », aux spiritualistes de « divine » et que je qualifierai d'humaine, du moins provisoirement.

Ces précautions une fois prises afin d'assurer ma marche, je remarquerai qu'au milieu du XIIIe siècle, sommet du mouvement qui répandit sur l'Europe l'esprit chrétien, les chapelles obscures d'Ombrie et de Toscane commencèrent de s'animer. De grandes figures étonnées, quelque peu hagardes, encore momifiées dans leur gangue hiératique, mais les yeux larges ouverts, surgirent du fond des ténèbres, simplifiant leurs tons de manière à les intensifier du même coup, schématisant leurs lignes et les rendant ainsi plus expressives, comme pour mieux percer la couche de salpêtre accumulée sur ces murailles que le soleil ne visite jamais. Cryptes ou petites nefs écrasées qui n'étaient sans doute, depuis deux cents ans, dans la conscience vacillante des peuples, qu'une tentative timide d'arracher à l'ombre souterraine le souvenir des catacombes où le christianisme était né. Comme pour envahir peu à peu autour d'elle les multitudes barbares, mais innocentes, qui déchiraient l'Europe depuis dix siècles et que le système féodal et monastique ne maintenait que par la force entre des digues morales d'une rigidité de pierre, la flamme qui couvait dans tous les cœurs tentait d'éclairer ces murs où jusqu'ici, l'œil des fidèles, arrêté par la densité du dogme, n'avait pu rien apercevoir ni au-dedans, ni au delà de lui. La poésie du christianisme date vraiment

*de ce temps-là, et c'est l'âme de l'Occident qui l'a
créée. Jusqu'alors, le clerc l'avait murée dans l'hermétisme de la théologie pour obéir à la nécessité d'organiser socialement un monde que la chute de Rome avait
livré à l'anarchie. Les mosaïques miroitantes qui
couvrent encore les murailles des églises de Ravenne,
de Venise, de Palerme, n'exprimaient qu'une immi-
gration de l'esprit oriental amalgamé par Byzance aux
survivances de la technique et de la sophistique grecques.
Elles n'avaient guère dépassé les lisières maritimes de
l'Italie et la ville de la papauté. De plus, elles faisaient
corps avec l'architecture. Manifestation impersonnelle,
minutieusement dogmatique, elles étaient l'œuvre d'ouvriers anonymes travaillant sous la direction tatillonne
et subtile de l'équivoque moine byzantin, et plaçant
l'un près de l'autre leurs petits cailloux colorés dont
l'ensemble ne révélait qu'après coup sa splendeur polychrome. Une âme artiste, certes, — plus artiste que
religieuse, — vit au-dedans de ces figures raides, mais
leur richesse étroite ne pouvait effleurer l'Europe et
l'Italie même que par le dehors. Elles n'étaient point
assez mûres pour en saisir le feu secret, ni le mysticisme
suspect, décomposé par vingt siècles d'intelligence, qui
devait trébucher au seuil des marches occidentales
mais se développer vers l'Orient, investir peu à peu les
pourtours de la mer Noire pour remonter vers le nord
en suivant les fleuves qui viennent y aboutir.*

*Cependant, les nombreuses découvertes qu'on a
faites, au cours des dernières années, sur toute l'étendue
du territoire de l'art byzantin, ont montré les extra-
ordinaires ressources que recèle sa tradition. Il se
produisit vers le XIIe siècle, et dans l'intérieur d'elle-
même, un mouvement puissant vers la liberté et la vie,
mouvement en somme contemporain de celui qui est*

*si sensible dans l'architecture et la sculpture françaises,
dans l'architecture et le décor italiens et que des fresques
annonçaient déjà au VIII⁰ siècle, au IX⁰, au X⁰, au
XI⁰, dans quelques églises de Rome. S'il n'a pas abouti
dans l'Orient grec, sans doute convient-il d'en accuser
les croisades et surtout les assauts répétés des Turcs
contre Byzance, puis son encerclement graduel, puis sa
chute. Mais les fresques de Nerez et de Sopotchany
en Serbie, celles de Vladimir en Russie montrent que
l'individualisme grec survivait au sein du rythme collectif
que l'Église orthodoxe avait imposé aux barbares
hellénisés pour les contenir et qu'il commençait de se
déployer avec sa rapidité coutumière, alors que le
même phénomène devait encore attendre un siècle
pour apparaître en Italie centrale et de là gagner tout
l'Occident. Ces fresques, sensiblement contemporaines
des grandes cathédrales françaises, montrent que les
Grecs ont joué, dans le monde chrétien, le même rôle
que dans le monde antique et qu'ils ont pris comme alors
l'Italie, puis la France pour intermédiaires, mais qu'ils
se sont effacés devant elles beaucoup plus vite que jadis,
alors que l'épanouissement suprême ne faisait que
s'annoncer. Les peintures sublimes de Sopotchany,
notamment, peuvent être regardées comme d'une qualité
plastique égale aux œuvres helléniques qui précèdent
immédiatement Phidias. Mais elles leur sont supérieures
par leur qualité spirituelle que dix siècles de christianisme approfondissent. Elles sont égales, peut-être
supérieures, aux plus hautes inspirations de Duccio
et de Giotto, qui en sortent indirectement et qu'elles
rappellent d'une façon surprenante, avec cependant
plus de poids, de largeur et de majesté. Comme jadis,
l'art italien sortira de la rencontre de cette annonciation
grandiose avec les tentatives locales déjà suscitées par*

*Byzance et ce génie de la fresque qui, depuis plus de
cinq siècles — si l'on s'en réfère sans plus chercher aux
décorations de Santa-Maria Antiqua de Rome —
montre à l'Italie sa vraie route. Il y a là, comme à Santa-
Saba, une liberté de métier que la mosaïque ne peut
connaître et une orientation vers cette civilisation
« romane » si féconde dont le mariage avec les acquisitions byzantines fera éclore l'art proprement italien.*

*La part des suprêmes efforts de Byzance largement
faite, c'est dans le cœur même des Italiens qu'il faut en
effet chercher la source de cette lumière ardente, mais
encore aux trois quarts étouffée, qui apparaissait dans
l'ombre la plus opaque des édifices religieux du centre
de l'Italie. Elle est dans le besoin de l'Occident de
trouver sa réalité spirituelle propre, et tout d'abord à
l'intérieur des frontières morales fixées par le christianisme tel que les évêques et les moines l'avaient édifié.
Refoulé si longtemps dans la profondeur des foules —
foules curieuses, sensuelles, imaginatives, lyriques —
où le Celte primesautier, pénétré de mysticisme germanique et d'ardeur africaine dominait, l'amour aspirait
avec force à s'épancher. François d'Assise, à qui
remontent tous les mouvements secrets qui aboutirent à
provoquer la Renaissance d'Italie n'est — au moins
dans la péninsule — que le souffle de l'esprit jailli
de ces foules fiévreuses, si misérables et si nobles, à la
recherche de la nourriture vivante — et non plus uniquement abstraite — qu'on leur refusait jusqu'alors. A
mi-chemin du XIIe siècle, dogmatique et mystique,
et du XIIIe, poétique et humain, il exprime à lui seul
cette mythologie que réclamaient tant d'âmes affamées
se tournant vers un ciel jusque-là vide de formes et
exigeant, pour animer ses solitudes, la collaboration
de la nature avec tout ce qui nous la livre, plaines, mon-*

tagnes, bois, rivières, animaux, et du drame même de
vivre, et du pêcheur. Ses invocations à tout ce qui vit et
tressaille, à tout ce qui a faim et soif, à tout ce qui
nourrit et désaltère, ne sont qu'un appel à la forme pour
l'exaltation de l'esprit. Nul panthéisme là-dedans,
Chesterton a raison de le remarquer. Figurations poétiques, mais précises et plastiques, des besoins lyriques
du cœur. Sa parole sur son propre corps, auquel il
demande pardon des offenses qu'il lui a faites, est le
symbole de la mission qu'il est venu accomplir. Comme
le vieil art grec est né de la rencontre du verbe mytho-
logique et des austères jeux nationaux avec l'esprit
d'un groupe d'hommes impatient d'émerger de l'ombre,
l'art italien est sorti du verbe franciscain planant soudain
comme la houle d'une harpe pour apporter son complément à l'énergie des cités. C'est leur impatience commune à se fixer en une image capable de traduire la
passion qui les animait. Le christianisme, en trouvant
ainsi son pôle humain, oublié depuis le Christ même,
devait précipiter l'agonie de son âge théologique, mais
aussi y rafraîchir ses profondeurs cachées et y voir
germer tout d'un coup sa plus belle floraison. Mouvement européen, d'ailleurs, et dont François d'Assise
n'est le héraut que pour l'Italie et la Provence. Avec
plus ou moins d'avance, ou de retard, selon les circonstances historiques et les fatalités géographiques,
le génie expressif particulier à chaque peuple prend ses
sources dans ce besoin, la poésie anglaise avec Chaucer,
l'architecture française avec la cathédrale, la musique
allemande avec les Minnesinger et le drame espagnol
avec le Romancero.

Mais ceci dit, et qu'on le veuille ou non, c'est l'Italie
qui a le plus contribué à donner à l'Europe moderne ce
qu'on peut appeler l'épine dorsale de son esprit. C'est

*l'art italien qui a tenté, à tort ou à raison, de dégager
l'intelligence du symbole pour incorporer la forme non
plus à l'espace conventionnel de la mystique, mais à
l'espace figuré de la réalité. Il est mort de cet effort
même, c'est entendu, comme meurt tout ce qui fait
œuvre vivante, mais grâce à cet effort il a écrit le poème
le plus grandiose, en son ensemble, de la peinture occidentale, et déterminé toute cette peinture qui, avant lui,
n'avait pu se résigner à abandonner le vitrail emprisonné
dans ses ruisseaux de plomb ou la miniature enfermée
entre les pages de son missel. Maintenant, quand on
parle de la « Renaissance », on chicane volontiers
sur la date d'apparition des deux premiers monuments
de la vraie peinture moderne, l'*Agneau mystique *des
Van Eyck *et la chapelle des *Brancacci *de Masaccio,
œuvres sensiblement contemporaines, puisque peintes
l'une et l'autre entre 1426 et 1430. Mais on oublie que
Duccio et Giotto étaient morts, à ce moment-là, depuis
près d'un siècle, que Cimabue avait débarrassé la
forme de ses bandelettes depuis quelque cent cinquante
ans, et que, près de deux cents ans auparavant, Giunta
de Pise voyait déjà surgir des murs de l'église haute
d'Assise ses anges apocalyptiques. Quant à la peinture
à l'huile, procédé merveilleux, il est vrai, pour annexer
et subtiliser la lumière, elle était connue en Italie aussi
bien qu'en Flandre trois siècles avant les Van Eyck.
Si les Italiens l'avaient négligée, c'est que leur fresque
incorporait mieux aux murailles le style monumental
et encore quelque peu abstrait qui exprimait leur vie
spirituelle à ce moment-là.*

*Je persiste donc à croire que l'architecture indi-
quant plutôt les directions essentielles des sociétés
enfoncées dans le mythe pour fondre dans un seul creuset
les conquêtes morales nécessaires à tous, l'apparition*

*de la peinture en Italie est le phénomène le plus impor-
tant de l'histoire de l'Europe entre les XIIe et XVIe
siècles* (1). *Elle prouve qu'à cet instant-là, sur ce
point-là naquit, s'épanouit et déclina la plus grande
ardeur* intellectuelle *à vivre qui fut peut-être jamais.*
« Intellectuelle » *je dis bien. L'ivresse de l'intelligence
ne suffit certes pas à satisfaire la faim spirituelle de
tous. Elle assouvit seulement quelques esprits héroïques.
Mais l'intelligence est l'instrument le plus indispensable
à l'homme dès qu'il s'agit de franchir le passage entre
une foi unanime qui ne peut que décliner après avoir
atteint sa cime, et une foi en genèse dont elle a la mission
de rassembler les éléments. Sauf à ses débuts — précisément avec Giunta, Cimabue, Duccio, Giotto et leurs
successeurs immédiats — l'intelligence italienne naissante ne servit pas, et ne pouvait servir ce que tous les
fidèles, en songeant à la leur, persistent à appeler* la foi
tout court, *et qui est l'acceptation aveugle de quelques
dogmes façonnés par la tradition ecclésiastique pour
le bien de l'âme et la paix du cœur. Mais, phénomène
jusqu'ici exceptionnel dans l'histoire, c'est la foi en
ses propres destinées qui servait au contraire l'intelligence, et allait la conduire, par des voies décisives, à
des conquêtes inattendues dans tous les domaines —
découverte de la terre, découverte des cieux, découverte*

(1) N'est-il pas d'ailleurs très remarquable qu'au moins cinq siècles
avant, la fresque fût déjà largement pratiquée à Rome, alors qu'on
ne trouva jusque-là que la mosaïque sur toute l'étendue des terri-
toires soumis à l'art byzantin ? C'est comme une préfiguration de
la face classique de l'Italie, toujours fidèle à la peinture sur murailles
dont on trouve des exemples aux Catacombes et qui constitue l'apport
le plus original de l'art étrusque, italien avant Rome, et plus que
Rome. L'Italie, par la fresque, restitue aux derniers siècles de
Byzance ce que Byzance lui a révélé par la mosaïque — procédé
né sans doute dans l'Italie antique cent cinquante ans avant Jésus-
Christ — et ce sont ces deux arts associés dans l'esprit individualisé
de l'Occident qui constitueront la peinture proprement dite, dont
l'œuvre de Duccio est la première œuvre capitale.

du corps, découverte de l'homme dans sa complexité sous-jacente aux révélations mystiques, découverte de l'intelligence même, de ses enchaînements secrets et de ses lois. J'imagine que sans Giotto arrêtant sur les murs les deux dimensions planes de l'espace, sans Masaccio y suggérant une troisième dimension, sans Brunelleschi, Paolo Uccello, Piero della Francesca déterminant les lois géométriques qui le mettent à la disposition de l'homme, Luther et le criticisme allemand, François Bacon et l'empirisme anglais, René Descartes et la méthode française, n'eussent pu entraîner sur leur voie décisive les destins de l'Occident.

En fait, la peinture italienne a rendu possible l'émergence de l'individu et de la science. Il est aujourd'hui bien porté de décrier l'un et l'autre. Cependant, quelle que soit la forme de notre avenir, nous ne pourrons nous en passer. Nous ne pourrons pas détacher des assises du monde moderne, même s'il évolue vers une nouvelle mystique, cette passion de la vérité et de la gloire, cette curiosité universelle, ce besoin d'enquêter sur tous les terrains et de manier toutes les armes qui a donné son accent à la civilisation italienne et fait surgir de la multitude des hommes maîtrisant d'un seul poing quatre chevaux de sang, l'amour, l'ambition, la poésie, la science, dont L. B. Alberti et Léonard de Vinci demeurent les types les plus accomplis. Au Moyen Age, l'individu s'abîme plus ou moins volontairement dans le symbolisme spirituel dont l'unité divine est le centre et dont la science et l'art, réunis la plupart du temps dans la même expression, ne sont que des attributs non encore différenciés. Le drame italien, au cœur duquel l'individu va paraître, est fait précisément de la rupture, par l'intelligence critique, de cette unité divine, rupture qui devait élargir graduellement la distance entre les expressions de la sensibilité et les expressions de la méthode. Mais l'âme italienne éprouvait une telle ivresse créatrice qu'elle trouva en elle-même, trois siècles durant, la force de couler sa sensibilité dans les voies de sa méthode et de n'émousser point ses émotions directes en approfondissant, sur l'objet et d'après l'objet minutieusement étudié, les moyens de les traduire. Le drame ne prit fin que quand elle s'en aperçut. Et c'est de cette brusque clairvoyance qu'est faite la grandeur de Michel-Ange et de Vinci, les derniers Italiens à maintenir, l'un la science exacte de la forme dans les méandres secrets de ses plus subtiles intuitions, l'autre les postulats les plus profonds du monde spirituel entre les lignes infrangibles d'une forme scrutée pour elle-même avec l'acharnement du désespoir (1).

*C'est de loin que nous jugeons et mesurons ces choses. Mais les Renaissants italiens les vécurent. Leur énergie à enfermer dans la même unité vivante les données de leur conscience et les acquisitions de leur savoir n'a pu dissimuler l'angoisse continue qui marque l'art italien des XIV*e *et XV*e *siècles et lui confère précisément son incomparable saveur. Entre la résistance intéressée ou innocente — souvent les deux — du Moyen Age dogmatique et l'effort de l'intelligence pour échapper à son emprise, une tragédie ardente se joue, qui donne à l'art italien, durant plus de deux cents ans, ce côté hagard, frénétique, anxieux dont la plupart de ses maîtres le marquent. Ainsi va-t-il de l'organisme chrétien où il est encore, au XIII*e *siècle, entièrement contenu, à l'organisme intellectuel du XVI*e *siècle, qu'il participe plus que quiconque à constituer. Mais ce passage d'un rythme à un autre est douloureux. La vie*

---

(1) Voir « L'Art renaissant » (*Histoire de l'Art*, III).

spirituelle entière de Florence, par exemple, accouchant lentement aux fers l'enfant-homme qui jusque-là dormait entre les flancs obscurs, mais brûlants, du christianisme parvenu à son terme, constitue l'un des instants les plus saints de notre histoire occidentale. On ne peut imaginer énergie plus tendue et plus violemment contrariée que celle où ces hommes étonnants trempèrent les ressorts de l'Europe moderne. Il leur fallut non seulement combattre les enseignements et les prohibitions de l'Église qu'ils acceptaient encore et la plupart du temps avec sincérité de propager dans leurs œuvres, mais les habitudes du public — habitudes intellectuelles, formelles, visuelles que tant de siècles avaient forgées. La découverte de la perspective, par exemple, marque l'entrée de l'espace réel dans l'unique plan de la peinture, et par conséquent de l'esprit, révolution non pas exclusivement géométrique, mais philosophique dont les conséquences, par mille passages secrets, vont se faire sentir dans toutes les manifestations du corps social.

II

L'individualisme est à tel point la loi du développement de la civilisation italienne qu'on en peut suivre les manifestations dans l'architecture elle-même, cependant art social par excellence, expression collective d'une pensée et d'un besoin communs à tout groupe humain en proie à l'activité créatrice. Sans doute, qu'il s'agisse de n'importe lequel de ces groupes, il est aisé de suivre dans le temple de siècle en siècle — par exemple du VIIIe au IIIe chez les Grecs, du XIe au XVe chez les Français — la croissance de l'esprit critique diminuant peu à peu la puissance des supports, l'épaisseur des

murs, la grandeur des vides, perdant peu à peu de vue
les ensembles pour se disperser dans les détails, augmen-
tant d'année en année l'importance de la sculpture et de
l'ornement au détriment de la solidité de l'édifice.
Mais, chez les Italiens, ce spectacle est plus caractérisé.
Au lieu du dégagement sans à-coups de l'individu hors de
la masse et des trois ou quatre siècles nécessaires à sa
définition, ici, moins de deux cents ans après les premiers
spécimens de l'effort architectonique collectif, un
élément révolutionnaire surgit, brisant l'unité spirituelle
et renonçant à sacrifier au sentiment des masses les
besoins concrets de l'individu. L'idée municipale, qui
marque déjà une régression du communisme mystique
et un progrès du particularisme intéressé, apparaît
nettement à peu près partout dès le XIIᵉ siècle, substi-
tuant au sanctuaire le palais civil. Je sais bien qu'en
France, en Flandre, en Angleterre, la charte et la
commune sont à peu près du même temps, mais il s'agit
plutôt alors d'organiser des groupements corporatifs ou
des rapports entre organismes sociaux que de consacrer
des associations temporaires de citoyens représentant
le droit privé en croissance. A Sienne, dès la fin de ce
même siècle, des palais particuliers apparaissent, non
pas seulement au sein des campagnes comme en France
ou en Angleterre, forteresses encore communes où
un groupe de serfs jouit du droit de refuge sous l'égide
d'un seigneur qui appartient comme eux à un système
collectif unanimement consenti. En Italie, c'est dans
les villes qu'ils s'élèvent, se menaçant l'un l'autre,
médiocres de dimensions et faits pour une famille,
mais farouches, sommés d'une tour agressive, avec des
murs concaves impossibles à escalader, opposant
l'intérêt et l'orgueil de l'un à l'intérêt et à l'orgueil de
l'autre, individués plus qu'avec décision, avec violence.

*L'édifice civil prend résolument le pas sur l'édifice reli-
gieux, l'édifice privé sur l'édifice commun, quelque trois
siècles avant que le même événement ne se produise en
Europe. Et remarquez-le bien, ceci est capital : c'est
l'édifice civil qui, dès cette époque-là, représente en
Italie l'effort esthétique le plus évident et accuse avec
le plus de force l'âme italienne dans sa nudité et sa
vérité intérieures. Partout en Europe, jusqu'à la fin
du XVe siècle, l'Église domine dans les préoccupations
des peuples. Ici c'est tout le contraire. Si vous en doutez,
comparez à la majesté tantôt sévère, tantôt élégante,
en tout cas nue, vivante, libre, des palais de Florence,
de Sienne, de Volterra, de Pérouse, de tant d'autres
cités, l'affectation, la surcharge, la polychromie profuse,
le désir d'attirer et de plaire des lieux de culte des
mêmes cités. C'est plus qu'une différence. C'est un
contraste diamétral. L'élan de l'esprit et du cœur, l'ordre
intérieur, l'harmonie appartiennent ici à l'homme,
non à Dieu.*

    *L'édifice roman lui-même, par lequel l'Italie,
comme tout l'Occident, a préludé dès le XIe siècle à
son poème architectural, ne gardera que peu de temps,
et jamais avec un tel amour dans la recherche sensible,
le caractère harmonieux et massif qu'il a revêtu ailleurs,
notamment en France. Il annonce déjà, par sa ferme
nudité, non seulement la construction théologique de
Thomas d'Aquin, mais l'esprit du palais civil. Il a la
simplicité formidable du monachisme occidental, mais
avec moins de pesanteur qu'ailleurs, une moindre épaisseur de murs, une moindre force de voûtes. Et c'est
lui qui, le premier, s'efforcera de retenir l'individu qui
s'en éloigne, en faisant porter l'effort des constructeurs
sur l'agrément et la légèreté de l'édifice, et des décorateurs sur l'ornementation des surfaces qui vont fleurir*

*en colonnettes, en arcades étagées, parfois même,
comme à Pise, s'en entourer complètement. Il a traversé
bien plus vite qu'ailleurs l'âge de stabilisation dogmatique du catholicisme — XIe à XIIIe siècle — montrant
une hâte évidente à s'en évader, et ne consentant qu'avec
une sorte de résistance contre lui-même — résistance
qui se sent dans sa propre austérité — à cette humilité,
à cette pauvreté que va prêcher François d'Assise et
qui ne sera, pour les architectes fabriciens des siècles
suivants, qu'un motif de décoration, et, pour les peintres,
qu'un prétexte de développement personnel. Sans doute,
il a les mêmes origines que dans le reste de l'Europe,
et c'est même en partie grâce à lui que ces origines s'y
propagent. C'est la vieille basilique romaine, avec son
abside où siégeait le tribunal, et ses trois nefs, forum
couvert, où le peuple des marchands, des acheteurs et
des bavards pouvait remuer à l'aise. Comme ailleurs,
peut-être avant — il est difficile de s'orienter dans le
dédale des départs de l'architecture romane, à la fois
latine, syriaque, byzantine — c'est cette vieille basilique
qui, en se coupant, au seuil de l'abside, d'une nef perpendiculaire figurant les bras de la croix, déterminera
le type de toute église chrétienne. Mais son esprit ne se
cantonnera que peu de temps dans les dispositions
rituelles. Il saisira l'édifice civil pour s'exprimer librement.*

*Il est d'autre part remarquable que, dans le temple
lui-même, l'influence de l'architecture ogivale dont la
floraison, dès la fin du XIIe siècle, atteignait tout
l'Occident, ne se soit qu'à peine fait sentir dans le
principe de la construction et n'ait influencé que le
décor, apportant ainsi une preuve nouvelle de la prédominance des goûts individuels sur les besoins collectifs.
La plupart des palais médiévaux de Sienne, le palais*

municipal de Pérouse, le vieux palais de Florence, bien
d'autres, prennent vue sur la rue par des fenêtres ogivales
généralement géminées, qui donnent à ces fières façades
une sorte de grâce ardente, un visage où le charme et
la violence se mêlent et qu'on ne rencontre que là. Je
néglige volontairement les palais vénitiens, où le mélange
de l'arabe, du byzantin et du gothique crée une profusion décorative qui ruinerait leur harmonie dans la
lumière dure de l'Italie centrale, et que seule autorise
la vapeur d'eau de la lagune opalisant la pierre d'ailleurs
peinte à l'origine de teintes multicolores qui en trans-
formaient le grain. Ceci n'est point l'Italie, non plus
que Ravenne où Byzance règne, ni la Sicile où l'influence
et même la domination arabe est encore plus sensible
qu'à Venise. La véritable architecture romane ne dépasse
guère Rome au Sud, et le style lombard en constitue
une amplification quelque peu froide, dont les éléments
perpendiculaires, d'un aspect si germanique, ne sont
pas sans rapports avec les incursions incessantes, depuis
tant de siècles, des soldats et des marchands descendus
des Allemagnes par les passages alpins. Et les palais
civils ne sont déjà plus romans, mais italiens, leur décor
ogival si merveilleusement assimilé mis à part, c'est-
à-dire soumis à une ordonnance sévère où le plein, l'angle
droit et la ligne droite dominent, où l'ornement, très
rare, accuse la fonction, où l'esprit de l'édifice reste
concret, positif, aussi éloigné que possible de toute
aspiration mystique ou idéalisme social.

     L'action de Brunelleschi ne sera donc qu'en anta-
gonisme apparent avec l'esprit qui animait encore, au
début du Quattrocento, les architectes italiens. Ce n'est
pas plus que la sculpture ou la peinture un retour aux
origines romaines. C'est le maintien des principes architectoniques propres à l'Italie même, dont les palais

de Toscane et d'Ombrie portent déjà le témoignage intransigeant. Ou plutôt, c'est l'application de ces principes à l'architecture religieuse qui, séduite par l'ornementation gothique, menaçait d'entraîner l'Italie — la cathédrale de Milan en est un fâcheux exemple — dans les voies septentrionales où ni son génie, ni son climat, ni ses formes extérieures n'eussent pu l'engager spontanément. Bien entendu, Brunelleschi force la note, justement pour réagir contre ces directions-là. Il tend, pour ainsi dire, comme une étoffe rigide, la nudité des ordonnances, supprimant l'ornement gothique, inscrivant les façades entre d'inflexibles horizontales, imposant aux premières assises des pierres non équarries pour accuser la force de ces palais rectangulaires où la logique pure règne, où plus aucun prétexte ne permet aux fantaisies sentimentales ou à l'amour du mystère et de l'effet de se glisser. Ses élèves Michelozzi, Benedetto da Majano, Cronaca déposeront au seuil du XVIe siècle ces principes rigoureux où nulle concession n'est consentie, où l'extérieur même est repris au goût du décor, où le plein cintre remplace partout la lance unique ou multilobée de l'ogive, plus légère certes, mais étrangère d'esprit. Est-ce là un retour à l'architecture romaine ? Oui et non. Brunelleschi en a passionnément étudié les éléments internes, ce qui suspend la pierre dans l'espace et fait supporter aux murs tout le poids du vaisseau. Mais rien d'extérieur, si ce n'est la sobriété, ne rappelle autre chose que ses édifices civils — arènes, aqueducs, théâtres — qui sont justement la marque du génie italien, et même étrusque, c'est-à-dire, en somme, toscan. Brunelleschi rompt avec les colonnes et pilastres d'origine hellénique dont les architectes romains avaient abusé pour les temples et les monuments triomphaux. Allant plus loin qu'eux en ce sens il laïcise *l'édifice religieux. L'énorme dôme de Florence, qui s'enlève sur ses nervures avec tant de majesté, n'a lui-même rien à voir avec la voûte continue, épaisse, ténébreuse du Romain : il est l'apport d'une Italie humanisée, en tout cas subtilisée par dix siècles de christianisme, plus impétueuse, plus ardente, mais aussi résolue que Rome même à subordonner au principe civil le principe religieux.*

Cependant, l'exemple qu'il donne est loin d'être compris de tous. Si Palladio, au XVIe siècle, en retient la clarté, la netteté, l'amplitude des conceptions, si même l'architecture civile garde encore, jusqu'au cœur du XVIIe siècle, quelque goût des lignes sobres et des ordonnances sévères, l'action conjuguée du retour mal compris vers les formules antiques que les fouilles suggèrent de plus en plus, de l'effondrement de l'esprit républicain, de l'influence des Jésuites cherchant à ramener les multitudes au catholicisme, prépare de nouveau dans l'architecture religieuse l'offensive de l'ornement. Le décor gothique est à peu près abandonné, mais le décor antique prend sa place. Le fronton, la colonne, le pilastre, le chapiteau corinthien vont maintenant tenir le rôle que les colonnettes, les rosaces, les flammes rayonnantes, les trèfles et les ogives des cathédrales françaises incomprises avaient joué aux XIIIe et XIVe siècles pour séduire l'individu cherchant sa loi hors de l'unité spirituelle que le temple roman figurait encore. L'essai de réaction de Bramante, s'efforçant d'accuser par l'appareil gréco-latin les arêtes de l'édifice religieux, n'est pas compris de ses successeurs qui les noient, au contraire, sous une exubérance grandissante. La fameuse façade de la Chartreuse de Pavie, réussie en soi, certes — trop réussie — est le type de l'ornement pour lui-même, des fenêtres pour elles-mêmes, des

*pleins et vides pour eux-mêmes et ouvre ainsi avec fracas
les portes de la décadence. Mais les aberrations ornementales qui vont bientôt constituer le style dit baroque
ne sont plus la Renaissance, pas plus que la peinture
bolonaise ne peut prétendre lui appartenir. La Renaissance, à dater de la mort de Michel-Ange, dont la
longue existence conduit sa plus ardente jeunesse, puisqu'il est l'élève de Ghirlandajo, au seuil des grands
États modernes détachés de la tutelle religieuse, la
Renaissance n'est plus qu'une expression historique.
Elle a terminé sa tâche immense, et le monde en sort
comme d'un rêve, ébloui et désenchanté. Et c'est justement Michel-Ange qui porte à leur expression la plus
haute ses énergies de création et ses énergies de disso-
lution, qu'il résume dans son œuvre avec la puissance
d'un dieu tenant du même poing la foudre qui éclaire
et tue. Son architecture, notamment, qui retient dans
l'attraction géométrique du dessin tous les éléments
ornementaux cherchant à se libérer de cette formidable
étreinte, exerce, lui vivant encore, comme tout son art,
une action dévastatrice. Ses creux, ses saillies, ses
déformations forcenées, qui expriment le tourment
d'une âme seule capable, dans le monde d'alors, de
contenir la complexité de la connaissance dans l'unité
de l'esprit, deviennent la règle et la loi. L'orgie décorative se déchaîne. Les édifices religieux se boursouflent
de bas-reliefs imprévus, se vident en trous brusques,
dissimulent leur ossature affaissée, vacillante ou parfois
même oubliée, sous une rhétorique redonnante qui ne
vise que l'effet. Quand on prononce le mot de « Renaissance », il faut oublier ces choses, comme il faut ne pas
tenir compte, si l'on parle du génie grec, des excès de
l'école de Rhodes, ou comme il faut, quand on se remé-
more l'architecture ogivale, rayer de sa mémoire les*

exemples de son épuisement profus, qui couvrit de dentelles embrouillées, fragiles, inharmonieuses, la carcasse disloquée des nefs du XVe siècle français. Il reste qu'envisagées dans leur ensemble, les constructions religieuses de l'Italie de Grégoire VII et les constructions civiles de l'Italie républicaine des quatre siècles suivants, offrent tous les éléments figurés qui marquent la route allant du symbolisme spirituel le plus complet à l'avènement de l'intelligence en quête d'un organisme nouveau.

III

C'est quand on aborde la peinture que le mot « Renaissance » devient le plus difficile à accepter. Ou alors, il faut admettre qu'il y a eu deux Renaissances, comme on l'a fait si souvent remarquer. L'une dont le foyer est la Toscane et qui est l'épanouissement de sa civilisation chrétienne, à peu près contemporaine du même mouvement en France, plutôt en retard sur lui. L'autre, qui est pour ainsi dire le programme de législation intellectuelle de l'Europe moderne, et qui a pour foyers Florence, Rome, Venise et quelque peu la Lombardie. On serait tenté, dans ces conditions, pour simplifier les choses, de rejeter complètement dans le symbolisme médiéval la première, ainsi qu'on le ·fait pour la France, et de dater la seconde de l'œuvre de Masaccio. Mais le problème est plus complexe, pour plusieurs raisons. La première, c'est que François d'Assise est aussi bien à l'origine de la Renaissance du XIVe siècle que de celle du XIIIe siècle puisqu'il n'y a entre l'une et l'autre aucune solution de continuité. La seconde, c'est qu'au début du XIVe siècle, Giovanni

Pisano, Giotto, Pietro Lorenzetti sont déjà des hommes modernes en qui, pourtant, s'épanouit l'esprit chrétien. La troisième c'est que la sculpture, surtout avec della Quercia, constitue un art épanoui (1) à l'heure où la peinture balbutie encore et que pourtant cette même peinture annonce, à l'avant-garde de tout l'Occident, l'effort de l'individu pour se dégager du symbole.

De plus, un enchevêtrement profond dont il est impossible de séparer les éléments, lie dans leurs manifestations multiples l'esprit chrétien à son sommet et l'intelligence moderne au moment où la Toscane, par Pise, Florence et Sienne, écoute, avec une unanime passion, la voix du pauvre d'Assise. On peut toutefois remarquer que Sienne constitue le foyer principal des premières, Florence des secondes et que, par une conséquence normale de ce phénomène-là, l'activité des peintres est plus considérable et plus touchante à Sienne, mais plus caractéristique à Florence où ils sont aussi moins nombreux. Sienne, et au premier rang Duccio, son plus grand maître, reste enfoncée dans les formules byzantines, alors que Florence s'en évade grâce à Giotto, le véritable initiateur de la peinture moderne, parce qu'il conçoit l'univers comme un ensemble de forces contradictoires à exprimer dans

(1) La sculpture italienne, chose remarquable, ne s'est guère attardée au bas-relief et au décor des façades ou des chapiteaux des nefs, comme l'admirable sculpture française du même temps, incorporée si profondément et puissamment au symbolisme de l'édifice religieux. En Italie, la statue à peine apparue a pour ainsi dire *bondi* hors du sanctuaire. Nicolas Pisano est plutôt un sculpteur de baptistères, de chaires, de tombeaux qu'un décorateur d'église, car le baptistère, la chaire, le tombeau sont, dans l'église, des éléments séparés de l'ensemble, détachés des murs, et par là plus visibles, plus sensibles, plus proches de l'individu auquel, par leur fonction, ils sont déjà consacrés. Il est curieux de constater, à ce propos, que l'art italien tout entier prend racine dans les œuvres *laïques* de l'antiquité, l'architecture religieuse elle-même par la basilique, la sculpture par le sarcophage, la peinture par la mosaïque réservée jadis, à Rome, aux manifestations du luxe le plus profane, thermes, palais, villas.

la même unité plastique, alors que tout vrai primitif l'organise autour d'un symbolisme spirituel dont le christianisme constitue la source et le centre. La distance apparaît beaucoup moins grande entre Guido de Sienne, par exemple, et Duccio, qu'entre Cimabue de Florence et Giotto, bien qu'un intervalle d'années sensiblement plus considérable sépare les deux premiers. Du moins quant à l'intelligence de la forme, car on ne peut imaginer sentiment plus profond que celui du maître siennois. Encore un coup c'est une évolution tout à fait différente, caractérisant deux cités également guerrières et se le démontrant au cours de luttes sans merci, mais l'une ville de montagne, fermée, mystique, l'autre ville de plaine, inquiète, ouverte, avide des voix du dehors. Celle-ci, par surcroît, offrant ou faisant offrir à ses peintres de grandes surfaces à orner où la fresque, véritable instrument de l'âme italienne, se développe avec un enthousiaste élan, groupant autour de lui un peuple d'ouvriers, éveillant la curiosité des masses qui peuvent la contempler chaque jour. Il est très remarquable que justement, des animateurs des deux écoles rivales, l'un ait créé, pour ainsi dire, la technique définitive de la peinture sur murailles tandis que l'autre employait son principal effort à peindre l'immense miniature à compartiments où il raconte la Passion avec une poésie sans égale, et que ses élèves siennois aient tous été contraints de se rendre à Assise pour demander des leçons à Giotto. De plus, Assise à part, les fresquistes siennois n'ont guère peint qu'à Sienne ou dans le bourg très isolé de San Gimignano, alors qu'on appelait un peu partout, non seulement à Assise mais à Padoue, à Pise, à Arezzo, à Rome même Giotto et ses élèves, Taddeo Gaddi, Orcagna, Giottino. Le seul Siennois qui ait paru comprendre les leçons de Giotto, Pietro Lorenzetti, est justement celui de tous qui est resté le plus longtemps et reste encore méconnu et n'a exercé sur ses compatriotes, son frère y compris, qu'une très maigre influence. Sa grande arabesque enveloppante, qui inflige à toute la scène une expression unique et qui est la marque essentielle de Giotto, de Raphaël, de Tintoret et a donné son sens intérieur à l'art italien entier, est le seul nœud qui unisse Florence à Sienne et indique leur participation commune à la symphonie qui vient de naître et s'épanouira, avec Rome et Venise, deux siècles plus tard.

Il est difficile d'imaginer deux êtres, tous deux ayant subi la même formation morale et ne pouvant en subir une autre, plus différents que Giotto et Duccio, et c'est là encore un signe de cet individualisme si neuf qui émerge et déjà caractérise deux contemporains si fortement. Chez Duccio, la vie spirituelle seule compte. C'est elle qui donne aux visages tant d'intériorité, ce profond échange de fluide dans l'action dramatique, cette intensité d'expression qui, sans nul artifice extérieur, les attache à la même tragédie morale et les rassemble autour d'elle, ce mouvement, ce tassement de foules balayées par le même orage et que l'émouvante couleur, vert sombre, bleu sombre, rouge sombre, accumulée par grandes masses sur fonds d'or, concentre avec tant d'énergie. Il est surprenant, quand on le compare à Giotto, de constater que là tout semble confus et mêlé, cette couleur ténébreuse même, ces multitudes effrayées, ou charmées, en proie à la douleur ou à la joie, ramassées pour le travail ou le supplice, endormies par la fatigue, réveillées par la tragédie ou l'aurore, où les personnages s'entassent les uns sur les autres, et que pourtant tout s'ordonne spontanément grâce à la puissance organique d'un ensemble qui obéit, dans *son apparent désordre, au même désir central. Tandis que chez le maître florentin, l'ordre règne avant même que l'expression morale soit cherchée, cinq ou six personnages représentant la foule là où Duccio en place trente, la nature n'existant pas, l'homme seul étant tout le drame, la couleur, presque abstraite, en tout cas discrète et claire, ne servant qu'à accuser et simplifier l'ordonnance, les volumes à peine mais sûrement indiqués s'étageant et se distribuant avec une harmonie précise qui exprime la multitude au lieu de la représenter, et l'esprit passant dans les formes beaucoup plus par le jeu des lignes que par la puissance pittoresque et colorée du sentiment. Le miracle est que la communion se fasse entre ces deux esprits qui trouvent, dans le même motif aussi passionnément aimé par tous les deux, le prétexte pour l'un de clore le vieux monde, pour l'autre d'ouvrir le nouveau. Le drame mystique autour duquel s'est construit une religion devient un drame humain universel. A peine sorti du cœur, il entre dans l'intelligence. C'est un grand mystère que cela, et dont il faut voir, pour le comprendre, les deux manifestations essentielles, la* Majesté *de Sienne et la* Descente de croix *de Padoue. On ne peut saisir autrement l'accord miraculeux qui unit ces deux poèmes, malgré l'écart immense qui semble les séparer. L'incomparable poésie de la Passion sort là d'une musique intérieure qui se répand du dedans au dehors sur la surface des formes pour les ramener à elle, ici d'un puissant regard sur le monde qui embrasse du dehors les formes pour en pénétrer l'esprit. Si Duccio est la suprême expression du vieil âge, Giotto est l'annonciateur du nouveau. Il accueille l'amour par l'intelligence et intronise dans le monde l'intelligence par l'amour.*

136. Assise. *Ph. Boudot-Lamotte.*

La mission
de François d'Assise

L'Italie n'a pas connu les siècles de silence où l'anéantissement du monde latin plongea la Gaule. Visitée comme elle, et plus souvent qu'elle, par l'invasion, elle gardait quand même le souvenir d'un monde ordonné, et d'aspect grandiose, qui ressemblait à ses désirs. L'Antiquité méditerranéenne devait entrer dans le monde moderne en suivant la pente de son génie naturel. Rome installa dans les basiliques ses dieux rebaptisés. Les vieilles races demandent aux vieilles civilisations de leur fournir le moyen d'attendre le reflux de la vie en elles.

Les Barbares renversent les temples, leurs fils italianisés les relèvent. Et rien n'est changé. De la ruine d'hier sort encore une basilique. Le rôle du vainqueur n'est pas d'enseigner des procédés nouveaux, mais d'infuser des énergies nouvelles. Il offre ses sens vierges à la révélation des paysages glorieux. Ainsi les Doriens fécondés par la Grèce. Les généralisations neuves naissent de la fonte de la matière humaine septentrionale au creuset gréco-latin.

Nous le savons bien. Il faut le dire. Les plus grands nous l'ont avoué. Montaigne va demander à l'Italie d'approuver sa sagesse, Shakespeare l'invoque tous les jours pour justifier sa passion. Gœthe en vit, et Stendhal, et Nietzsche. Byron en meurt. Au temps où Rembrandt est riche, Giorgione règne sur son atelier, et quand il devient pauvre, il y a toujours quelque chose de la flamme italienne au centre du rayon qui suit sa descente dans les ténèbres de l'esprit. C'est l'Italie qui organise le tumulte de Rubens, qui révèle à .Velazquez l'espace, à Poussin l'architecture de la terre, à Claude Lorrain l'architecture des cieux. Dès qu'on la touche, on se sent envahi par l'ivresse de comprendre. L'intelligence et l'instinct s'y confondent, le savant y consent à ce que l'artiste s'empare de la mécanique et de la géométrie, l'artiste accepte de broyer la couleur et de pétrir le mortier. La volupté la plus atroce y touche à la sainteté, la chasteté brûle comme une orgie. L'amour, ici, est funèbre comme la mort, la mort a l'attirance et le mystère de l'amour. L'ambition de dominer y attise la soif de conquérir et de connaître, et la connaissance et la conquête ne sont jamais assez définitives pour que celui qui veut conquérir et connaître se trouve digne de commander. L'orgueil s'y fortifie au point de s'humilier toujours devant ce qui lui reste à apprendre pour s'affirmer publiquement. Nulle part le crime et le génie ne sont aussi près l'un de l'autre. Caïn et Prométhée se devinent sous tous les fronts levés, au fond de tous les yeux ouverts, dans toutes les mains qui se crispent au manche du poignard ou de l'outil. Le sol y tremble, et pourtant on sent quelque chose d'éternel dans le profil des monts et la courbe des rivages. Partout le monde y tient l'esprit incorporé à sa forme et veut que la passion des cœurs l'en arrache insatiablement. Italie! quelque chose fait mal dans l'amour que nous avons pour toi, nous avons peur de ne jamais savoir entièrement ce que tu veux nous apprendre.

La force virtuelle qui est là doit s'imposer malgré tout. Byzance elle-même apporte moins qu'on l'a dit. Sauf à Ravenne, colonie de l'empire grec, sauf à Venise, où vit l'Orient, sauf en Sicile, pays grec où les éléments byzantins se mêlent aux éléments arabes et normands pour constituer au Moyen Age un style voluptueux, cruel, paradoxal, barbare, impossible à définir, difficile à reconnaître, Byzance ne fournit pas à l'Italie une seule idée dont la transplantation puisse devenir l'origine d'un nouvel ordre architectural. L'Italie n'accepte la coupole que parce qu'elle recouvre déjà le Panthéon. Quand Nicolas de Pise, en plein XIIIᵉ siècle, alors que les imagiers français, maîtres de la sculpture occidentale, sont appelés partout, étudie les sarcophages romains pour apprendre à travailler le marbre, et taille comme à la hache des figures pressées en foule, ardentes à vivre, rudes, tendues dans un brutal effort, il dresse vis-à-vis des artistes du Nord la revendication tranchante du génie latin primitif. L'Italie n'oublie pas, parce qu'elle reste l'Italie. [139]

On accorde trop souvent à une volonté de tradition transmise par les écoles, la perpétuation de certaines formes essentielles qui ne font qu'exprimer les désirs formels de la race et les indications du sol. La colonne qui réapparaît au fronton des églises et du haut en bas des tours de l'Italie romane, était, dans tous les pays méditerranéens où les palmiers, les pins, les ifs détachent leurs troncs lisses sur un ciel dur, une expression naturelle qui ne pouvait disparaître. L'Antiquité, l'Italie nouvelle s'accordent dans ces réseaux de galeries bordées d'arcades qui tendent leur dentelle à jour sur les baptistères ronds, les façades nues des temples et les campaniles carrés. La basilique a fait appel aux arbres dont le feuillage net laisse voir sous ses retombées la transparence et la limpidité du monde, pour recouvrir de leur grâce et de leur fierté le grand vaisseau romain.

Les besoins familiers et moyens de l'Italie réclamaient cette architecture. La face de ses villes fortes et de ses villas dispersées aux flancs des collines entre les cyprès, imprime au cœur de ceux qui ne peuvent pas oublier la force éducative de ses sévères et mélodieux profils, le souvenir précis d'arcades blanches et de revêtements de marbre blanc et noir qui mêlent de loin les cathédrales aux rouges effacés des toits. A l'heure où le roman théocratique définissait dans le Nord et l'Ouest de l'Europe le dogme architectural, Pise et Lucques et beaucoup d'autres villes de l'Italie continentale allaient déjà, par delà les tours et les temples, à l'expression populaire qui convenait aux Italiens, comme la Commune française devait aller, un siècle plus tard, à l'expression populaire qui convenait aux Français. Le roman italien sort sans effort de l'esprit vivant de la race. Elle n'aura pas à se soulever tout entière, comme la France du Nord, pour réclamer le droit d'affirmer sa vision. Le catholicisme, ici, n'a jamais cessé d'être un appareil extérieur de domination politique qui, s'il ne laisse pas à l'homme la liberté de la pensée, lui abandonne tout à fait celle de la sensation. La galerie à colonnade définit l'église et la loggia et la maison de ville et de campagne que Toscans et Lombards, s'ils restaient livrés à eux-mêmes, bâtiraient encore aujourd'hui. C'est elle qui soutient toujours, le long des rues dallées, pour abriter la foule de l'averse et du soleil, les façades roses ou blanches dont les rangées de volets verts montent jusqu'au bord du toit. C'est elle qui se profile, à

137. San Gimignano (XIIIᵉ s.). Palais du Podestat. *Ph. Alinari-Giraudon.*

l'ombre des pins parasols, sur les terrasses rectilignes des villas florentines. Et c'est elle qui protège, aux portes des villes, les frais Campo-Santo dallés de marbre où l'on marche sur les morts.

II

La vie, contrairement à ce qui se passa au déclin des civilisations antiques, réapparut dans le Nord du pays. Le Midi n'était pas aussi fortement labouré par

les invasions successives. Les barons normands, dans l'Italie méridionale, avaient eu à se défendre contre un climat trop différent du leur, contre une race plus énervée que celle de l'Italie continentale par un effort plus ancien. En outre, ils demandaient la protection du pape pour contenir les provinces conquises. L'organisation féodale s'employa toute à briser leur action.

Dans le Nord, au contraire, les villes profitaient de la lutte entre le pape et l'empereur pour conquérir l'autonomie et la fortifier par un système d'alliances

138

139

alternatives avec l'une des deux puissances qui se
disputaient l'Italie. Guelfes et Gibelins, Blancs et
Noirs, Pise, Florence, Lucques, Sienne, Parme,
Modène, Bergame, Mantoue, Milan, Pavie, Crémone,
prenaient tantôt une étiquette et tantôt une autre pour
vivre en guerroyant sous la croix de l'Église ou sous
le drapeau de l'Empire. Il fallait bien qu'elles choisis-
sent entre la mort, alors que la passion de vivre montait à flots, et une vie qui dut puiser tous les aliments
de sa force dans une vigilance active, une curiosité

140

141

sans lassitude, un effort physique et moral continu.
De là l'énergie des Républiques italiennes d'où
l'esprit moderne, qu'on le veuille ou non, est sorti.

Si, au milieu de toutes ces villes rivales prêtes
à foncer l'une sur l'autre au lendemain de réconcilia-
tions ardentes, Florence prit le plus violent essor,
— au point d'absorber la Toscane en deux siècles,
de jouer un rôle puissant dans la vie de l'Europe et de
s'inscrire en traits d'acier dans notre souvenir, —

138. Volterra (XIIIe-XVe s.). Forteresse. *Ph. Alinari-Giraudon.* —
139. Nicolas Pisano. La Crucifixion. Bas-relief, baptistère de Pise.
Ph. Anderson-Giraudon. — 140. Trévise. San Niccolo (1310).
Ph. Alinari-Giraudon. — 141. Montepulciano (XIVe s.). La cathédrale.
Ph. Alinari-Giraudon.

c'est qu'elle était au croisement des routes qui réunissent Rome à l'Allemagne et l'une à l'autre les deux mers qui bordent la péninsule. Toute la vie commerciale, militaire, morale de l'Italie du Moyen Age la traversait. La grâce, la vigueur du pays qui l'environne allaient faire de ses sens embrasés de fièvre et tendus, le moule naturel où la vie vint se modeler en images accusées et nettes. Il faut se souvenir que la Toscane, quand elle s'appelait l'Étrurie, avait déjà joué dans l'histoire un rôle analogue à celui-là. Beaucoup des

142

143

142. Sienne (XIVᵉ s.). Palais Salimbeni. *Ph. Alinari-Giraudon.* —
143. Sienne (XIVᵉ s.). Palais Sansedoni. *Ph. Anderson-Giraudon.*

peintures étrusques ont l'élégance bizarre qui carac-
térisera, deux mille années plus tard, l'art des Toscans.
    L'Italie reçut de la France le gothique à l'aube
de la vie municipale de ses cités du Nord. Elle ne le
comprit pas. La forêt de la cathédrale n'était pas faite
pour son ciel. Les immenses nefs éteignaient dans leur
pénombre silencieuse la fièvre de son esprit. La France
est un pays de plaines et de rivières, qui réunissent.
L'Italie est un pays de montagnes, qui divisent.
Du Nord au Sud, ses villes de bronze se menacent,
au sommet de hautes collines séparées par des ravins
à pic. L'Italie du Moyen Age ne pouvait avoir d'architecture religieuse, parce que l'architecture religieuse,
à ce moment-là, emprunta sa grandeur aux désirs
sociaux qui la créèrent et que, par la nature d'un sol
trop fragmenté et d'un ciel trop clément pour faire
sentir à l'homme la nécessité d'aider l'homme,
l'Italie avait plus besoin de passion et d'intelligence,
armes de l'individu, que d'instinct et de foi, armes
de l'espèce. Il faut le dire. En dehors des églises
romanes de la plus ancienne époque, leur fierté, leur
force guerrière, leur façade patinée d'or, les cathédrales italiennes sont laides. Sans doute elles empruntent aux âpres et nerveuses villes qui montent en
tumulte à l'assaut de leur campanile, droit comme
un mât dans l'ouragan, un charme singulier, prenant,
pervers et dont on ne peut s'arracher qu'en dominant
d'un effort ses sensations superficielles. Mais elles
sont, dès l'apparition du gothique, surchargées de
décor, maniérées, grandiloquentes. C'était déjà
l'erreur des Romains sortant de leur architecture
utilitaire pour élever des temples aux politiciens
parvenus. Les Italiens ne virent pas que l'ornement
est là pour définir, en les faisant plus élancés ou plus

légers, plus lourds ou plus larges, en les accentuant
directement dans le sens de leur fonction, les organes
indispensables du corps architectural. L'ornement,
hors de ce rôle, est un instrument de laideur. Il masque
l'ossature de l'édifice dont les saillies caractéristiques
peuvent seules le justifier. Pas d'architecture monumentale sans cohésion sociale. Ici les os percent la
peau, là les vêtements flottent. Toute la renaissance
architecturale italienne, toute l'architecture de l'Europe
depuis cette époque-là s'est enlisée dans la méconnais-
sance de ce principe primordial. Et l'art ornemental
méconnu des Français du XIIIe siècle a vengé l'architecture gothique en envahissant une école qui n'eut
pas et n'a pas encore d'autre raison d'être que de
combattre son magnifique enseignement.

137
138
142
143

Dans les palais municipaux, créés pour des
besoins précis, définissant la personnalité violente et
libre de la cité, dans les palais privés définissant la
personnalité tranchée, dévorante, entière, du seigneur
qui les habite, seigneur apportant dans les villes, où
l'Italie se concentre, le monde féodal expulsé des
campagnes, l'architecte italien se retrouve, comme se
retrouvait l'architecte romain dès qu'il fallait ouvrir
des routes, bâtir des cirques, des thermes, des aqueducs. Il rentre chez lui, et l'affirme. Du coup il devient
fort, sobre, précis, définitif. On dirait que la grande
dalle sur qui vont les promeneurs et que leur sang
rougit les jours d'émeute, se redresse droit vers le ciel,
perpendiculaire à la rue. Les palais farouches se
suivent, presque pleins, comme des blocs, sans un
autre ornement que les poings d'airain sortant des
murailles pour y attacher les chevaux. A leur jaillissement du sol, leur élan est un peu oblique, il se cambre
en arrière, comme une échine d'archer. Plus haut,

il devient vertical. Au sommet, il s'incline en avant, comme des épaules carrées d'où les bras cuirassés vont lâcher le plomb et le fer. Ainsi la façade entière est concave, impossible à escalader. Et deux murs hermétiques, de chaque côté de la rue, se défient et se menacent, sinistre mélodie de pierre inscrite dans la certitude de sa fonction positive comme un théorème de géométrie dans la fonction logique du cerveau. Ces cubes crénelés que domine une tour carrée, ces murs tout à fait nus percés d'étroites fenêtres jumelles que sépare une colonnette raide comme un pieu de fer, ces durs profils de hache montant des ruelles dallées de Sienne, de Pérouse, de Volterra, de Florence, de Mantoue, ne restent jamais qu'entrouverts. Quand les gonfaloniers déploient sur la place publique la bannière des confréries, les portes de bronze se ferment à l'insurrection populaire. La guerre civile ne cesse pas. Deux plumes différentes au chaperon, un regard, un geste, la dague saute du fourreau. Le tocsin sonne, on s'embusque aux carrefours, on se poursuit dans les rues voûtées, on s'égorge dans les églises, les maisons fortifiées versent sur le tumulte l'huile et la poix bouillantes. Là est l'Italie, et pas ailleurs. Quand l'illustre Brunelleschi, en plein XVe siècle, construisait le palais Pitti, entassant deux étages nus sur des blocs à peine dégrossis, quand, après son voyage à Rome, il rompait avec l'architecture française défigurée pour revenir à l'art positif des ancêtres et abandonnait le lyrisme factice des architectes religieux de son pays pour dresser, sur ses huit nervures de pierre, le dôme qui s'enlève au-dessus des toits de Florence d'un si fort et si dur élan, il accomplissait vis-à-vis des gothiques italiens une révolution encore plus radicale que celle que les gothiques français avaient accomplie,

346

trois siècles plus tôt, vis-à-vis des moines romans. Il rendait au génie de sa race l'hommage de le reconnaître en lui-même.

III

Dès l'heure où la France du Nord élevait, dans l'immense ébranlement des cloches, ses poèmes sonores que la pierre et le verre bercent au-dessus des cités, l'Italie se définissait donc, dans ses palais violents et rectilignes, par ce qui définira beaucoup plus tard sa Renaissance. Elle affirmait déjà, en plein Moyen Age, les droits de l'individu. Les architectes romans y signaient très souvent leurs œuvres et toute la Toscane connaissait le sculpteur Nicolas Pisano alors qu'aucun des imagiers de France ne pensait à dire son nom. Les Scaliger, droits sur leur cheval d'armes, foulaient déjà leur poussière. Il n'était pas possible que le christianisme populaire prît, dans l'imagination italienne, la forme que lui donnait la sensibilité française. Quelques individus seuls pouvaient vivre, sans en être dévorés, l'exaltation sentimentale et poétique qui lui imprima son accent. En Italie, il y a bien une cathédrale. Mais la foule n'a pu que la désirer ardemment. Elle n'y a pas mis la main. Son vaisseau, c'est François d'Assise. Ses tours, Dante et Giotto.

Le fond du siècle, c'est la violence. L'Église féodale, ici, pèse plus lourd qu'ailleurs. La tiare, la mitre s'achètent quand on ne les prend pas d'assaut. Le prêtre maintient par l'enfer, dans l'obéissance, les pauvres en qui le sentiment furieux du droit individuel obscurcit, comme chez lui-même, le sens du devoir social. Il faut voir avec quelle rage sont peints, sur les murs du Campo-Santo de Pise, les supplices infernaux.

144. Art pisan (XIVe-XVe s.). Vierge de l'Annonciation. Bois, *détail*. Musée du Louvre. *Ph. Giraudon*.

C'est par réaction que la douceur naquit. Elle fut absolue comme la violence, parce qu'elle incendiait comme elle des esprits dont la passion ne connaissait pas d'autres bornes que la pleine satisfaction de leur insatiable instinct. François d'Assise aima avec l'emportement que les hommes de son époque mettaient à tuer. S'il fut soumis à ceux dont la corruption et la violence avaient provoqué sa venue, c'est qu'il sentit à sa douceur une puissance invincible, capable de nettoyer et de renouveler le monde. Mais en faisant rentrer l'esprit humain dans la nature dont l'avait arraché le christianisme primitif, il lui restitua l'aliment de la dignité et de la force. Son panthéisme protesta contre le dualisme chrétien qui rend définitif le désaccord entre la chair et l'âme et ferme brutalement l'accès des grandes harmonies. En mourant, il se repentait d'avoir pratiqué l'ascétisme, « offensé son frère le corps ». Parole profonde et charmante! Il fut en Italie, dans l'ordre du sentiment, ce qu'Abailard avait été en France, ce que Roger Bacon allait être en Angleterre dans l'ordre de la raison. L'humanité païenne tout entière, qu'il lia à l'esprit du Christ, ressuscita dans son amour de la vie universelle. Et cet amour le conduisit, comme elle y avait conduit ses derniers penseurs, à la négation intérieure de la propriété, c'est-à-dire à la liberté.

Il ne fit pas aux hommes de son temps les discours de morale qui les ennuient sans les changer. Il leur dit, avec une poésie si ardente qu'en parlant il tremblait, il riait, il pleurait de joie, tout ce qu'il enfermait d'amour pour ce qui est sur la terre. Il ne cessa jamais d'aimer. Il s'endormait sous les arbres et s'éveillait au même endroit. Il appelait à lui les bêtes, il chantait, gazouillait, sifflait avec elles, il mendiait pour elles, et les bêtes le suivaient. Il demandait aux cigales des conseils qu'elles lui donnaient et qu'il n'hésitait pas à suivre. Il ignora la théologie, mais laissa cette prière :

« *Loué soit le Seigneur Dieu pour toutes les créatures, et singulièrement pour notre frère messire le soleil qui nous donne le jour et la lumière! Il est beau, il rayonne d'une grande splendeur, et il vous rend témoignage, ô mon Dieu!*

Loué soyez-vous, mon Seigneur, pour notre sœur la lune et pour les étoiles! Vous les avez formées dans le ciel, brillantes et belles!

Loué soyez-vous, mon Seigneur, pour mon frère le vent, pour l'air et le nuage et pour n'importe quel temps! C'est par eux que vous soutenez toutes les créatures!

Loué soyez-vous, mon Seigneur, pour notre sœur l'eau, qui est très utile, humble, précieuse et chaste!

Loué soyez-vous, mon Seigneur, pour notre frère le feu! C'est par lui que vous éclairez la nuit, il est beau et agréable à regarder, indomptable et fort!

Loué soyez-vous, mon Seigneur, pour notre mère la terre qui nous porte, nous nourrit et qui produit tous les fruits, les fleurs diaprées et les herbes! »

Quand il mourut, les villes de l'Ombrie se battirent autour de son cercueil pour se disputer ses os. C'est ainsi que les hommes comprennent. Il n'importe. Cela encore, c'était de la passion. Et il laissa dans la piété des multitudes et l'imagination des forts une trace si resplendissante qu'elle illumina l'Italie jusqu'à la fin de son soir. Il lui rendit l'amour des formes, elle en a vécu quatre cents ans.

Le plus grand poète, le plus grand peintre du Moyen Age vinrent boire à son souvenir. Les tours, d'un élan, jaillirent de la nef. L'une rude et touffue, traversée de flammes, pleine d'orgues et de tonnerres, avec des nervures de fer. L'autre calme, un rayon montant du monde sensuel pour atteindre d'un trait à la lumière de l'esprit. Dante et Giotto. Les deux faces du Moyen Age. L'enfer, le paradis. Les deux faces de l'Italie surtout, amoureuse et violente, comme elle est charmante et sauvage par ses golfes lumineux et par ses durs rochers. C'est le premier des grands contrastes qui se retrouveront jusqu'à la fin de sa vie héroïque, contrastes enveloppés dans la même harmonie de passion et d'intelligence : Masaccio et Fra Angelico, Donatello et Gozzoli, Luca Signorelli et Ghirlandajo, Michel-Ange et Raphaël. Le même ciel écoute monter vers ses sphères étincelantes la voix du prophète et le chant du berger.

Giotto n'est pas un primitif, non plus que Dante. Il est la conclusion d'un long effort. S'il révéla à ceux qui vinrent cent ans après lui le langage des formes, c'est un peu à la façon dont Phidias peut le révéler encore à ceux qui l'aiment suffisamment pour se refuser à le suivre. Guido, Cimabue, Duccio même, le noble Siennois qui retrouva dans la tradition byzantine l'âme réelle de la Grèce et traduisit humainement pour la première fois le drame de la Passion, n'avaient pu défoncer la gangue hiératique que les peintres de Ravenne et les mosaïstes envoyés par Constantinople proposaient à leurs désirs. Avec Giotto le mouvement, la vie, l'intelligence, le grand calme architectural, tout envahit les formes à la fois. Parce qu'il arrivait presque le premier, il disposa de moyens réduits, mais il sut traduire avec eux une conception du monde et de la vie tout à fait mûre. La seule expression que son temps lui permît d'en donner, il la donna complète, et consciente, avec la liberté et la sobriété

145

des hommes qui portent en eux une de ces minutes
décisives que l'humanité met parfois plusieurs siècles
à conquérir. Il fut de ceux après lesquels la dissociation
et l'analyse doivent fatalement recommencer. L'Italie
renaissante est séparée de lui par un abîme et il faudra
attendre Raphaël pour que s'ébauche et Rubens pour
que s'effectue avec l'esprit moderne, la synthèse que
fit Giotto avec l'esprit médiéval.

  Il eut ce génie symbolique que le Moyen Age

145. Giotto. Saint François d'Assise prêchant aux oiseaux. Peinture. Musée du Louvre. *Ph. Giraudon.*

146

chrétien imposait à ses poètes comme la nature elle-
même impose aux cultivateurs le rythme de ses saisons.
Puisque la vie, pour eux, symbolisait l'idée divine, ils
ne pouvaient rencontrer le symbole que dans la
matière de la vie passionnément aimée et passionnément étudiée pour ce qu'elle contient et révèle. Le
symbole venait à lui dans les attitudes des hommes,
dans l'humble mouvement au ras du sol des bêtes
qui broutaient et voletaient, dans le prodigieux tapis

bleu que le jour étendait dans l'espace, dans les feux
innombrables que la nuit y révélait. Bien qu'il n'eût
en lui que les forces virtuelles accumulées par les
besoins non satisfaits des hommes disparus, bien
qu'à peu près personne avant lui n'eût regardé vivre
la forme, il sut tout de suite voir que tous nos désirs
et tous nos rêves, et tout ce qui est divin en nous,
tout nous vient de nos rencontres avec elle, des sites
gracieux et rudes au milieu desquels nous avons vécu,
des corps majestueux que nous avons vus s'incliner
pour les pleurs ou se relever pour l'espérance, des
mains qui supplient ou qui s'ouvrent ou écartent de
longs cheveux sur des visages attentifs ou douloureux
ou graves. Il en eut un sens si pur que l'image qu'il
en fait vivre sur les murs d'Assise et de Padoue passe
directement en nous ainsi qu'une action vivante, sans
que nous ayons eu le temps de nous apercevoir que
ce n'est là, au sens propre du mot, ni de la sculpture,
puisque les profils et les groupes, disposés sculptura-
lement, sont projetés sur une surface peinte, ni de la
peinture, puisque le rôle des valeurs, des reflets et des
passages y est à peine soupçonné. Cette forme rudimentaire est traversée d'un éclair d'âme qui la dresse
d'un seul coup.

　　Il fut à lui tout seul en Italie ce christianisme
populaire qui poussait à cette époque en champs
touffus dans la sensibilité des foules françaises. Il
sentit comme elles sans effort, pour l'exprimer dans
ce langage à la fois intellectuel et sentimental que sa
race et son ciel pouvaient seulement lui dicter, ce qui
correspondait à tous les hommes dans la naissance
et la vie et la mort d'un homme que les misérables
avaient laissé diviniser pour se mieux reconnaître
en lui. Il retrouva dans l'ingénuité de son cœur le

146. Giotto. La Vierge et sainte Elisabeth. Fresque. Padoue.
Ph. Alinari-Giraudon. — 147. Giotto. La Descente de Croix. Fresque,
détail. Padoue. *Ph. Anderson-Giraudon.* ▶

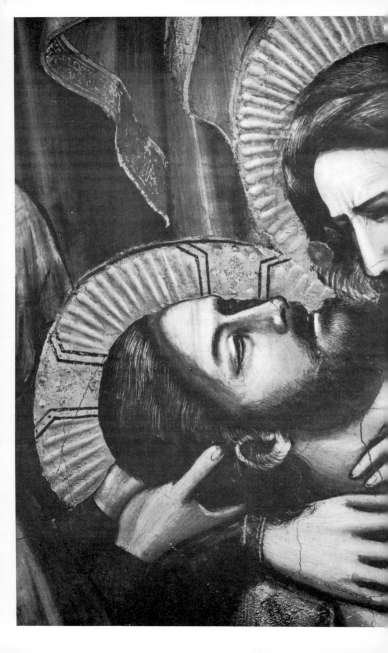

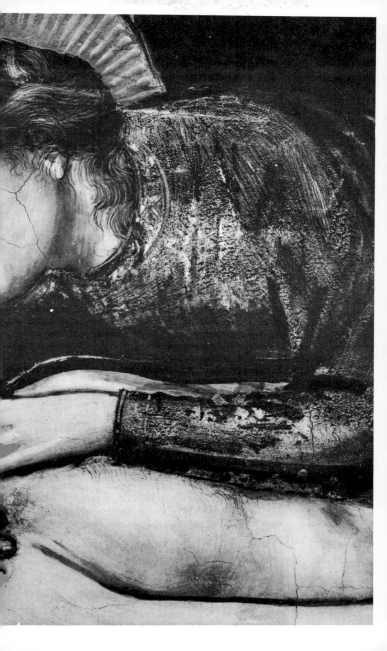

plus haut drame humain. Et comme il ne voyait, dans les gestes de ses acteurs, que leur direction essentielle, il les fit plus directs, plus justes et plus vrais pour révéler ce drame aux hommes qui désormais n'auraient plus qu'à laisser retomber leurs paupières pour le sentir vivant en eux.

Il nous envahit doucement par ondes calmes et qui ne cessent pas et nous suivons, comme une feuille abandonnée aux grandes eaux d'un fleuve, en dedans des hommes et des femmes, une irrésistible douceur qui les prosterne autour du héros mort, coule dans leurs mains pour soutenir sa tête exsangue, ses pieds brisés, ses bras, et se répand ainsi qu'une lumière égale dans la terre et le ciel qui s'apaisent autour de lui. Jamais personne avant Giotto, même ceux qui s'étaient tournés vers elle pour l'adieu, jamais personne n'avait saisi tout à fait le rôle de la femme dans l'humanité intérieure, jamais personne ne l'avait vue ainsi toujours au centre de la passion, sans cesse déchirée par la maternité, par l'amour, crucifiée à toutes les heures. Jamais personne n'avait dit qu'elle n'a pas, comme les dieux vivants que nous attachons à la croix, la consolation de l'orgueil, qu'elle se laisse torturer sans que faiblisse sa foi en ses bourreaux qui sont ses fils et les pères de ses fils, et sans leur demander une autre récompense que le droit de souffrir pour eux. On n'avait pas encore vu tout ce qu'il y a dans un visage dont les yeux se creusent sous les plis crispés des sourcils, dans une tête reposant sur deux mains nouées, dans deux bras qui s'écartent. Cette œuvre est le plus grand poème dramatique de la peinture. Elle ne se décrit pas, elle ne s'explique pas, elle ne s'évoque pas, elle se vit. Il faut avoir vu, à Assise, ces harmonies ardentes faire remuer les ténèbres,

le tas des enfants égorgés, les mères qui meurent ou
supplient ou regardent, sur leurs genoux, un petit
corps flasque, les soldats qui ressemblent à des bou-
chers. Il faut avoir vu, à Florence, les amis de François
qu'incline sur sa mort la houle de douleur des dernières minutes. Il faut avoir vu, à Padoue, les femmes
agenouillées, celles qui s'ouvrent les bras, celles qui font
au cadavre divin un berceau de leurs mains unies,
et le Christ parmi les hommes hideux qui l'outragent,
et ceux qui souffrent et ceux qui prient et ceux qui
aiment. Et quand on a vu, c'est comme un vin fort
et doux qu'on emporte en soi pour toujours.

Giotto avait recueilli l'écho de l'art français
dans les livres d'enluminures, et rencontré certainement en Italie des maçons et des imagiers venus des
bords de la Seine. Le fils du vieux sculpteur de Pise,
Giovanni, qui le précédait à peine, l'avait touché par
ses nativités pleines de tendresse affairée, enchantées
d'entendre l'enfant vagir, de voir les bêtes tondre
l'herbe, de surprendre la vie à son aurore avec la
mère ravie qui se penche sur le berceau. Il l'avait
bouleversé par ses scènes de meurtre, mises en croix,
enfants massacrés, drames ardents et si mouvementés
qu'ils semblent passionner la pierre, la jeter en paquets
de flamme au-devant du spectateur. Il l'avait enthousiasmé par la sûreté de sa langue, nerveuse et souple
comme une longue épée qu'on ploie, et qui foisonne
d'éclairs. Par les peintres siennois, il était remonté
jusqu'à Ravenne où, devant la splendeur polychrome
des mosaïques miroitantes, il avait soupçonné, à
travers Byzance, le calme des Panathénées qui défilaient encore autour du Parthénon. Il avait vu l'architecture antique à Rome, à Naples, à Assise où le
peintre Cavallini lui apportait la tradition des mosaïstes

148

149

150

romains. Face aux fresques de Cimabue, toutes
fraîches encore, bleues et or et rougissant à la lueur
des torches, il avait travaillé dans l'obscurité de
l'église basse où tous les cieux mystiques ont accumulé
dans le salpêtre leur azur, leurs crépuscules et les
étoiles de leurs nuits. La ligne des montagnes, les
golfes, les hommes l'avaient partout sollicité. Voyez
ces figures qui s'avancent, pures, et d'un seul mouvement, ces harpes, ces violons qui jouent, ces palmes
secouées, ces bannières qui s'inclinent, ces nobles
groupes autour des lits de mort, d'accouchement ou
d'agonie. Quelque chose y frémit que ne connaissaient
pas les Grecs, de la douleur sur les bouches, de la
douceur dans les yeux, la confiance que l'homme eut
un moment en l'homme, et l'espoir de ne plus souffrir.

148. École de Giotto. Le Massacre des Innocents. Fresque. Assise.
Ph. Anderson-Giraudon. — 149. Simone Martini. Saint et sainte.
Fresque, *détail.* Assise. *Ph. Anderson-Giraudon.* — 150. Taddeo
Gaddi. L'Annonciation. Fresque. Florence, Santa Croce.
Ph. Alinari-Giraudòn.

Quelque chose y resplendit que ne connaissait plus le Moyen Age occidental, un retentissement des formes dans les autres formes, une harmonie de mouvements qui se répondent, un trait réunissant dans son ondulation rythmique des torses qui se penchent et d'autres qui se couchent et d'autres qui restent debout.

Je ne puis, pour mon compte, imaginer un homme plus intelligent que Giotto. Et je suis sûr que cette intelligence n'est que l'épuration progressive et logique du sentiment le plus candide et de l'émotion la moins apprêtée. Il n'a eu qu'à regarder mourir son ami, accoucher sa femme, souffrir son enfant, pour savoir comment les attitudes de ceux qui pleurent ou agissent autour du drame s'organisent spontanément, tous ayant le drame même comme unique centre d'attraction. Sans effort, semble-t-il, et pour exprimer directement et naturellement ce drame et les circonstances de ce drame, les masses vivantes obéissent aux lois secrètes qui président de toute éternité à l'harmonie des groupements. C'est parce que chacun des êtres qui y sont mêlés agit selon sa fonction sentimentale, qu'il participe à la fonction plus générale de l'ensemble, fonction artiste, métaphysique, si l'on veut, qui reproduit l'eurythmie mystérieuse des mondes avec une instinctive et musicale et pourtant étroite fidélité. Auprès du vieux maître florentin, Raphaël ne semble apercevoir que l'extérieur des gestes, Michel-Ange donne l'impression d'un effort désespéré vers cet équilibre parfait qui, pour Giotto, est une fonction essentielle, Rubens paraît forcer en attitudes théâtrales le mouvement intérieur qui ordonne et distribue, et Rembrandt rechercher quelquefois l'effet. L'ordre que tous poursuivent avec fièvre, dans les intuitions

151

brusques, les tempêtes, les révoltes ou les tensions soutenues de l'esprit, entre en Giotto avec l'émotion elle-même, qui prend son caractère architectural et plastique dans l'harmonieux fusionnement de la pensée et du cœur. Par là, la « composition » de Giotto est peut-être le plus grand miracle de la peinture. Je dis « miracle », le miracle étant la réalisation la plus spontanée dans le geste, du désir le plus inaccessible dans l'esprit. Ces mains qui se joignent, ces doigts qui se crispent sur ces poitrines, ces corps qui s'agenouillent ou se relèvent ou s'inclinent à demi ou se tiennent droits, cet étagement progressif des formes humaines, tout l'appareil extérieur du désespoir, de la supplication, de l'adoration, de la prière qui constitue cette œuvre pathétique, entre d'un

151. Pise. Campo Santo. Le triomphe de la Mort (xive s.). Fresque, *détail. Ph. Anderson-Giraudon.*

flot dans l'unité de la pensée pour démontrer l'accord définitif de nos besoins moraux et de nos besoins esthétiques. Une puissante et entraînante mélodie emporte et berce tous les gestes désespérés... Ce poète de la douleur avait en lui la joie des époques vivantes où tout aboutit, se rejoint et s'accorde dans les esprits pour le réconfort de ceux qui chercheront leurs traces quels que soient leur foi, leur vie, et le motif de leur souffrance, et la forme de leur espoir. Ce n'est pas Giotto qui fit l'unité de son œuvre, c'est l'unité du temps qui le créa. Et l'Unité, qui est une hymne, nous élève au-dessus des larmes. Giotto ne pleure pas sur le Christ ou la femme et nous ne pleurons pas non plus. C'est une indicible douceur, une indicible espérance. Il comprend, il se penche, il tend une main forte, il relève celui qui est tombé, pour le soutenir et l'entraîner il entonne un chant magnifique, et sa grande ligne sévère ondule, monte, descend et remonte comme une voix.

Profondément Italien par son génie idéaliste, dramatique et décoratif, et contenant, bien qu'il résumât un seul moment de l'Italie, toute l'Italie qui viendrait, et jusqu'à l'Italie déchue, Giotto communia dans l'humanité la plus générale avec tous les héros de la peinture par la piété avec laquelle il accueillit la vie, par le sentiment passionné qu'il eut des charges qu'elle lui confia, par le désir divin qui lui faisait transfigurer le monde et soutenir les bleus célestes du paradis entrouvert sur les graves accents humains des rouges, des verts et des noirs... Son espoir ne monta jamais plus haut que sa vaillance d'homme. Le jour où il rassembla autour de Jésus crucifié des anges à plumes de rayons à demi plongés dans le ciel, il retrouva le symbole suprême qu'Eschyle avait

imaginé pour fortifier notre courage, quand il vit
voler autour de Prométhée l'essaim des Océanides.

IV

Cette œuvre est donc à elle seule un monument
social où la radieuse peinture associe les volumes
sculpturaux dans un rythme architectural. L'homme
disparu, elle s'écroula très vite. Ceux qui vinrent ne
surent qu'en ramasser les débris pour élever des édifices isolés qui n'étaient plus, dans le siècle anarchique,
que des asiles provisoires, grêles, ouverts à tous les
orages, en qui l'âme italienne inquiète et désunie
ne pouvait plus trouver que l'ombre de la certitude
héroïque où les grands esprits du Moyen Age avaient
forgé son espoir. C'est après Giotto qu'apparurent
les véritables primitifs, mais des primitifs qui n'avaient
plus d'élan, la fin d'une époque. Cette sorte d'aurore
sourde qui éclairait par le dedans les grands visages
sérieux des vierges de Cimabue, leurs grands yeux
sans fond comme ceux des figures peintes sur les sarcophages d'Égypte, les coupoles de Constantinople
et les murs de Pompéi, cette force naissante qui commençait à sculpter les crânes plats des idoles byzantines, à soulever le chœur des élus, dans le vent des
harpes célestes, d'une vague animation, toute cette
flamme obscure de vie qui révéla soudain l'homme à
lui-même dans cet éclair d'esprit que fut Giotto, tout
cela baissa d'un seul coup, ne brilla plus qu'en lueurs
hésitantes qui s'éteignaient en fumant. Comme les
artistes italiens ne pouvaient recréer le magnifique
équilibre d'âme qui avait couvert les murs d'Assise
et de Padoue de ces lignes austères où l'ordre universel
s'inscrivit un moment, et comme ils ne voyaient
derrière eux que deux œuvres divines, ils demandèrent

un refuge à la plus désespérée, la seule aussi qui leur laissât la liberté de parler à leur guise. Giotto restant inaccessible, le cycle dantesque s'ouvrit au moment où la peste de Toscane en justifiait les visions. A Florence, Orcagna, imagination sévère, peintre des visages ennoblis par la méditation ou crispés par la douleur, ne voyait plus que des foules assemblées, les yeux au Ciel, de grandes formes priantes. Taddeo Gaddi, avec une douceur navrée, clouait le Christ sur toutes les murailles. La Chapelle des Espagnols se couvrait de peintures ardentes où passait un vent de terreur, où l'estropié et le malade sortaient des bouges pour ramper et tendre les mains. A Pise, abandonnée, dans sa décadence politique, aux terribles Dominicains, on ne décorait plus que les murs du cimetière, des cadavres pourris, des vers, des démons, des supplices, une fureur de remords... Sienne s'enfonçait obstinément dans la volonté maladive de mourir sans bouger.

De toutes les villes italiennes, elle avait toujours été la plus violente, la plus meurtrie par la guerre civile, la plus fréquemment dévastée par les conflits militaires du Nord et du Midi entre lesquels elle était prise. Elle garda la dureté de l'âge de fer italien. Ses artistes virent Giotto, mais sans dépasser son écorce, et sans qu'il entamât la leur. Duccio joua vis-à-vis des peintres de Sienne le même rôle que Giotto vis-à-vis des Florentins. Ils étaient de même âge, mais sans doute ne surent-ils que peu de choses l'un de l'autre. En tout cas, bien plus que Giotto, il reste enfoncé dans Byzance, qu'il anime d'ailleurs d'une puissante et charmante expressivité. Il a au plus haut point le don de faire vivre et remuer les foules. Elles s'affairent, elles s'agitent, sans grands gestes,

152. Duccio. Le Christ au Jardin des Oliviers. Sienne. Opera del Duomo. *Ph. Alinari-Giraudon.*

mais avec des mouvements d'ensemble qui livrent
le sens de la scène au premier regard. Il ne soupçonne
presque pas cette « composition » sublime, qui n'est
chez le grand Florentin autre chose qu'un équilibre
parfait entre l'élément moral et l'élément descriptif.
Mais il va droit au but qui est de dire son émotion
devant la vie et la mort du Seigneur exprimées par des
formes vivantes, et il le dit avec une noblesse, une
tendresse, une verve, une malice même dans la passion
qui ne le cèdent guère, dans toute la peinture italienne,
qu'à celles de Giotto lui-même. Ses successeurs
immédiats, Barna, par exemple, travestissent en mélo-
drames d'ailleurs ardents, et colorés, cette puissance
passionnelle qui suffirait à définir, au-delà du génie
de Giotto, le génie même de l'Italie. Tous ses héros
l'ont possédée, cette âme dramatique, et tous ses faux
artistes, depuis cinq siècles, s'en sont impudemment
servi pour calomnier, aux yeux des hommes, l'idéal
qu'elle leur a si généreusement versé. Barna, Spinello
Aretino défigurent l'agonie du Moyen Age latin,
comme l'école bolonaise devait défigurer plus tard

l'agonie de sa Renaissance en déclamant en style de théâtre les réalités spirituelles arrachées à l'inconnu par Masaccio, par Vinci, par Michel-Ange, par Raphaël, par Titien.

Pourtant, dans cette ville rétrograde qui voulait, au milieu du bouleversement et de l'inquiétude des esprits, garder ses dieux sous son armure, le lent flétrissement de la dernière fleur gothique eut un

153

154

parfum pénétrant. Ce fut un peu comme la fin de
l'architecture française... La poésie mourante du
vitrail où un peuple malade vient irriter sa fièvre,
après la poésie vivante qui retentit dans la pierre et
le bronze avec la voix des hommes forts. Elle agonisa
dans l'ombre brûlante de la cathédrale de marbre
au campanile blanc et noir qui monte du rocher sous
le ciel impitoyable. Elle agonisa dans la ferveur
mystique des bleus purs et des ors apportés aux
peintres de Sienne par les mosaïstes byzantins. Simone
Martini ne détournait ses regards des chevauchées [149]
militaires et des hautes tours crénelées qui montent
et se menacent sur la houle des toits, que pour écouter
dans l'invisible vibrer les harpes célestes dont le
vent balance des lys. Avec lui, tous les murs des
palais et des églises tremblent de voix profondes,
comme si les vierges pâles qui les couvrent du haut
en bas, leurs grands yeux obliques tous levés dans leurs
longs visages purs au milieu des ors et des palmes,
faisaient entendre ensemble, avec ces accents déchi-
rants que prennent la souffrance et la douceur chantées,
la noble protestation des légendes consolatrices contre
le noble effort du temps. Bartolo di Fredi, Sano di
Pietro, Lorenzo di Pietro écoutent encore obstinément, au cœur du XVe siècle, alors qu'un idéal renouvelé tourmente autour d'eux la Toscane, des voix
lointaines qui se sont tues pour les autres Italiens.
Seul, Ambrogio Lorenzetti, décorateur puissant dont [155]
les fresques chantent, vibrent, pleurent et s'apaisent
et s'enflent comme un chœur de violoncelles, a entendu
monter des rues et des campagnes, des mamelons
couverts de vignes et de pins, une rumeur confuse
annonçant un nouveau réveil, tandis que son frère
Pietro imprime une unité nouvelle à la splendeur [153]

153. Pietro Lorenzetti. La Descente de Croix. Fresque. Assise.
Église basse. *Ph. Alinari-Giraudon.* — 154. Duccio. La Pêche miraculeuse. Sienne, Opera del Duomo. *Ph. Anderson-Giraudon.*

plastique qu'il découvre au drame de la croix. Une merveilleuse animation peuple ses augustes paysages, dont les travaux de la culture et les œuvres de la guerre couvrent les collines serrées, incisent les vallées creuses, vaste poème épique et familier où l'imagination fourmille, comme si le monde pressenti y fermentait dans les labours, les semailles et les moissons. En outre, plus profondément qu'aucun des Florentins de son époque, Ambrogio scrute et caractérise les visages. Ses grandes effigies, fermes et pures comme des portraits chinois, paraissent gravées dans le mur, ourlées et cimentées de pierre. Lentement, puissamment elles s'éveillent et regardent, sans gestes, avec leurs grandes faces dures, terribles de sévérité, de concentration et de silence. Leur dessin est si abrégé et si voulu, si serré l'enchaînement des lignes et des courbes expressives, qu'on assiste déjà avec lui à une première et presque complète réalisation du souci de déterminer par des moyens géométriques les caractères les moins abstraits de la vie la plus émouvante où se reconnaîtront plus tard les héros du siècle suivant, Paolo Uccello, Andrea del Castagno, Piero della Francesca, Luca Signorelli. Mais Ambrogio, presque autant que Pietro, reste tout de même encore un homme du Moyen Age, par la solidité — déjà bien tendue, il est vrai, et trop volontaire, — de sa morale, son sens intransigeant et précis du juste et de l'injuste exprimés dans les belles harmonies sombres, rouges et noires, où résonne avec une rigueur douloureuse l'appel suprême du passé. Sienne meurt pour avoir voulu maintenir, en face de besoins nouveaux, les principes usés qui l'avaient fait vivre. Tandis qu'elle s'enferme dans son indépendance étroite, Florence absorbe la Toscane, la soumet à son esprit.

155. Ambrogio Lorenzetti. Le Pape et les franciscains. Fresque, *détail*. Sienne, San Francesco. *Ph. Anderson-Giraudon.*

DOSSIER

Publié à l'automne 1911, *L'Art médiéval* a été remanié et réédité en 1921, 1924 et 1926, mais Élie Faure a fait ces corrections et ces ajouts avec une sérénité, et même une sorte de bonheur, bien différents du tourment que lui donnait *L'Art antique*. Il a toujours dit qu'il avait un faible pour son deuxième volume, et qu'il l'estimait le plus réussi de toute l'*Histoire de l'Art*.

Élie Faure ne se pardonnait pas d'avoir accordé trop de place aux Grecs, qui bénéficiaient de quatre chapitres à eux seuls. Sa vision de l'art universel restait ainsi déformée par une excroissance normale dans la perspective classique qui était la sienne à ses débuts, mais insupportable dès qu'on cessait de prendre la culture méditerranéenne comme référence majeure. Aussi a-t-il compensé ce déséquilibre en donnant à son second volume une dimension mondiale, et en y faisant la part égale aux arts exotiques et à l'art européen.

Mais c'était au prix d'une autre distorsion, car sous le nom d'« art médiéval » se trouvaient rangés des artistes et des œuvres qui n'étaient pas chronologiquement du Moyen Age, comme les peintres japonais du XVIIe au XIXe siècle qui à ce titre auraient dû se trouver dans *L'Art moderne*. Élie Faure avait si bien conscience de cette anomalie qu'il a envisagé, vers 1923, de séparer en deux volumes les arts exotiques et l'art médiéval proprement dit.

Il n'a pourtant pu s'y résoudre, pour des raisons non pas
pratiques, mais symboliques. C'est que les mots de *Moyen
Age* et *médiéval* désignent moins une période déterminée
dans l'histoire, qu'un état de civilisation caractérisé par
une foi unanime et des créations collectives. Le titre d'*Art
médiéval* doit être entendu en un sens métaphorique, et
pourrait s'écrire entre guillemets. Mais il prend ainsi une
place à part dans l'*Histoire de l'Art* puisque la succession
logique des volumes — Antiquité, Moyen Age, Renaissance, Temps modernes — est ici détournée par l'intru-
sion d'un symbole qui fait éclater la chronologie. La composition du livre obéit plus au principe d'analogie qui
déterminera *L'Esprit des Formes,* qu'aux impératifs d'un
ordre historique.

1. *La cathédrale laïcisée*

On sait que le jeune critique de *L'Aurore* met l'art
grec au-dessus de tout. Il a même, comme ses amis anarchistes, une version manichéenne de l'art occidental, où
s'opposent le Parthénon, symbole d'une civilisation harmonieuse, et les monuments chrétiens qui témoignent
d'une dégénérescence, d'une « crise d'hystérie du monde »...
Lorsque le campanile de Saint-Marc s'effondre et que les
rédacteurs du journal mènent une polémique contre le projet de restauration, Élie Faure n'est pas le moins virulent :

> Manoirs féodaux, temples mystiques, témoignages de
> meurtre et de mort bâtis sur le mensonge, ce sont vos rui-
> nes que la renaissance chrétienne, qui prit le nom de roman-
> tisme, chanta dans le tumulte creux de ses lyrismes et
> qu'admirent par-dessus tout le snob et le touriste, et
> l'immense troupeau encore assoiffé d'au-delà qu'est la foule

à peine sortie des servitudes séculaires. Ce sont ces édifices qu'on restaure, ce sont ces édifices que le culte abêtissant des traditions tente de sauver de la mort, ce sont ces édifices auxquels Michelet reprochait de s'appuyer sur des béquilles, qu'on voit toujours couverts d'emplâtres et de cataplasmes et que Renan sur l'Acropole, face à face avec la raison, accusait de ne pouvoir durer plus de cinq à six cents années (1).

Pour les besoins de la cause, il retient de Michelet un petit détail, ce qui prouve d'ailleurs qu'il l'a lu avec attention. L'allusion aux « béquilles » renvoie en effet à une note de la seconde édition, où Michelet, regrettant d'avoir eu pour tout le Moyen Age une indulgence coupable à cause de la séduction qu'exerçait sur lui l'art médiéval, a reporté en annexe, dans les « Éclaircissements », le fameux texte sur « La Passion comme principe d'art au Moyen Age ». C'est à propos des contreforts soutenant la masse des cathédrales qu'il a ajouté une note sur « ces béquilles architecturales (2) ». Élie Faure s'en souviendra encore dans *L'Art médiéval*.

La suite de l'article fait cependant une exception pour la sculpture :

> Le temps n'en [= des ruines chrétiennes] respecte que les morceaux qui sont taillés en pleine vie, comme ces statues merveilleuses de la cathédrale de Reims et quelques autres figures d'inspiration purement païenne, qui survivront à la dernière pierre des monuments idéaux.

Tout *L'Art médiéval* est en germe ici, dans l'été 1902, avec cette dissociation de la cathédrale et du christianisme. Élie Faure sera plus nuancé dans son livre, mais il verra

---

(1) « Les Ruines », *L'Aurore,* 17 août 1902.
(2) Michelet, *Histoire de France,* Livre IV, « Éclaircissements », édition de 1861.

toujours la cathédrale comme une expression du peuple, et non de l'Église, qui en est seulement le prétexte. En 1902, il a encore l'outrance simplificatrice du pamphlétaire, et ne tolère l'art chrétien que dans la mesure où il peut le croire païen ! Deux ans plus tard, il récidive en proposant au directeur de la revue *Les Arts de la Vie* de s'expliquer là-dessus, comme il le rapporte à sa femme :

> J'en avais offert un [article] à Mourey où je voulais démontrer l'inexistence de l'Art chrétien. Il ne veut pas en entendre parler. Il m'a déclaré tout net qu'il me le refusait (1).

Il faudra attendre *L'Art médiéval,* en 1911, pour lire un texte d'Élie Faure sur cet art chrétien, mais d'ici là il aura eu le temps de tempérer ses propos.

A défaut d'articles qui permettraient de suivre la maturation de ses idées, on trouve dans sa correspondance des informations intéressantes. Le 24 décembre 1905, il écrit à Maurice Denis pour lui proposer de fonder une société d'artistes, et après une réponse réticente de son correspondant, il insiste :

> J'estime que si vraiment, vous, les artistes, vous êtes les voix de la foule, vous avez le devoir, non pas de crier dans les rues, mais de vous retourner vers elle pour vous faire écouter. Je sais votre culte pour les gothiques, et je les aime comme vous. La cathédrale était l'œuvre de quelques-uns et ceux qui la bâtirent eussent été bien étonnés si on leur eût dit que la foule n'était qu'un élément pour eux et qu'eux seuls retrouvaient dans l'édifice de leur âme tous les balbutiements qu'ils entendaient autour d'eux.

---

(1) Lettre n° 42, 1904, *Œuvres complètes,* t. III, p. 971, éd. Jean-Jacques Pauvert, 1964. On renverra désormais à ce volume par le sigle *O.C.*

Mon cercle fermé n'a rien d'aristocratique, pas plus que la cathédrale populaire. Il est un groupement d'actions voisines et qui se cherchent, une communion d'élus qui ne demande qu'à l'élargir, qui l'organise pour vivre d'un commencement de vie collective, et cristallise autour d'elle tous les efforts éparpillés qui s'exténuent dans le silence (1).

Élie Faure n'a pas inventé cette interprétation de la cathédrale comme œuvre populaire. Michelet, déjà, y avait vu « le domicile du peuple », où la vie sociale tout entière se réfugiait, et dont l'ampleur des voûtes « était faite pour embrasser et contenir le tonnerre de la voix du peuple ». Viollet-le-Duc, dans l'article « Cathédrale » de son *Dictionnaire raisonné de l'architecture française,* en faisait un monument national plus qu'un édifice religieux : manifestation de l'unité populaire contre la féodalité, elle était « le symbole de la nationalité française, la première et la plus puissante tentative vers l'unité », « la base de notre unité nationale, le premier germe du génie français » — ce qu'Élie Faure résumera dans la formule : « Le héros français, c'est la cathédrale. » Mais plus déterminant encore doit être le tome IV de *L'Homme et la Terre,* qui paraît justement en octobre 1905. Dans le chapitre intitulé « Communes », où il consacre de longues pages à l'art médiéval, Élisée Reclus pousse à l'extrême les propositions encore prudentes de Michelet et Viollet-le-Duc :

Les merveilleux édifices de la période romane et des siècles de l'ogive nous racontent, non la puissance de la religion, mais au contraire la lutte victorieuse que l'art, cette force essentiellement humaine, a soutenue contre elle...

(1) Lettre inédite à Maurice Denis, 29 décembre 1905.

Les maçons des cathédrales étaient déjà des « francs-maçons » (l'étant lui-même, Élisée Reclus prêche pour sa chapelle), et ils ont dressé leurs édifices à la gloire de leurs communes, pour braver les barons tout autant que les évêques. Assimilant tout le christianisme à la pensée de saint Bernard, Élisée Reclus en déduit que si cette religion est hostile à l'art, l'art du Moyen Age ne peut être chrétien...

Ainsi encouragée par l'œuvre de son oncle, la réflexion d'Élie Faure sur l'art médiéval s'enrichit d'un nouveau développement en 1906, lorsqu'il découvre Giotto à Florence. Il écrit à sa femme, le 30 avril :

> Hier Giotto m'a été révélé et aujourd'hui Masaccio, deux fleurs héroïques dans le jardin charmant et un peu morbide de Florence. De tout cela je rapporte des photographies, mais elles ne donnent de ces belles choses qu'une bien lointaine idée, surtout pour les fresques. J'en rapporte surtout beaucoup d'idées. Giotto m'a révélé un tas de choses générales et confirmé un tas d'autres. Il est un résultat à l'encontre de sa réputation d'initiateur. Il est en Italie l'épanouissement d'un travail intérieur qui correspond au gothique français, et la Renaissance s'est faite absolument en dehors de lui et cent ans après sa floraison. Nous en reparlerons (1).

C'est donc à cette époque que la place de Giotto est déterminée : il sera dans *L'Art médiéval,* et non dans *L'Art renaissant.* Et bien qu'Élie Faure ait parfois changé son point de vue, en soulignant au contraire ce qui dans cette œuvre inaugurait la Renaissance, il écrit encore, dans l'un de ses derniers articles, en 1937, que Giotto et son élève Pietro Lorenzetti sont « l'un comme l'autre des conclusions plutôt que des commencements (2) ».

(1) Lettre n° 80, *O.C.,* p. 981.
(2) « Équivalences », *Verve,* n° 1, déc. 1937, et *O.C.,* p. 772.

Si l'on ajoute à cela une vieille vénération pour Dante, qui forme avec saint François d'Assise et Giotto la trinité dominant la fin du volume — Dante dont Élie Faure s'achète le buste en août 1899 pour l'installer sur la cheminée de son cabinet médical —, la partie de *L'Art médiéval* qui concerne l'Occident est mûre, dans l'esprit de son auteur, en 1906.

2. « *Des choses décourageantes pour des yeux d'Occidental* »

Les premiers textes d'Élie Faure contiennent quelques allusions aux arts exotiques. Hokusaï apparaît dès 1902 dans un passage sur l'expression plastique, en compagnie de Vinci, Rembrandt, Vélasquez, Rodin et Carrière :

> Hokusaï, avec quelques points, quelques lignes, a obtenu des hommes et des bêtes, des plantes, des eaux et des nuées du ciel le maximum de leur expressivité (1).

En 1905, il regarde un paysage marin comme une estampe japonaise :

> ... quand on étudie la langue des artistes, on constate qu'Hokusaï ou Korin arrive aux mêmes conclusions que Raphaël ou Rubens ou Giotto. Un jour, à Arcachon, je regardais la mer de ma fenêtre, à travers de grêles troncs nus : une dure nappe bleue, ravinée d'argent par la brise, ourlée d'or, de verdure noire par la ligne mince et précise des dunes couvertes de pins. J'étais presque aux Antipodes du Japon, et j'avais sous les yeux une estampe japo-

_____

(1) « L'art littéraire », *L'Aurore,* 22 décembre 1902.

naise. Parce que j'entendais la langue de ces artistes, je constatais qu'elle exprimait des rapports permanents dans le temps et dans l'espace, les mêmes près de l'Atlantique qu'au bord des mers orientales (1).

Ces références sont banales à l'époque, car l'art japonais est à la mode. Élie Faure évoque lui-même l'influence « des archaïsmes d'Orient » sur les artistes contemporains, les vieilles estampes nippones qui hantent Rodin, la sculpture indo-javanaise qu'on reconnaît chez Maillol (2). Mais c'est seulement en 1906 qu'on le voit s'intéresser plus systématiquement à ces formes d'art. Visiblement, il ne sait pas très bien où les ranger dans l'ensemble de l'histoire de l'art lorsqu'il commence ses cours à l'Université populaire. Deux conférences sur « L'art indou et indo-chinois », le 21 mars et le 23 mai 1906, s'inscrivent dans le cycle de l'art antique, sans doute parce qu'Élie Faure y voit un prolongement de l'Orient ancien. Mais en 1907, il reprend ce titre dans la série de conférences qui formeront *L'Art médiéval :*

23 janvier 1907 : L'art roman.

20 mars 1907 : L'art indou et indo-chinois.

19 juin 1907 : L'art chinois et japonais.

20 novembre 1907 : L'art japonais.

18 décembre 1907 : Byzance et les Arabes.

19 février 1908 : Le christianisme et la révolution gothique.

La première version manuscrite, dont on ignore la date exacte mais qui a dû être écrite entre 1907 et 1909, comporte les chapitres suivants :

L'art indou.

L'art chinois.

(1) « L'Art et la Science », *Les Arts de la Vie,* avril 1905.
(2) « Le Salon d'automne », *Les Arts de la Vie,* 15 novembre 1904.

Le Japon.
Les Terres de glace et de feu.
Byzance et l'Islam.
Le Christianisme et la révolution gothique.
L'Italie gothique. Giotto.

L'art roman, auquel Élie Faure a consacré un cours spécial en janvier 1907, perd son autonomie dans le manuscrit : il est évident qu'il intéresse peu l'auteur en comparaison de l'art gothique où se manifeste l'esprit révolutionnaire des communes. Byzance et l'Islam sont encore associés, pour des raisons faciles à deviner : non parce que Constantinople est devenue Istanbul, mais parce que l'iconoclastie byzantine a des rapports avec l'interdiction musulmane de l'image. Les réserves d'Élie Faure devant ces arts qui refusent l'expression figurée sont très sensibles dans son chapitre sur l'Islam, et si l'on veut savoir son opinion sur l'art abstrait, ce sont ces pages qu'il faut lire, plutôt que *L'Art moderne* où il n'en parle pas.

Enfin on remarque, en comparant le programme de l'Université populaire et la table du premier manuscrit, un chapitre nouveau, « Les Terres de glace et de feu », qui deviendra « Les Tropiques » dans la version finale. On sait que la découverte de « l'art nègre », comme on désignait alors les arts d'Afrique et d'Océanie, a été préparée par Gauguin, et qu'elle a été décisive en 1905-1906 pour un petit groupe d'artistes, Derain, Vlaminck, Matisse, puis Picasso et Braque. En décembre 1935, dans une préface pour Jacques Lipchitz (1), Élie Faure reconnaît au cubisme le mérite de cette révélation :

---

(1) « Le sculpteur Jacques Lipchitz à New York », *Beaux-Arts,* décembre 1935, et préface du catalogue de l'exposition à New York.

Les libres jeux des formes dans cette étendue demeurée primitive et par conséquent inséparable de la pensée dont les vieux sculpteurs d'Océanie, d'Afrique et d'Amérique nous manifestent la puissance, n'ont pas révélé le « cubisme » à lui-même. C'est au contraire le cubisme qui nous les a révélés. [...] L'art nègre, l'art polynésien ou aztèque, est en effet « cubiste » d'essence, puisqu'il sait construire des êtres capables d'affirmer leur existence imaginaire dans l'espace, avec des éléments de formes étrangères les unes aux autres.

Mais il est difficile de savoir si l'un de ces amateurs d'art « nègre » a initié Élie Faure entre 1907 et 1909 : il fait la connaissance de Derain en 1921, et de Braque en 1924 ; ses premiers échanges épistolaires avec Matisse datent de 1913 ; et l'on ignore quand il rencontre Picasso. En revanche, le titre de « Terres de glace et de feu » indique une source, car son oncle Élie Reclus a publié en 1885 un ouvrage d'ethnologie, *Les Primitifs,* dont une partie étudie les peuples hyperboréens (Inoïts ou Esquimaux), et une autre les Apaches : il n'en reste que des traces dans *L'Art médiéval* (« Les Tropiques », III), insuffisantes pour justifier le maintien du premier titre. Mais Élie Reclus a aussi écrit *Le Primitif d'Australie* (1894), tandis que son frère Élisée, dans son œuvre immense, faisait le tour de toutes les civilisations. Il est probable qu'après la *Nouvelle Géographie universelle* (1873-1895) et diverses monographies comme *L'Empire du Milieu* (1902), un livre sur la Chine écrit avec la collaboration d'Onésime Reclus, *L'Homme et la Terre* (1905-1908), a eu une influence déterminante sur Élie Faure. On retrouve chez lui l'insistance de son oncle sur la musique et le rythme dans les cultures « primitives », ou son intérêt pour le tatouage, qu'Élisée considérait comme « un art véritable », « un des arts les plus raffinés ».

A l'époque où Élie Faure prépare *L'Art médiéval,* les arts exotiques relèvent de l'ethnologie, et non de l'histoire de l'art. Il a donc été à bonne école avec ses oncles, et il ne lui reste qu'à préciser les informations générales qu'ils lui ont apportées sur toutes les cultures en se documentant, quand c'est possible, auprès des archéologues. Il indique quelques-unes de ses sources : les pages sur l'Amérique centrale, par exemple, renvoient à Désiré Charnay (1828-1915), l'un des fondateurs de l'archéologie précolombienne, à qui l'on doit non seulement des descriptions attentives des ruines, mais surtout de nombreuses photographies publiées en 1862 dans un album, *Cités et ruines américaines,* longuement préfacé par Viollet-le-Duc. D'autre part, Élie Faure a été directement renseigné par un spécialiste des Aztèques, Auguste Génin, qui vivait à Mexico (1).

Le chapitre sur la Chine est lui aussi des mieux informés, car Élie Faure connaît le meilleur sinologue de l'époque, Édouard Chavannes. La littérature doit beaucoup à ce savant, car s'il n'a eu aucune influence sur Claudel, qui fut son condisciple au lycée Louis-le-Grand mais l'avait perdu de vue au moment de son départ pour la Chine, il a en revanche révélé ce pays à Segalen, qui est allé y vivre en 1909. Chavannes, né en 1865, est devenu titulaire de la chaire de langue et littérature chinoises, au Collège de France, à l'âge de vingt-huit ans. L'étendue et la variété de son savoir ne peuvent que séduire Élie Faure : il pratique la linguistique, la littérature, l'histoire, la géographie, l'archéologie et l'histoire de l'art, l'épigraphie, la philosophie, l'histoire des religions... D'une pre-

---

(1) Auguste Génin a écrit ce qu'il savait des Aztèques sous forme de poèmes, entre 1884 et 1889. Ils ont été publiés sous le titre *Poèmes aztèques* en 1890, avec une lettre-préface de Clovis Hugues.

mière mission en 1889, il a rapporté les matériaux de son premier livre sur l'art chinois, *La Sculpture sur pierre en Chine au temps des deux dynasties Han* (1893). Une seconde mission, en 1907, lui permet d'estamper ou de photographier les plus intéressants monuments de la Chine du Nord, et de publier en 1909 sa *Mission archéologique dans la Chine septentrionale*. Élie Faure et Chavannes se sont probablement rencontrés grâce à leur ami et voisin commun, Charles Andler, en 1908 ou 1909. Chavannes et Andler ont traduit et commenté ensemble les *Premiers Principes de métaphysique* de Kant, en 1891 ; le premier vit à Fontenay et le second à Sceaux, où Élie Faure s'installe en 1908. *L'Art médiéval* va donc bénéficier d'une information de première main, et des plus récentes, d'autant que Chavannes met toutes ses photographies à la disposition d'Élie Faure, qui prend un grand plaisir à préparer l'illustration de son livre :

> Je m'amuse en ce moment beaucoup à recueillir des documents photographiques pour mon second volume. J'en ai d'admirables. Que ne venez-vous à Sceaux ? J'ai des choses hindoues et chinoises qui sont décourageantes pour des yeux d'Occidental. Nous sommes, à côté de ces gens-là, des bureaucrates de l'art, avec un rond de cuir au cul, une visière sur les yeux et des fiches sur notre table (1).

3. *La cathédrale au futur*

L'Art médiéval paraît à l'automne 1911, au moment même où Élie Faure provoque une violente polémique dans les journaux anarchistes en prenant parti pour

---

(1) Lettre n° 98, à Francis Jourdain, 1910, *O.C.,* p. 985.

les Italiens dans leur conflit avec les Turcs, à propos de la Tripolitaine. A cette époque, il est en train de redéfinir ses idées politiques. Il a été très proche des socialistes, durant les dernières années, avec ceux de ses amis qui animaient la section de Sceaux, notamment Charles Andler et Louis Dispan de Floran. En 1909, il fonde même avec eux une revue, *Les Semailles,* qui « fera connaître la doctrine véritable du Parti socialiste », ainsi que l'annonce leur prospectus. Mais la même année, Élie Faure devient également membre du comité de rédaction des *Portraits d'hier,* une revue anarchiste lancée par Henri Fabre, le directeur des *Hommes du jour* où Élie Faure écrit aussi à partir de 1910. Il milite donc à la fois avec les socialistes et avec les anarchistes, mais il cherche au milieu d'eux une voie personnelle, qu'il finit par trouver sur les pas de Nietzsche. L'année 1911, où paraît *L'Art médiéval,* marque ce tournant : il publie son essai « Frédéric Nietzsche », le 15 août, dans les *Portraits d'hier;* il est, si l'on en croit un texte inédit d'Henri Poulaille (1), « démissionné du Parti socialiste » pour nietzschéisme, ce qui indique qu'il y était inscrit ; et en octobre, il fait dans *Les Hommes du jour* une telle apologie de la guerre et de la révolution violente qu'il déchaîne contre lui les anarchistes pacifiques. Désormais seul, et renvoyant dos à dos les anarchistes « laquais de la pensée », et les socialistes « d'une niaiserie effroyable (2) », il cherche, à la lumière de l'histoire, quelle foi collective pourrait renouveler notre société.

Or *L'Art médiéval* est au centre de ces préoccupa-

---

(1) Nous devons la découverte de ce texte, ainsi que le prospectus annonçant *Les Semailles,* et la plupart des lettres inédites citées dans ce dossier, aux patientes recherches de Jean-Paul Morel.

(2) Lettre inédite à George Besson, 15 juillet 1913.

tions : l'élan populaire qui a fait jaillir les cathédrales, et qui s'est perdu dans l'individualisme de la Renaissance, devrait renaître dans un proche avenir dont Élie Faure guette partout les signes prophétiques. Plusieurs textes de l'année 1911 développent les interprétations de son livre en présentant l'art médiéval comme une référence pour comprendre ce qui est en genèse dans l'actualité. « Les Barbares », publié dans *La Phalange* le 20 août 1911 (une version très remaniée formera un chapitre de *La Conquête* en 1917), en appelle au renouvellement de la civilisation par un mouvement unanime comparable à celui des corporations qui fondèrent les communes et l'art ogival :

LES BARBARES

Les efforts plastiques d'aujourd'hui se cherchent à tâtons au sein de l'anarchie capitaliste qui séquestre les artistes dans les collections fermées et confie à des imbéciles l'édification et la décoration des monuments publics. Que ces efforts se rejoignent, se soudent, l'éclair d'un commun enthousiasme traversera cent mille cœurs vivants avant de se répandre de proche en proche et d'illuminer les esprits. Ce jour-là, toutes les pierres reposant sur des masses soulevées par la fièvre de la lutte, un grand temple sonore montera du pavé des villes pour recueillir et défendre ce que nous aurons conquis.

C'est là ce qu'il faut désirer pour mettre fin à notre angoisse. Nous attendons l'amour. Nulle douleur n'est comparable à l'attente de l'amour. Nous attendons la frénésie où nous emportera la joie de la conquête. Quand il y a dans la ville des lampions et des fanfares, il nous suffit d'entrer à Notre-Dame pour sentir le corps social tout entier gémir dans notre chair. On croit que sa joie est basse. Ce n'est pas vrai. Elle n'est pas. Ces hommes qui s'ignorent sont des désespérés. C'est par la Cathédrale que nous avons compris pourquoi, et que nous nous tournons vers le syndicalisme, malgré ses tares, malgré sa lenteur de croissance, malgré ses hésitations et ses défaites et parce qu'il est aujourd'hui le seul organe qui vive dans la nation, pour lui demander s'il ne contient pas en puissance quelque chose de comparable au mouvement corporatif du XIIᵉ siècle, qui prépara la commune française et d'où sortit l'art ogival.

Je ne sais pas ce que sera l'architecture, ni la sculpture, ni la peinture, ni le poème, ni la symphonie qui viendront. L'artiste fait son plan sur le terrain même. Sauf à l'heure enivrante de la réalisation, quand tous ses souvenirs, toutes ses visions présentes, tout ce qu'il espère et pressent l'inonde d'une ferveur brûlante d'où l'idée jaillit toujours claire et nouvelle et victorieuse, la pensée de l'artiste est confuse, confuse comme ce qui vit, comme ce qui sort incessamment d'une forme jamais finie et ne cesse de se créer. Quand les moines de Chartres ont posé les assises de leur grand édifice, prévoyaient-ils la flèche aussi longue, aussi pure qu'un cri d'amour? Quand les ouvriers d'Amiens ont disposé les premières maçonneries, soupçonnaient-ils déjà l'immense planement des voûtes et le rayonnement de la rose centrale et tous les gestes de la vie et les feuilles des bois et des vignes répandues du haut en bas? Il a fallu cent ans de solidarité active, la guerre des rues, le travail des ateliers sans cesse menacé et défendu, l'improvisation quotidienne dans le grand cadre mouvant de la Commune ardente et fragile pour poursuivre une tâche qui n'a jamais atteint son but. Les tours non couronnées montent quand même, d'un tel élan qu'on suit leur prolongement dans les cieux.

C'est quand une foule sent et pense en commun et va saisir la victoire que le chœur s'organise tout seul, qu'on entend les voix s'élever et descendre et se répondre et se faire équilibre, celles qui sont pures comme un matin de mai, celles qui sont amères et limpides comme un fleuve de pleurs, celles qui sont sourdes et presque basses comme un soir. A cet instant, ce qui parle, c'est la totalité de l'être, ses instincts, son désir, sa soif d'envahir les choses d'alentour. Ils ont beau ne rien savoir, pousser aux lèvres, avec le sang, des paroles balbutiantes, il suffit que les cœurs qui battent s'accordent pour que la voûte sonore s'arrondisse au-dessus d'eux. Les corporations du Moyen Age ne ressemblaient pas, sans doute, aux syndicats d'aujourd'hui.

Elles étaient, au moins dans leur forme dernière, plus fermées, plus étroites, d'un accès plus jaloux... Alors, notre confiance doit s'accroître. D'une base plus large, plus enracinée dans la foule ne peut sortir qu'un mouvement plus général, plus humain, arraché à plus de souffrances, à plus de besoins, de révoltes et d'illusions. [...]

La même année, Élie Faure écrit « La Cathédrale et la Commune », un article « destiné à compléter (1) » son livre, mais qui paraît en retard le 25 janvier 1912 dans *La Grande Revue* :

LA CATHÉDRALE ET LA COMMUNE

Une religion ne conserve jamais la forme originelle sous laquelle elle apparut à ses martyrs et à ses bourreaux. Jamais l'expression qu'en donnent les artistes ne correspond par conséquent à ses aspirations primitives. Le nom que nous lui imposons suffit pourtant à évoquer tout un développement historique de directions sentimentales et de dogmes moraux qu'acceptent ses fidèles dans son ensemble. Quand on retrouve dans le Parthénon la trace de ces dogmes et de ces directions, on peut se risquer à conclure qu'il exprime l'hellénisme. Si on les retrouve dans la cathédrale, c'est qu'elle exprimera l'espoir et les croyances des chrétiens.

Or, le Parthénon s'éleva sur un rocher grec, en face de la mer d'où Aphrodite était sortie, à proximité des gorges et des plaines où Héraklès avait poursuivi les lions et desséché les marécages, à l'heure où Eschyle et Sophocle dégageaient du symbole le sens humain des mythes que les bergers du Pinde et les pêcheurs des Cyclades se racontaient depuis cinq cents ans. Il résumait nécessairement les énergies qui avaient permis aux peuples de la Grèce d'orienter les hommes dans la voie de la liberté et de l'action. Au contraire, la Cathédrale se construisit loin des déserts où le mythe juif avait pris naissance, et plus de mille ans après

_____

(1) Lettre inédite à Jacques Rouché *(La Grande Revue)*, 27 novembre 1911.

l'heure où la passion des prophètes sémites avait touché l'Occident. Elle ne pouvait exprimer, dans le cadre légendaire dont le catholicisme avait entouré l'âme, que la prise de possession par une race neuve des énergies accumulées en elle par les événements économiques et politiques qui préparèrent son émancipation.

Le Christianisme n'a le droit de réclamer la Cathédrale qu'en revendiquant avec elle tout l'art contemporain du moment où elle apparut. Elle représentait une voix sans doute, et la plus haute et la plus pure, dans la symphonie populaire. Mais elle n'était pas toute l'architecture. Les palais, les maisons, les ponts, les halles, les remparts qui l'environnaient sortaient des mêmes besoins et reposaient sur les mêmes principes. Et si c'était la cathédrale qui dominait les villes en France, en Italie c'était le Palais public, en Flandre c'était la Halle, et la Flandre et l'Italie, qui étaient pays catholiques, eussent dû, en lui donnant le premier rang, participer avec la France à unifier un dogme dont l'unité est le souci le plus constant. Même en France, d'ailleurs, elle ne servait pas au culte seulement. Elle était le marché, la bourse du commerce, le grenier d'abondance. On y dressait des tréteaux, on y dansait. Les professeurs de l'Université, les étudiants y tenaient leurs assemblées plénières. Elle était la Maison du peuple. Certains jours, toute la ville y débattait ses intérêts. C'était un carrefour ouvert à tous les tumultes, traversé du matin au soir par la houle des cités, l'asile central des passions, des disputes, des affaires, à la fois le ventre et la tête, la réalité d'aujourd'hui où s'élabore sans arrêt le dieu vague et changeant qui est la projection de nous-mêmes sur l'avenir.

A la suite des Croisades, des routes qu'elles ouvraient, des énormes courants de négoces et d'idées qu'elles répandaient sur la terre, brassant les races, les croyances, les mœurs, les religions, les connaissances, une confusion magnifique agitait les sociétés occidentales. L'armure théocratique n'était plus capable de contenir l'esprit qui fusait de partout après huit ou dix siècles de brutalité militaire et de compression monastique. Les universités qui se fondaient par toute l'Europe, l'art, la chanson, l'architecture, les controverses théologiques elles-mêmes n'étaient que l'expression infiniment diverse, mais soulevée d'un même élan, des aptitudes et des forces que les peuples manifestaient. Là-dedans, l'idée chrétienne était noyée, débordée par la vie générale, transformée et refondue par trente générations d'hommes, tout à fait détournée de son sens primitif et sans accord réel avec les besoins populaires que la fermentation du monde arrachait des profondeurs.

La vulgarité de l'argument anticlérical l'a retourné contre lui-même. Sans doute, la sculpture des cathédrales ne respecte pas le clergé. Sans doute il est étrange de voir la critique historique avouer l'irrespect et la haine pour le prêtre des auteurs de fabliaux et prétendre que les maçons qui les coudoyaient dans la rue tenaient un autre langage et avaient d'autres sentiments (1). L'architecture et la littérature sortaient des mêmes masses en rumeur et la foule, libre au-dehors, ne laissait pas son âme au seuil du Temple. Pourtant, l'office l'attirait, et les lueurs paradisiaques et la porte ouverte du ciel. Elle ne confondait pas la religion avec le prêtre. Elle croyait, les saints mystères charmaient son imagination. Les pauvres gens qui construisaient l'église n'étaient pas des libres penseurs.

Mais c'étaient des libres instincts. Le désir qui les attirait vers les formes à féconder débordait de partout l'enseignement de la théologie, et si la cathédrale était chrétienne dans la lettre de la croyance populaire, elle ne l'était pas dans son esprit. Le catholicisme, tournant décidément le dos au christianisme, y prenait le sens esthétique qui le définit chez nous. L'artiste le transfigurait. La cathédrale a beau être symbole, du haut en bas (2), ce n'est pas là qu'est sa beauté, ce n'est pas là qu'est sa vie. Jamais nous ne cherchons, nous, hommes qui ne sommes pas des savants, le sens caché des scènes qui la couvrent, ni la signification secrète de sa structure et de son orientation. Ce qui nous émeut, ce sont ses piliers qui s'élancent, ses voûtes nues qui planent, l'or aérien répandu dans sa nef et l'infini murmure que la foule des hommes, des animaux et des feuilles sculptés y répand sur la façade, sur les arcs-boutants, les pinacles, l'encadrement des fenêtres et jusqu'au sommet des tours. « L'art *seul,* disait le Concile de Nicée, l'art seul appartient aux peintres, l'ordonnance aux Pères (3). »

L'ordonnance nous indiffère, car nous savons qu'elle ne
signifie pour « les Pères » qu'un ordre extérieur et fini, et
non pas la science vivante qui équilibrait, dans le cerveau
des architectes, les voûtes avec leurs supports. En recon-
naissant l'art au peintre, le Concile de Nicée rendait la
Cathédrale au peuple. Tout ce qui, dans le poème, n'est
pas aussi dans le poète, n'atteint pas notre émotion.

Ce qui fait la cathédrale, ce qui nous la rend sensible,
c'est la logique de sa structure et le sensualisme de sa décoration. Elle apparaît par là dans son ensemble comme une
insurrection des sens et de l'intelligence contre le christianisme des apôtres et des pères de l'Église et la reprise de
contact du peuple avec les formes de la vie qu'ils avaient,
depuis douze siècles, oubliées ou combattues. Les moines
bâtisseurs de l'église romane, bien plus chrétienne que
l'église gothique par sa rigidité, sa massivité, l'obscurité
de son vaisseau, sa nudité primitive, anathématisaient ces
grands édifices sonores, clairs et vastes, couverts de vie
bruissante et remuante, qui sortaient du sol français, et
l'anathème était porté au nom de la loi religieuse. Le gar-
dien même de l'unité de l'Église contre la diversité du
monde, saint Bernard, pénétrait au cœur du problème :
« Si nombreuse, disait-il, si étonnante apparaît partout la
variété des formes, que le moine est tenté d'étudier bien
plus les marbres que les livres et de méditer ces figures bien
plus que la loi de Dieu. » Or, le même saint Bernard faisait condamner Abailard par le Concile de Sens au moment
où les premiers temples bondissaient hors de la terre, et
Abailard était celui qui, en plein XIIe siècle, niait le péché
originel, mettait la faute dans l'intention, non dans le fait,
examinait la valeur matérielle des saints livres et allait
jusqu'à nier la divinité de Jésus.

Cette étrange liberté d'esprit pénétrait même l'Église, qui
eût fait brûler Abailard trois siècles plus tard et se conten-
tait de le désavouer. C'est l'époque où se fondent les grandes écoles philosophiques, où le nominalisme et le
conceptualisme s'opposent au réalisme des chrétiens. La fin
du XIe siècle, le commencement du XIIe siècle sont l'apogée de l'hérésie. Le dogme est attaqué de tous côtés dans
son unité, dans son intangibilité, les éléments vivants se

détachent du bloc impénétrable qu'il formait un siècle plus tôt, alors que l'église romane l'exprimait si complètement. Et pour vaincre la mort, pour faire reculer l'inertie, ils tentent de se réunir. L'architecture va traduire, sur le terrain nouveau qui se révèle en face de l'Église, une nouvelle association de ces éléments libérés. Ce terrain nouveau, c'est la Commune.

Les ecclésiastiques le sentaient. Saint Bernard combattait de front la Commune, l'art plastique, l'hérésie intellectuelle représentée par Abailard. Il n'avait fondé la Règle que pour résister à la sécularisation progressive de l'Église qui s'effectuait parallèlement à la sécularisation progressive de la philosophie et de l'architecture. L'organisme communal s'était d'ailleurs formé plus encore pour résister à la féodalité ecclésiastique qu'à la féodalité militaire. Les nobles s'appuyaient plutôt sur le serf de la campagne. La monarchie opposait les bourgeois aux féodaux d'Église ou d'épée pour affirmer son pouvoir à la faveur de leur querelle. C'est contre le clergé régulier ou séculier dont la juridiction s'étendait surtout sur les villes que les corporations eurent avant tout à lutter pour conquérir et pour défendre la Commune. A Laon, l'évêque est massacré et son corps traîné dans les rues. A Soissons, à Sens, à Reims, on tue les abbés qui résistent. A Amiens, dont les corporations sont pourtant les plus puissantes de France, la guerre des rues est un spectacle quotidien. Pendant tout le XIIIᵉ siècle, même alors que la Commune semble établie légalement, l'insurrection ne cesse pas dans les villes ecclésiastiques, à Laon, à Soissons, à Beauvais, à Sens, à Rouen. Reims, le premier fief clérical du royaume, provoqua par la violence de ses soulèvements populaires un scandale universel. Tout le clergé, saint Bernard en tête, la couvrit de malédictions.

Ces révolutions immédiatement et matériellement intéressées contre les féodaux d'Église aboutirent presque partout, dans les vallées de l'Oise et de la Seine, à constituer l'organisme communal au début du XIIᵉ siècle. Or, c'est au début du XIIᵉ siècle que l'art ogival fit ici son apparition et que les corporations s'emparèrent de l'architecture, jusque-là privilège monastique, au grand scandale du clergé. Partout la majesté, la grandeur, la logique, la beauté de la cathédrale sont en raison directe de la puissance de l'organisme communal, des résistances qu'il rencontre et des difficultés qu'il traverse pour triompher. Les grandes Communes s'appellent Amiens, Laon, Beauvais, Sens, Noyon, Soissons, Reims, Rouen. Il suffit de promener un regard circulaire sur les campagnes de Picardie, d'Ile-de-France, de Normandie, de Champagne et de l'arrêter partout où deux tours élèvent vers le ciel la puissance des rues et des cultures pour retrouver tous ces noms-là. Trois grandes cathédrales seulement, Bourges, Paris, Chartres, échappent à la loi et montent du pavé de villes asservies. Mais Bourges et Paris sont villes royales. Les corporations, protégées par la monarchie, y échappent à la tyrannie féodale. Chartres est le foyer d'une grande école de théologiens révolutionnaires dont les tendances panthéistes combattent le dualisme chrétien. Le conflit douloureux qui s'y déroule un siècle entre les artisans écrasés et le féodal victorieux y éclate avec évidence dans la cathédrale angoissante, sombre et dorée, rigide comme un système et profonde comme un soupir. Avant le XVᵉ siècle, c'est la seule église mystique que le peuple français ait arrachée à sa passion. Chartres à part, la douleur de vivre ne s'écrit dans l'architecture que quand le corps social est broyé par l'effondrement de la Commune et qu'entre la guerre étrangère qui ruine le pays français et la perte des libertés qui ruine l'espoir populaire, il n'y a plus que des champs en friche, des sources souillées de boue et des cœurs désespérés.

La cathédrale apparaît tellement comme l'expression de la vie corporative libérée, que là où la Commune ne peut parvenir à vivre, dans la vallée de la Loire notamment, la cathédrale est médiocre et débile et réduite à imiter de loin les grandes inventions des architectes du Nord. Partout où elle est elle-même, partout où elle monte comme un chant, entraînant dans son essor joyeux toutes les bêtes domestiques, toutes les feuilles de la terre, appelant les oiseaux du ciel, ouvrant ses larges flancs aux paysans et aux ouvriers pour y abriter leurs travaux, leurs passions, leurs souffrances, elle traduit l'immense mouvement d'enthousiasme et de virilité qui suivit le triomphe des organismes associés contre les puissances anarchiques d'en haut. Elle jaillit dans le tumulte d'autant plus vite et plus haut que ceux qui la bâtissent craignent de ne pouvoir parler longtemps. C'est le pavé des barricades qui s'entasse entre ses nervures ardentes pour la jeter plus profond dans l'espace avec l'espoir, l'illusion, l'amour, la force guerrière qui donne et qui suit la victoire et féconde la volonté. A Beauvais, les colonnes, les arcs-boutants, les vitres volent si violemment dans le bruit des cloches de bronze et du vent, le cri populaire est si fort qu'on dirait que la foudre monte pour aller briser les cieux. A Amiens, c'est le triomphe de la liberté et de la vie acheté à toutes les heures par la violence et le combat. Le vaisseau semble illuminé par une éternelle aurore, bercé sur une mer fleurie. L'air y circule, et la lumière, à vastes flots. Les grandes verrières versent incessamment le ciel sur les dalles sonores. La nef est claire, nue, aussi logiquement décrite par ses charpentes de pierre que la force sociale est logiquement distribuée dans les corporations des travailleurs. Dieu n'est que l'hôte de la foule qui a d'abord pour elle, pour ses flux, ses remous, ses fureurs, ses apaisements, pour l'accumulation matérielle et morale de ses énergies libérées, bâti cette grande maison. C'est un chœur populaire. La concentration des vertus humaines profondes, celles qui produisent, celles qui luttent pour l'abri, pour le pain, pour le droit quotidiennement conquis d'acheter, de vendre, de forger et de labourer, amène l'éclosion d'une espérance collective, anonyme, obscure, dont l'architecture apparaît comme la projection sur l'horizon de l'avenir. Le maître d'œuvre n'est que le chef d'un orchestre innombrable où tous ceux qui travaillent chantent. Le miracle, c'est l'accord spontané de tous ces corps de métiers maîtres de leur destinée, maçons, imagiers, verriers, tailleurs de pierre, qui travaillent tous ensemble sans prendre souci du voisin, et, sans s'être consultés, parce qu'ils ont fait leur tâche, unissent dans le dernier plomb du vitrail et la dernière pierre de la voûte toutes les ondes sociales de la symphonie monumentale qui ont pris naissance cent cinquante ans auparavant dans le cœur de leurs aïeux.

La cathédrale suivit, du commencement à la fin, la destinée de la Commune. On pourrait voir ses charpentes monter, disparaître, ses profils s'arrêter, son squelette se décharner et se disloquer peu à peu en suivant pas à pas l'ascension, l'établissement, la déchéance progressive et la dislocation finale des groupements corporatifs. Équilibrée comme eux, au début, par ses éléments associés qui se complètent et s'opposent, elle évolue comme eux vers un déséquilibre progressif. Aux temps de la conquête, quand ils avaient à vaincre ensemble pour obéir à leurs besoins, pour atteindre les fruits mûrissants que leur travail avait nourris, les patrons et les ouvriers étaient restés d'autant plus unis que leurs intérêts étaient plus solidaires et qu'une pauvreté commune leur faisait tendre les mains vers les richesses qu'ils créaient et dont profitaient leurs maîtres. Mais peu à peu, dans la Commune, une classe grandit, une oligarchie de marchands se détacha automatiquement des masses coalisées pour les exploiter à son tour et réclamer pour les maintenir dans l'obéissance la protection des grands féodaux auxquels ils allaient livrer la Commune en échange. L'organisme architectural se divise à la même heure, poussant dans des directions divergentes ses éléments constitutifs jusqu'à l'anarchie finale. Énervé, désorienté, se compliquant tous les jours, ses supports deviennent trop faibles, sa décoration se surcharge et noie peu à peu, sous l'avalanche ornementale, les lignes du monument. La bourgeoisie se sépare des ouvriers qui l'enrichissent en même temps que les sculpteurs et les peintres se séparent des maçons. Et chaque homme s'en va de son côté pour commencer l'enquête et préparer dans l'analyse, à travers la Renaissance, l'Encyclopédie, le Transformisme, l'Industrialisme, le nouvel organisme que nous pressentons aujourd'hui.

C'est aux heures dures à vivre où nous trouvons que nous sommes vraiment trop seuls, où nous ne voyons autour de nous que des intelligences antagonistes et des forces désagrégées, que nous nous tournons avec émoi vers la Cathédrale pour lui demander ses conseils. Si nous savons oublier le prétexte qui la fit naître, si nous arrivons à nous pénétrer des puissances véritables d'émotion sensuelle, sentimentale et rationnelle qui s'en dégagent, c'est elle qui nous apprendra que nous ne réaliserons un organisme architectural qu'après avoir créé de fond en comble un autre organisme social. Les puissances de l'heure ne règnent, comme au XIIᵉ siècle, qu'en divisant les forces d'en bas qui leur sont opposées et en faisant appel aux intérêts individuels pour s'emparer de la fortune collective. C'est par l'association corporative que nous saisirons à la fois l'ordre et l'enthousiasme nouveaux.

Ce n'est pas à dire que l'individu doive disparaître du sein de cet ordre nouveau. Il doit au contraire y rajeunir ses forces énervées. Il modèlera sa statue, il peindra sa fresque, il jouera sa partie dans la symphonie sociale recomposée par le dedans. Les individualités survivent au triomphe des grands rythmes collectifs, comme la discipline sociale survit, au moins en apparence, quand une période de dispersion leur succède peu à peu. Au XIIIᵉ siècle, la variété des tempéraments est aussi manifeste dans la sculpture que dans la philosophie, mais les tempéraments, comme au sein d'un orchestre d'instruments et de voix mêlés, se subordonnent tous aux mêmes directions générales, aux mêmes effets d'ensemble à obtenir, et participent à la constitution d'une masse symphonique dont tous les cris montent, descendent, planent en même temps et ne cessent de se répondre et de se renvoyer leurs échos. Le chœur une fois dissocié, la foule est toujours organisée sans doute. Mais elle n'agit plus, elle imite. Ce n'est plus l'organisme spontané, vivant, créateur, l'organisme dynamique des heures d'accord et de joie, c'est un organisme immobile, imposé, infécond, statique. La force, alors, appartient aux héros. On ne voit qu'eux, c'est leur tempête qui masque le sommeil du marécage. Il faut que leur effort ait créé un autre organisme pour que leurs cris soient couverts par le grand bruit de l'océan. Le héros, alors, c'est la foule, l'anonymat sublime règne, et nous ne savons plus les noms des verriers et des sculpteurs.

Mais cet héroïsme ne se manifeste jamais avant l'heure de la victoire et de l'exaltation qui la suit. Le monde de ceux qui produisent n'est pas encore, à l'heure actuelle, conscient de la force qu'il prendrait dans la cohésion, alors que le monde de ceux qui profitent n'est pas encore tout à fait dissocié. Si les maîtres de l'heure savaient que leurs intérêts immédiats sont les mêmes, l'alliance les ferait peut-être invincibles. Mais l'entente est-elle possible entre ceux qui représentent précisément les éléments sociaux les plus analysés par l'action dissolvante de l'égoïsme étroit qu'entraîne la grande fortune matérielle et la haute culture de l'esprit ? En France, surtout, tout le monde est anarchiste, même les gouvernants qui s'appuient sur un ordre expirant et les réacteurs qui insultent cette agonie au nom d'un ordre mort. Il n'y a que les syndicalistes qui commencent à ne l'être plus. Et cependant, dans la masse cahotique même de cet individualisme frénétique qui divise les dirigeants, deux courants ennemis se dessinent : en face de l'esprit destructif où le sémitisme, le théâtre contemporain, la critique renanienne s'accordent momentanément pour pousser jusqu'aux dernières conséquences l'analyse sociale nécessaire provoquée par la Renaissance et continuée par la Révolution, l'esprit constructif traditionnel proteste par la voix des derniers catholiques et des illusionnés qui les accompagnent. Ceux-ci, par haine des premiers, favorisent la croissance de l'organisme syndical dans l'espoir de l'absorber, oubliant que jamais l'histoire ne repasse par le même point. Et cet organisme se fortifiera peu à peu sous l'influence double des nécessités économiques qui provoquent l'association des forces constructives et de la division de ceux qui ont intérêt à la combattre. Si cet organisme parvient à vivre et à établir sa victoire, nous aurons une architecture.

Elle doit apparaître en France. L'architecture, d'abord, paraît être, des Romans à Louis XIV, l'expression essentielle des Français, comme la peinture décorative est celle des Italiens, la musique symphonique celle des Allemands, la poésie lyrique celle des Anglais. Et puis, si je me reporte aux phénomènes qui ont précédé et accompagné sur ce sol l'apparition de la Cathédrale, je constate que la cathédrale fut d'autant plus belle et vivante et qu'elle exprima un élan d'autant plus enthousiasmé que le mouvement communal fut plus violent, à Laon, à Beauvais, à Amiens, à Soissons, à Reims, à Sens. C'est surtout dans l'Ile-de-France, la Champagne occidentale, la Picardie, que les corporations s'affranchirent par le fer et le feu, alors qu'ailleurs, dans le Midi de la France, en Angleterre, la Charte librement discutée entre les féodaux et les corporations en fut le moyen principal. Or, là, l'architecture romane théocratique ne fut que rarement abandonnée et pour des imitations pas toujours heureuses du gothique septentrional, ici l'architecture ogivale n'exprima qu'une caste marchande, raide et guindée et riche et sûre, dès l'origine, de sa domination. Ce n'est pas seulement à cause des qualités structurales de l'intelligence française que l'architecture française réalisa, depuis l'Égypte et la Grèce dorienne, la première expression collective neuve et vivante, c'est aussi parce que le mouvement communal s'accomplit violemment chez le Français du Nord, alors qu'il se déroulait ailleurs dans une paix relative. C'est une analogie de plus avec l'état actuel de la question sociale, et la méthode française qui s'essaya, depuis les Communes, dans la révolution politique d'il y a cent ans et l'élan d'idéalisme conquérant qui la suivit, semble ne pas avoir changé. Les pessimistes de chez nous constatent avec amertume les progrès du syndicalisme allemand ou anglais et notre retard sur lui. Mais la conquête révolutionnaire de l'Association et des droits qu'elle entraîne est peut-être caractéristique du Français. L'explosion d'enthousiasme après la victoire et le retentissement universel qu'elle a, vient évidemment chez nous de ce que la résistance des classes possédantes est plus longue, plus entêtée et plus aveugle qu'ailleurs. L'eau, le feu souterrain jaillissent plus haut et plus fort quand ils sont comprimés et tendus par plus d'épaisseurs de roches.

La comparaison, au reste, ne peut être poussée plus loin. Le problème social au XXᵉ siècle est autrement vaste et complexe que le problème communal au XIIᵉ, puisqu'il tend, non pas seulement à émanciper les corps de métiers des villes industrielles, mais à mettre en possession de l'ensemble des producteurs toutes les forces productives de la planète, et même à équilibrer la production internationale avec les aptitudes et les ressources particulières aux nations. Que l'art issu de la victoire sorte ou non du génie français, plus d'éléments universels entreront dans sa formation, ses matériaux seront plus divers, mais aussi plus maniables, son extension plus rapide et son déclin peut-être aussi. Nous ne savons pas autre chose de lui. C'est un espoir confus qui nous habite et nous fait, pour la joie de nos fils, supporter la souffrance de vivre et de refouler le doute versé plus implacablement par nos intelligences sur nos cœurs à mesure que s'étend sur nous l'ombre de la nuit définitive.

Élie Faure.

1. Voir notamment le tome III de l'*Histoire de France* d'Ernest Lavisse, par Ch. V. Langlois.
2. J.K. Huysmans : *La Cathédrale* ; Émile Mâle : *L'Art religieux du XIIIᵉ siècle en France*. Viollet-le-Duc a soutenu des idées analogues à celles qui font la matière de cet article dans son *Dictionnaire d'architecture*. Mais je crois apporter un certain nombre d'arguments nouveaux. Je crois surtout utile de répondre à ceux de M. Émile Male, qui ne cesse pas de confondre dans son livre le prétexte de l'œuvre d'art avec la nature même de la vision plastique.
3. Cité par M. Émile Mâle, *loc. cit.*

La cathédrale est devenue un symbole. Il n'est évidemment pas question, pour Élie Faure, d'un nouveau Moyen Age catholique, qui construirait de réelles cathédrales. Les cycles de l'histoire répètent des situations analogues, et non identiques. La foi collective qui s'annonce sera donc comparable par son ampleur et sa force créatrice à celle du Moyen Age, mais elle ne devra plus rien au christianisme mort.

Les nouvelles « cathédrales », au sens métaphorique, Élie Faure les entrevoit d'abord à travers la peinture de Cézanne qui, après l'analyse impressionniste, prépare une synthèse neuve par ses « sombres harmonies architecturées comme un temple ». Le « caractère impersonnel et général » de son œuvre annonce l'avènement d'un grand rythme collectif :

Il exprimait, comme tous les grands anonymes, une sorte de besoin social dépassant l'individu pour dresser un de ces

essais grandioses d'architecture rudimentaire qui annoncent dans la société un mouvement unanime de concentration en profondeur.

Que Cézanne ait été catholique et conservateur
n'embarrasse pas Élie Faure : comme tous les grands artistes, qui indiquent inconsciemment les directions de l'avenir, Cézanne obéissait à des forces qu'il ne pouvait pas
reconnaître et dont il témoignait à son insu :

> Il est, lui provincial, lui catholique, d'accord avec le
> rythme secret de son siècle, il est poussé vers l'organisme
> nouveau qui s'apprête par des forces profondes dont il n'a
> pas plus conscience que les bâtisseurs des temples doriques
> ou les maçons des dernières églises romanes dont la nef allait
> bondir soudain, s'alléger, s'allonger, planer comme une aile
> avec la génération qui montait (1).

4. *Les rééditions*

En 1920, Élie Faure prépare une nouvelle édition. Il
ajoute une page sur la peinture hindoue, ou quelques
lignes, ici ou là, dans les chapitres sur le Japon et les Tropiques ; il renouvelle complètement l'iconographie de ce
dernier, grâce aux photos que Walter Pach lui envoie
d'Amérique, et à celles de la collection que Paul Guillaume
avait commencée en 1910 (dans la première édition, tous
les objets africains ou océaniens représentés provenaient
du British Museum). Mais c'est encore la Chine qui
requiert ses soins les plus minutieux. Les informations et
les conseils personnels que lui donnent, après Édouard

(1) « Paul Cézanne », *L'Art décoratif,* 5 octobre 1911.

Chavannes mort en 1918, un autre orientaliste, Charles Vignier, lui permettent d'ajouter des passages sur la diversité de l'art chinois, sur la peinture que l'influence de Chavannes, plus spécialisé dans la sculpture et l'architecture, lui avait fait un peu négliger, sur l'art bouddhique, ou sur les arts mineurs.

Les chapitres sur Byzance, l'art médiéval français et l'art italien sont eux aussi très étoffés dans cette seconde édition. Hormis la Chine, Élie Faure centre donc sa réflexion sur l'Occident. Il s'avise bien, en octobre 1922, qu'il n'a pas accordé assez d'importance à l'art mexicain, « l'un des plus stylisés qui soient, et des plus nettement originaux (1) », mais c'est le seul regret qu'il exprime, et alors que *L'Art antique* le désespère, il avoue « une particulière faiblesse (2) » pour *L'Art médiéval*. Le volume paraît fin 1921, et reçoit des éloges, comme ceux-ci :

UN LIVRE D'ÉLIE FAURE

Élie Faure vient de rééditer le deuxième volume de son *Histoire de l'Art,* celui qui s'attarde longuement aux grandes civilisations orientales et asiatiques, pour finir aux fresques de Giotto et à l'art franciscain.

Malgré les synthèses magnifiques de *L'Art moderne,* ces portraits de Rembrandt et de Delacroix, qui sont peut-être les chefs-d'œuvre de la critique française, malgré les grandes pages que l'auteur consacre à la Renaissance dans son troisième volume, c'est *L'Art médiéval* qu'il a écrit avec le plus d'amour et dans lequel il a mis le plus de lui-même.

Évocations des grandes époques, mal connues, à peine devinées, qui, aux confins de la terre, rythmaient la marche des générations, et recherches patientes, en auscultant le cœur de ces civilisations disparues, de leur

(1) Lettre n° 263 à Walter Pach, 22 octobre 1922, *O.C.,* p. 1037.
(2) Lettre à Walter Pach, 3 février 1921.

grandeur et des lois qui régirent leur ascension et leur décadence, tout ceci passionne Élie Faure, et tout apporte à
ses théories une nourriture abondante et une efflorescence
d'exemples.

L'Inde, la Chine, l'Islam : dès qu'il aborde ces vastes
périodes, où l'histoire de l'humanité a connu quelques-unes
de ses heures de plénitude et d'équilibre, Élie Faure est
dominé, et il s'acharne à traduire les visions dont il se
réjouit. Il transpose, dans une langue imagée comme un
poème et comme lui généreuse, tous les émerveillements de
son cœur. Que nous sommes loin de l'histoire de l'art faite
à coups de fiches, ou bien dans les dépôts d'archives !
L'intuition balaie les misérables hésitations et les polémi-
ques des fonctionnaires qui ont fait, presque partout, de
cette riche matière, un fief hargneusement défendu. Un
artiste recrée, pour notre joie, les grands remous au milieu
desquels le monde de la pensée s'est débattu, et il impose
sa vision à ses lecteurs.

Élie Faure est un somptueux animateur. Il faut lire le
long chapitre qu'il consacre à l'architecture occidentale et
principalement à la cathédrale, pour comprendre toute la
force et toute la chaleur de son émotion. Je sais tous les
reproches accumulés contre ce chapitre, qui a le tort d'être
écrit par un poète, et de mépriser tout ce que les Viollet-le-
Duc de sous-préfectures adorent consciencieusement dans
leurs petits travaux et dans leurs cercles archéologiques. Je
sais aussi, que nul n'a saisi l'âme de la cathédrale gothique et sa signification occidentale et humaine comme Élie
Faure.

Et puis l'œuvre et la vie de celui-ci ne se discutent
pas. On les aime malgré leurs défauts, ou bien on les
déteste malgré leurs qualités. Je l'ai dit souvent et je
ne crois pas qu'on puisse le répéter plus à propos que
devant ce livre tumultueux où l'auteur se penche sur
quelques-unes des grandes écoles et des grandes œuvres collectives du monde. Pour moi, mon choix est fait : je suis
de ceux qui l'aiment sans me soucier de rien. Il vaut mieux
le dire franchement : Élie Faure est un homme qui défie
l'impartialité.

J'ajouterai que la nouvelle édition de *L'Art médiéval*

comporte d'assez notables et nombreux changements dans le texte, et surtout un enrichissement considérable de l'iconographie.

P.C.
(Paul Colin, *L'Art libre,* février 1922.)

ÉLIE FAURE : « HISTOIRE DE L'ART » (Crès)

Le Moyen Age. Le nouvel âge de pierre. Comme l'âge moderne est le nouvel âge de fer.

Mille ans et plus l'Orient et l'Occident acceptent la loi intérieure des religions éthiques. Mille ans et plus l'homme vit sous l'étreinte de la pensée sémitique qui déteste la forme, et ne construit aucun poème de pierre.

Le réveil de la sensualité chez les peuples se fit au même moment de l'histoire, par une concordance merveilleuse, en Asie, en Europe, en Amérique du Nord et du Sud. Avec une irrésistible abondance. Et, quoi qu'en ait prétendu l'Église, contre les Dieux. Les multitudes se meuvent dans les cadres spirituels du dogme, mais s'en échappent déjà par l'instinct. La libération sensuelle et mystique des masses du Moyen Age prépare la libération individuelle de la Renaissance. Jamais le monde n'avait vu pareil et unanime jaillissement de voûtes, de pyramides, de clochers et de tours, « pareille marée de statues montant du sol comme des plantes pour envahir l'espace et s'emparer du ciel... L'architecture, l'art anonyme et collectif, l'hymne plastique des foules en action sortit d'elles avec une si profonde rumeur, avec un tel emportement d'ivresse qu'elle apparut comme la voix de l'universelle espérance, la même chez tous les peuples de la terre cherchant dans leur propre substance les dieux qu'on dérobait à leurs regards. Quand ils eurent vu la face de ces dieux, les bâtisseurs de temples s'arrêtèrent, mais ils eurent un tel geste de désespoir qu'il brisa l'armure de fer où les théocraties muraient l'intelligence, et que l'individu décida de se conquérir ».

Je ne crois pas que personne ait parlé de la cathédrale comme l'a fait Élie Faure. De nombreuses et belles photographies ornent le volume. Mais l'image ne dit bien le monument qu'après la phrase du poète. La cathédrale associée à la commune représente le plus éperdu des élans populaires qu'ait connus l'histoire. La foi est plus grande que la religion, plus grande que le dogme. Foi, ici, est synonyme d'énergie nationale... Et l'énergie brûle d'une telle flamme qu'elle se dévore en deux siècles, ou trois.

De loin, de haut, écrit Élie Faure, l'histoire d'une grande race paraît pouvoir tenir dans une œuvre particulière où elle prend une forme visible, tangible, où toutes ses aventures d'intelligence et de douleur semblent sublimées. C'est ainsi qu'on peut trouver l'Espagne en Cervantès, l'Angleterre en Shakespeare, la Flandre en Rubens. Mais pour la France? Il n'est pas d'individu qui la racontera entièrement. Montaigne, si intelligent, est trop supérieur aux passions du peuple. Pascal, tragique, ne connaît pas la joie. Rabelais, La Fontaine, Molière, si bien disants, n'ont pas l'héroïsme de l'âme qui commande l'élan des sens et la force du sentiment. Hugo, si puissant, se boursoufle de programmes et de sermons. Eh bien, ce que nous aimons chez les uns, et ce qui manque chez les autres, nous le retrouvons au Moyen Age, en ces temples anonymes qui emportent si tumultueusement les plus hauts pressentiments des foules.

« Le héros français, c'est la cathédrale. »

Dominique Braga.
(*Le Crapouillot,* 1er février 1922.)

Malgré ces critiques favorables et sa propre satisfaction, Élie Faure prépare en 1923 une « édition définitive » à laquelle il ajoute une nouvelle préface. On lui a en effet reproché d'avoir mis l'art exotique sur le même plan que celui du Moyen Age chrétien ou islamique, comme s'il y avait entre eux une concordance chronologique. Il envisage de céder à cette objection, car on trouve dans ses papiers le plan d'une édition qui séparerait son livre en deux volumes :

L'Art exotique : Introduction. − Introduction à l'édition définitive. 1. L'Inde. − 2. La Chine. − 3. Le

Japon. − 4. L'art bouddhique. − 5. Les Tropiques. −
6. L'Amérique.

L'Art médiéval : Introduction. − Introduction à
l'édition définitive. 1. Byzance. − 2. L'Islam. − 3. L'art
chrétien. − 4. La Commune et la Cathédrale. −
5. L'expansion de l'idée française. − 6. La mission de
François d'Assise.

Mais outre que ce projet exigerait un long travail de
réécriture pour étoffer certains chapitres qui n'existent pas
comme tels dans les éditions précédentes, il trahirait le sens
symbolique qu'Élie Faure attache au Moyen Age. Il y
renonce donc, et s'en tient à son premier choix en expli-
quant, dans la préface de 1923, que *médiéval* désigne pour
lui un type de civilisation, animée par une foi collective.
A la fin de son texte, il pressent d'ailleurs que les échanges internationaux, et les influences réciproques entre
les arts du monde entier, préparent une communion nouvelle, un « moyen âge » unifiant non plus un pays, mais
tout l'univers. *L'Arbre d'Eden,* un recueil d'articles
publié en 1922, est pour une bonne part consacré à cette
idée : il constitue une sorte de synthèse entre *L'Art médiéval* et *L'Art moderne,* comme un « art médiéval contemporain », où l'architecture utilitaire, la machine et
le cinéma sont l'équivalent moderne de la cathédrale.
C'est surtout le Cinéma, avec un grand C comme Cathédrale, qui va porter désormais toutes les espérances d'Élie
Faure (1).

(1) L'assimilation du cinéma à la cathédrale est l'un des nombreux
points communs entre Élie Faure et Eisenstein. *Cf.* Barthélemy
Amengual, « S.-M. Eisenstein disciple d'Élie Faure ? » *Cahiers Élie
Faure* n° 2.

5. « *Introduction à l'art italien* » *(1929)*

Réédité en 1924 avec sa seconde préface, puis en 1926, *L'Art médiéval* devait être encore augmenté d'une « Introduction à l'Art italien » qui forme comme un nouveau chapitre en raison de sa longueur. Mais ce texte fait partie des additions posthumes à l'*Histoire de l'Art,* parce que Élie Faure n'a pas trouvé d'éditeur, à la fin de sa vie, qui voulût la reprendre.

La première version de cette « Introduction à l'Art italien » forme un petit volume édité à Londres par la revue d'art *The Studio,* en juin 1929, sous le titre *The Italian Renaissance.* Diverses circonstances ont ramené Élie Faure à la Renaissance italienne les années précédentes. En 1921, au moment où il publiait la *Vie de Benvenuto Cellini* dans la « Bibliothèque dionysienne » qu'il dirigeait chez Crès, il a envisagé d'éditer aussi les *Vies* de Vasari. En 1924, un nouveau voyage en Italie, où il était déjà retourné en 1908 et 1912, lui permet de vérifier la validité de son dernier chapitre :

> Au point de vue art, je n'ai pas appris grand'chose, mais les idées que j'ai ramassées dans mes précédents voyages ont subi un contrôle rassurant. J'ai subi ces idées, dès mon retour, à l'épreuve de la lecture de mes chapitres sur l'Italie. Je n'ai pas un mot à y changer, sauf que je n'ai pas donné l'importance qu'ils méritent à des hommes qui me sont apparus réellement formidables cette fois-ci : Ambrogio Lorenzetti et Piero della Francesca (que je suis allé voir à Arezzo), par exemple (1).

(1) Lettre n° 311, à Jean-Pierre Faure, 24 septembre 1924, *O.C.,* p. 1053.

Pourtant, il avait déjà ajouté une page sur Ambrogio Lorenzetti dans l'édition de 1921.

Enfin, en avril 1928, il écrit à Walter Pach pour lui proposer une nouvelle version de *L'Art médiéval,* avec une introduction inédite à l'art italien. Le projet n'est pas accepté, car la maison Harper's s'en tient à la première édition pour ne pas engager d'autres frais, mais en octobre *The Studio* lui commande un petit ouvrage sur la Renaissance italienne. Il raconte à Jean-Pierre Faure, le 13 novembre, comment il l'a écrit :

> J'aurais dû depuis longtemps répondre à ta lettre. Mais depuis que je l'ai reçue, j'ai écrit un livre entier − peu étendu il est vrai − que m'a demandé la Revue d'art anglaise *The Studio* sur la Renaissance italienne. J'ai fait là un tour de force dont je ne me croyais pas capable, car, quand on me l'a commandé, je pensais ne pouvoir l'écrire qu'en 6 mois, avec force notes à l'appui et un travail de documentation énorme. Mais il est extraordinaire de constater l'immensité des trésors qu'on possède dans son subconscient. Je n'ai pas pris *une seule note.* Un jour, je me suis placé seulement devant mon tableau synoptique du Moyen Age et de la Renaissance et me suis mis à écrire. En 10 jours, c'était fini, et c'est parmi mes meilleures choses (1).

Le livre paraîtra en juin 1929, mais, dès le mois de janvier, Élie Faure en a déjà isolé trois chapitres pour former une « Introduction à l'Art italien » qui devra s'ajouter à *L'Art médiéval.* Il conserve les chapitres I et II ; il laisse le troisième, réflexions sur l'individu dans la Renaissance italienne, qui fournit certains passages de « L'âme italienne » en 1930 ; du chapitre IV, qui concerne la sculp-

_____

(1) Lettre n° 377, à Jean-Pierre Faure, 13 novembre 1928, *O.C.,* p. 1074.

406

ture, il garde seulement les éléments d'une note à son
« Introduction », parce que la sculpture italienne lui paraît
dès ses débuts manifester l'esprit de la Renaissance plutôt que celui du Moyen Age ; enfin, il s'arrête avant le chapitre VI, qui commence avec le Quattrocento.

Mais il a aussi coupé la fin du chapitre V, pourtant
intéressante par ses considérations sur Sienne, et plus particulièrement sur Ambrogio Lorenzetti :

> Pour comprendre la véhémence avec laquelle Duccio, ses
> successeurs, les élèves de Giotto, ont exprimé la Passion, et
> que Giotto seul, — avec Pietro Lorenzetti — a dominée pour
> l'élever jusqu'aux régions où le drame prend un sens univer-
> sellement humain, il faut rappeler que ce drame est partout,
> dans la rue et dans les consciences. On s'expliquerait mal,
> autrement, les fresques admirables, mais terribles de la *Cha-
> pelle des Espagnols* à Florence ou du *Camposanto* de Pise,
> la pauvreté, la maladie, la peste, la guerre, la famine, la mort,
> la pourriture des tombeaux jetées à même les murailles, et
> cet immense effort des énergies de l'être intérieur s'évertuant
> à se dégager de ce monde encore accepté, certes, pour sa
> symbolique grandiose, mais secoué et tordu par les Floren-
> tins à la façon des barreaux d'une cage, tandis que les Sien-
> nois, plus humbles, s'efforcent encore de trouver, dans les
> épreuves même qu'il inflige, la consolation. Certes on remar-
> que, dans la violence de Barna de Sienne, par exemple, quel-
> que chose d'analogue aux scènes de carnage et de misère que
> les peintres de Florence aimaient en ce temps-là à peindre,
> comme on trouve dans les grandes figures du Florentin Orca-
> gna, toutes priantes, droites, adorantes, les yeux levés vers
> le ciel et comme écoutant le chant d'une harpe lointaine, quel-
> que chose de la suavité vigoureuse qui caractérise le plus illustre
> émule siennois des élèves de Giotto, Simone Martini appelé
> à Avignon par le pape en exil pour former les artisans fran-
> çais de Bourgogne et de Provence qui descendaient ou remon-
> taient le Rhône vers la nouvelle ville sainte. Car chez lui tout
> est élan des lignes, recherche du modelé rond, pureté, ten-
> dresse, idéalisme formel où l'Italie du Quattrocento, la

Lombardie, Venise même se pressentent. Mais alors que Florence refuse, Sienne accepte, en général. On dirait qu'elle ne veut pas se délivrer du fardeau du symbole et du consentement absolu qu'il entraîne, en se chargeant du fardeau de la recherche et de la souffrance qu'il conditionne. Après Duccio, Ambrogio Lorenzetti est, de ce point de vue, le plus représentatif de tous les peintres siennois, et c'est sans doute pour cela que sa gloire, de nos jours du moins, a éclipsé celle de son frère, peintre d'une spiritualité si haute et d'autre part déjà si moderne, avec son dessin incisif, ses nus si dramatiques où déjà se soupçonne la troisième dimension, et sa composition grandiose enlevée en clair sur ses fonds abstraits, d'un bleu ou d'un rouge presque noirs, où les visages et les formes semblent comme ciselés. Chez Ambrogio, dont le dessin a d'ailleurs cette même vigueur coupante, et l'expression psychologique la même force persuasive, règne au contraire une sorte de paix, malgré la sévérité des motifs exaltant ou stigmatisant les bons et mauvais bergers. Le paysage toscan, si noble avec ses pins, ses oliviers, ses rangs de vigne, envahit sa peinture de son harmonie sonore, faite du gris des mamelons qui environnent Sienne, du rouge des châteaux à leur sommet, des avenues de cyprès noirs qui y conduisent en ondulant comme des serpents sur la cendre. Peintre sombre et splendide, le plus accompli des primitifs, pourrait-on dire, parce que allant le plus loin possible dans la voie ouverte par Duccio et dédaignée par Giotto, qui n'a du primitif que les moyens. Ceux qui le suivront, Bartolo di Fredi avec ses éclairs de mondanité dans sa forme rudimentaire, Taddeo di Bartolo avec sa forte expression morale dans une technique fermée, Sassera, Giovanni di Paolo, Sano et Lorenzo di Pietro, n'iront pas plus loin que lui. Par contre, ils exploreront de droite et de gauche des sentiers qui conduisent plus au sentiment qu'à la forme, un sentiment adorable parfois, mais qui ressemble à un adieu. Cependant, comme Ambrogio, comme Duccio même, ils découvrent le paysage, et leurs compositions s'aèrent. Instinct double, qui conduit la peinture vers Florence par le chemin des écoliers — je veux dire la voie des champs — pour abdiquer entre ses fortes mains, mais aussi leur fait demander au Moyen Age, justement pour la lui transmettre, une dernière leçon. Les Siennois, les moins modernes entre les Italiens gothiques, ont conquis pourtant « la nature » dont l'Italie et l'Europe tireront le parti que l'on sait, parce que le Moyen Age symboliste, contrairement au mouvement nouveau qui se préoccupait d'abord de découvrir l'intelligence par des moyens anthropocentriques, accueillait « la nature » même dans l'unité divine de l'esprit.

En 1930 l'article « L'âme italienne », publié dans *La Grande Revue* avant de former un chapitre de *Découverte de l'Archipel* (1932), reprend et complète certaines idées de cette introduction. La dialectique de l'amour et de l'intelligence, qui situe Giotto à la transition du Moyen Age et de la Renaissance, est généralisée comme une constante de l'art italien :

> L'art italien, au fond, à partir de Giotto même − c'est très visible dans sa ligne intellectuelle qui suit les formes avec tant de souplesse pour les réunir, comme une voix flexible qui explique, − l'art italien n'a jamais renoncé à la tentation qui l'obsède, et qui a failli perdre l'art européen tout en créant la science européenne : ramener l'amour à la connaissance.

Élie Faure montre ensuite que l'âme italienne est essentiellement plastique, jusque dans sa littérature − chez Dante en particulier, qui évoque les cathédrales :

> La plastique est spécifiquement italienne, comme la musique est allemande. Leurs villes, du pavé des rues au sommet des campaniles, semblent taillées dans un seul bloc, comme si, bien que les maisons y soient poussées une à une, on en avait arrêté d'avance le plan : quelle que soit la pente des coteaux sur lesquels elles sont bâties, ruelles grimpant, descendant, tordues comme des reptiles, toits montant à l'assaut, la dalle et la façade nues, la place dessinée sans repentirs, tout apparaît rectiligne, avec des arêtes tranchan-

tes, jusqu'aux cyprès noirs qui fusent vers elles dans la solitude de cendre où la dure lumière ne dissimule rien. L'ornement ne viendra qu'avec la flétrissure des âmes, quand Naples et les Jésuites, sous la protection de l'Espagne, auront tout sophistiqué. Les grandes monarchies écrasant les Républiques et principautés devenues vassales, la servitude a nivelé les fronts. L'ornement surgit pour séduire la multitude, pour fixer la faveur des maîtres. Mais jusqu'à Michel-Ange, l'abus du geste qu'on a reproché à l'art italien est légende. La mimique est un langage, le geste de Giotto n'est point un procédé de rhétorique, il est l'expression directe d'un sentiment toujours simple. Rubens est plus « éloquent » que tous les Italiens réunis, les Bolonais exceptés qui justement n'apparaissent qu'avec l'ornement superflu. La meilleure littérature des Italiens — la bonne littérature est exceptionnelle en Italie, le reste étant maniérisme, fadeur, boursouflure, contemporain d'ailleurs de la sculpture et de l'architecture fleuries — a ceci de singulier, qu'à l'encontre de celle des autres peuples, elle ne semble pas se développer dans la durée, par des sentiments successifs, mais dans l'espace, par des formes simultanées. Arioste, d'ailleurs presque illisible, est ainsi dans ses meilleures pages. D'Annunzio aussi. Les tragédies d'Alfieri sont des tableaux vivants. Les historiens, les moralistes ont quelque chose de sec, de ligneux, qui *visiblement* ronge la page, comme une eau-forte le métal. Les épisodes dantesques évoquent des statues de bronze, parfois rougies au feu mais presque immobiles. La langue est d'une énergie telle, et si brève, qu'on la croirait découpée dans les formes avec un ciseau d'acier. Shelley a remarqué que Dante s'élève de l'enfer au purgatoire comme de la sculpture à la peinture, du purgatoire au paradis comme de la peinture à la musique, ce qui est la marque même de l'épopée plastique à travers les temps. Mais cette musique de Dante reste visible, comme celle de Monteverde, série de volumes sonores qui roulent avec dureté. L'ensemble rappelle une cathédrale, de la crypte à colonnes courtes ramassées dans les ténèbres aux grandes nefs que les vitraux fleurissent, aux tours retentissantes de cloches et de vents. Mais d'une matière plus sèche, d'un dessin plus farouche que les cathédrales de

France, et plus linéaire que charnel. Et là, peut-être, est le secret de l'âme collective, que, malgré leur anarchie apparente, il est facile de découvrir aux Italiens.

Il dira encore en 1935 que chez Dante le récit, « loin de se dérouler dans la durée psychologique, semble s'étendre dans l'espace plastique (1) ».

6. *Le rythme noir*

Les essais de psychologie des peuples commencés en 1928 vont inciter Élie Faure à faire le tour du monde trois ans plus tard, lorsque, ayant étudié les peuples européens, il aura besoin d'un contact personnel avec les civilisations lointaines. Mais jamais, semble-t-il, il n'a envisagé de voyage en Afrique. A ses débuts, son intérêt pour l'art était centré sur le bassin méditerranéen, qui est devenu ensuite, quand il écrivait *L'Art médiéval,* le pôle sud d'une opposition avec le nord : il a souvent insisté sur ce couple antithétique, et il a même fait un ajout là-dessus dans l'édition de 1921 (« Le Christianisme et la Commune », IV). Mais cet axe nord-sud, limité au maximum par les rivages de l'Afrique du Nord, et qui ne s'est jamais étendu jusqu'à l'Afrique noire, laisse place, au cours des années 20, à un axe est-ouest qui paraît désormais déterminer l'avenir du monde, et qui indique à Élie Faure les directions de son voyage lorsqu'il part, en juillet 1931, au moment même où *Le Mercure de France* publie son essai « Orient et Occident ». L'Afrique comme pays, comme

---

(1) « Affinités géographiques et ethniques de l'art », *L'Encyclopédie française,* t. XVI, 10 novembre 1935.

milieu, n'a jamais fait partie de la géographie imaginaire d'Élie Faure.

S'il revient à l'art africain, c'est par les théories de Gobineau plutôt qu'avec les méthodes de Taine. Empruntant au premier ses définitions des aptitudes raciales, mais les retournant contre lui pour prouver que le métissage fonde la civilisation, il consacre un chapitre spécial aux « Incarnations du rythme noir » dans *Les Trois Gouttes de sang* (novembre 1929). Après avoir insisté sur l'importance des rythmes musicaux et de la danse chez l'homme noir, il en vient aux rythmes plastiques :

> Il est évident que nos habitudes classiques ne peuvent d'abord éprouver que de la surprise, ou même de la révolte, devant leurs sculptures sommaires, abrégées comme une clameur, qui ignorent tout du long entraînement auquel une culture raffinée nous a soumis pour dissimuler, atténuer, accorder, compenser nos contradictions, nos fureurs, nos tendresses. L'expression y est obtenue par les moyens les plus simples, hypertrophie géante de l'élément caractéristique chez l'homme ou la bête, bouche, mâchoires, nez, queue, bec et cornes, « ressemblance » inouïe certes. Mais justement parce qu'elle appuie sur un caractère unique, échappant à l'homme d'Occident dont l'éducation entière s'acharne, depuis des siècles, à le masquer. On a beaucoup parlé, et avec raison, de ce qu'il y a de conventionnel dans l'art nègre. On en a même tant parlé qu'on a négligé ce qu'il y a de « naturel » en lui, sa vérité *globale* hallucinante qui s'impose brutalement, comme le résidu spirituel d'une solution sursaturée se séparant d'une eau trouble pour se solidifier au fond. Tout fait un corps vivant avec le masque ou la statuette, objets surajoutés, bijoux, fardeaux en équilibre sur le crâne, enfants à califourchon sur les reins, coiffures savantes avec des peignes et des épingles, masses équilibrées et contrastées d'une énergie expressive si drue que l'ensemble circulaire apparaît d'un seul coup d'œil. Mais la vertu schématique de l'art nègre vient tout de même de ce qu'il sort, sans intermédiaire intellectuel, des instincts

de cadence et de rythme les moins adultérés qu'on les puisse concevoir. Le « naturalisme », tel que les Grecs à partir du cinquième siècle, les Renaissants à partir du quinzième, l'ont involontairement défini, est le fait des époques compliquées, décadentes en un sens, et s'acharnant à exprimer la vie sentimentale et pittoresque du détail au détriment de la vie plastique et architecturale de l'ensemble. Même chez les bronziers européanisants du vieux Bénin, même chez les sculpteurs pittoresques du Dahomey, il n'y a rien de cela dans l'art classique de l'Afrique, heureusement pour lui. Regardez bien ces fétiches sommaires, ces objets symboliques du pouvoir et de la magie, ces mille bibelots ou meubles sculptés, ces masques de guerre ou de danse. C'est constamment une transposition radicale de l'objet ou des objets interrogés par l'artiste, un équivalent symbolique, et non une représentation de l'univers. On évoque à ce propos l'art des enfants, symbolique aussi, et non d'« imitation », et il est de fait que si l'on s'en tient à une observation superficielle, c'est à l'art des enfants, si frais, si vivant, si imprévu, que celui des nègres ressemble. Mais prenez garde. Pour obtenir cette force symétrique, ce schéma résumé dont les éléments parallèles s'équilibrent comme l'édifice du corps humain ou les figures de la danse, il faut des centaines de siècles d'obsessions unilatérales, un génie infaillible de la répétition rythmique, abrégée, purifiée, austère, que l'enfance n'a jamais réalisée mais qu'elle saisit, il faut le dire, avec une vivacité qui dénonce son sens esthétique essentiel. L'ornement géométrique, l'aspect global géométrique même sont un témoignage de plus de l'ingénuité de cet art porté, comme toute émotion archaïque, à se confier au véhicule des schémas les plus abrégés — droite, courbe, cercle, triangle — seuls capables de transporter dans l'œuvre à l'état de pureté les impulsions élémentaires que les cadences de la danse et de la musique éveillent en tous nos sens.

Les organes divers, les accents du corps et du visage, les ornements destinés à souligner sa grâce ou sa cruauté, colliers, peignes, boucles d'oreilles, ne sont jamais, dans le fétiche, que les éléments d'une *réalité rythmique* à faire naître de l'informe morceau de bois. Tout concourt à donner cet accent de danse immobile, le jeu des rides et des traits, par exemple, qui jamais ne représentent à la lettre la coupure des lèvres, l'arête du nez, l'arc des sourcils, les sillons que le rire, la colère, la souffrance ou l'âge creusent, mais des lignes dont la direction, l'écart, les rapports avec d'autres lignes, accroissent la puissance de l'unité plastique, seule visée par le peintre sculpteur. Peu importe le plus ou moins d'obliquité des yeux, de courbure du nez, d'horizontalité de la bouche, et aussi la forme, les dimensions, — voire l'absence — des oreilles, des yeux, des bras, des jambes, de la bouche ou du nez : tout est transporté à la fois dans une réalité seconde où ne vivent que des rapports dont les éléments, quels que soient leur nombre et leur place, frappent comme un cri répété à intervalles réguliers, comme les chocs alternatifs des mains l'une contre l'autre, ou des pieds chargés d'anneaux sur quelque surface sonore. Le nègre joue des masques travaillés au couteau et peints, comme le musicien de ses masses orchestrales dont il change sans cesse la disposition et les rapports, créant ainsi, avec des éléments presque toujours monotones, mais par là plus purs et plus forts, des thèmes d'une inépuisable nouveauté. Son univers intérieur projette hors de lui une orchestration plastique spontanée dont le monde extérieur entier n'est qu'un répertoire de renseignements d'ailleurs frustes et sommairement, bien que profondément assimilés. Il y a eu, dans l'histoire de l'esprit, des œuvres d'art plus hautes certes, mais pas une seule œuvre qui soit, plus qu'une belle sculpture nègre, une authentique œuvre d'art. Tout objet de guerre ou de chasse, de toilette ou de ménage porte la trace décisive des mesures musicales qui règlent, dans les profondeurs de l'instinct, le mouvement dansant et monotone dont la rigueur s'impose à la vie torpide de l'âme pour la maintenir dans sa loi. On sent, dans cette association continue et intransigeante d'une fruste géométrie que le trait et le plan font vivre et d'une physique visuelle évidente qu'impose la couleur pure, comme le battement interne de chants sourds, que l'hallucination de la fièvre répète interminablement. Le noir soumet ses sens à la tyrannie enivrante d'une cadence universelle qui, dès qu'il entrera en contact sexuel avec d'autres races, introduira cette cadence droit en elles, comme une lame de feu.

Une note prouve qu'Élie Faure s'est sérieusement documenté sur l'art africain depuis la première édition de son *Art médiéval* :

(1). Ce qu'on pourrait nommer la Grèce noire s'étend approximativement de l'embouchure du Sénégal à l'embouchure du Congo, sur un territoire qui coïncide à peu près exactement avec celui de l'Afrique occidentale française. C'est comme un corps agenouillé dont le dos s'arrondit avec la bouche du Niger, le Tchad, le Chari, l'Oubanghi. Grèce immense, à la vérité, mais, comparativement à son Afrique, pas beaucoup plus que la Grèce classique si l'on songe à son Europe qu'elle a fécondée. Grèce, où, comme dans la nôtre, un point éclatant apparaît, résumé, modèle, synthèse, stylisation suprême de l'effort environnant — Attique pour tout dire —, cette Côte-d'Ivoire vers qui cinglaient jadis les traitants et les pirates, cette trouée de lumière et d'air chaud dans les brouillards et les embruns de la vieille marine à voile. C'est sur ce demi-cercle géant qu'on a recueilli les plus beaux fétiches, les plus beaux masques, les plus beaux objets travaillés, le plus beau décor sur cuir et natte, le cuivre le mieux ciselé. C'est déjà de son sommet, le Bénin, que les marins portugais, au seizième siècle, rapportaient ces bronzes verruqueux, sensuels, auxquels peut-être, si la pénétration européenne eût été plus lente, plus insinuante, plus mesurée, leurs vertus plastiques eussent pu ouvrir l'accès des grandes généralisations, à la fois humaines et abstraites, qui caractérisent l'art égyptien, ou grec, ou occidental, ou asiatique. C'est aussi là qu'aujourd'hui vit encore cet art que les amateurs, on ne sait trop pourquoi, dédaignent, le moins pur, je le veux bien, mais aussi le plus expressif de toutes ces écoles noires, leur Béotie si vous voulez. Je veux parler de l'art dahoméen, masques de violence et d'horreur que le bleu, l'ocre, le carmin barbouillent, serpents tordus dans les chignons, viscosité du poison sous les feuilles luisantes, crapauds tapis dans leurs pustules où le venin couve, faciès mafflus, seins traînants où les enfants pendent, formes bestiales en qui l'esprit des dieux hésite entre l'homme et le gorille, fureur de la vie meurtrière que la sève gonfle, et d'où suintent le sang, le lait... Pourquoi est-ce au fond de ce vaste golfe que les plus grandes écoles noires ont mûri — car toutes les tribus de l'énorme Afrique travaillent le bois depuis des temps immémoriaux ? Mystère. Ailleurs peut-être, vie plus errante, milieu encore plus hostile, grands fauves régnant dans les forêts, marécages où les sauriens grouillent, stérilité torride de la brousse empoisonnée. Ici, fertile étreinte du grand fleuve, que le désert infranchissable couvre, tribus moins mêlées, plus pures, plus noires, où la bestialité et l'innocence se confondent, montée de la vie moins asphyxiée et anémiée, comme il se voit dans les formes humaines les plus élancées, plus nobles chez tous ces jeunes êtres fermes, denses comme des ouvrages de bronze, sur les membres desquels ruisselle une lumière dure et dont les masques, plus accusés, avec leurs plans solides, leur crâne harmonieux et long, offrent la fleur du sourire éclatant dans l'ourlet rouge des lèvres.

En mars 1931, Élie Faure revient encore sur « Le rythme noir » dans un article d'*Art et Médecine,* qu'il développe ensuite pour en faire « L'âme noire ou vertu du rythme » dans *D'autres terres en vue* (1932) :

Le monde extérieur entier se confond avec le mirage dans une atmosphère morale imprécise dont une stylisation fortement rythmée des images peut seule faire surnager le souvenir.

De là cet art plastique si vivant, très près de « la nature » par la pureté de l'inspiration où entrent presque seules les formes humaine et animale — visages tout en saillies, oiseaux tout en bec, fauves tout en mâchoires, organes hypertrophiés de l'amour et de la faim — mais toujours stylisé par le groupement arbitraire de ses éléments. Puisque toutes les choses sensibles participent à la vie intérieure avec les droits égaux qu'elles tiennent de leur unanime animation, elles ne s'unissent plus dans l'image par des rapports de continuité anatomique entre les formes réelles, mais par des rapports de continuité mystique entre les fragments de formes qui entrent, pour des confrontations imaginaires, dans la fantasmagorie intime qu'est l'univers pour le Noir. Ce n'est plus la représentation de la nature, mais son « équivalence plastique » reflétée, avec les combinaisons infinies d'un songe éveillé, dans la vision intime du poète. Voici des figures humaines sans nez, ou sans bouche, ou sans yeux, ou sommées de cornes de bête, terminées en groin de porc ou en museau de crocodile, mais dont l'énergie expressive assure la vie spirituelle. C'est la liberté même de la plus grande musique, où les masses sonores se distribuent et s'équilibrent au gré d'un sentiment instinctif, où la subordination et l'association des instruments, l'indépendance des motifs de violon ou de flûte qui brodent sur la rumeur globale de l'orchestre, obéissent uniquement à un impératif d'expression dont le monde extérieur semble tout à fait absent. On peut trouver chez d'autres peuples des sources d'émotion et des réalisations plus hautes. Il est même certain que l'apparition dans son cœur du drame qui contraint l'homme à un choix permanent, a donné à l'art européen un accent pathétique qu'on chercherait en vain dans les œuvres du peuple noir. Mais je ne connais pas en Occident, ni en Orient, d'œuvre d'art plus *authentique* qu'un masque de danse ou de guerre qui prétend modifier, par son incantation plastique, l'ordre normal de l'univers. Une réalité animique s'y substitue entièrement à la réalité logique. Elle conquiert, par le moyen du rythme, son droit de cité dans l'esprit. L'abréviation schématique des plans qu'accusent avec force non seulement le jeu des cercles, des triangles, des rectangles, des lignes concentriques, parallèles ou contrastées, mais l'expression chromatique instinctive de la férocité, de la faim, de la tendresse, de l'ironie qui barbouille le fétiche, la case ou le bouclier, répond fidèlement, dans la frénésie rythmique universelle, à la symétrie de la danse, aux clameurs répétées à intervalles égaux, à la cadence monotone des orchestres rudimentaires, à l'immobilité rituelle des religions et des mœurs. La « magie noire » est un résumé sommaire, ou même grossier, mais caractérisé avec une puissance unique, d'un monisme confus qui conquiert, dans l'imagination seule, l'identité peut-être divine de l'esprit et de ses incarnations innombrables.

Dans la dernière partie de ce chapitre, Élie Faure distingue l'art océanien de l'art africain :

C'est cette dureté qui frappe dans toutes les manifestations de l'art mélanésien, comme ailleurs expression moyenne et supérieure de l'espèce. Son animisme est plus intransigeant encore que celui des Africains, parce que plus isolé des courants venus d'ailleurs et exprimant des races sans doute moins métissées. On peut songer, à propos d'eux, au catholicisme le plus rigoureux comparé à la religion diffuse et sentimentale du christianisme nordique. Il est plus complètement transposé, plus spirituel sinon plus abstrait, plus symbolique. Moins plastique peut-être aussi, mais beaucoup plus stylisé. Plus éloigné de « la nature », plus rapproché de l'esprit. La culture du sol, bien plus développée en Afrique qu'en Mélanésie où les racines et les fruits sauvages, le gibier, le poisson suffisent à nourrir l'indigène, rapproche l'homme des contingences éternelles, l'attache au volume solide, soupesable et mesurable, aux matières denses, aux plans robustes, et le maintient dans le concret. L'agriculture n'y est pas, comme en Afrique, une stylisation pratique de la fécondité du sol. On peut comprendre que moins on est rapproché d'elle, plus on tende, par une revanche des réserves intellectuelles, à l'invention des combinaisons linéaires et des abstractions désintéressées. Il y a là quelque chose d'analogue au repliement du Sémite sur les forteresses de l'abstrait. Il en arrive à nier la nature, à l'isoler de son âme. Il se venge intérieurement ainsi de ses mœurs, qui sont parmi les plus corrompues, et il force la nature au lieu de lui obéir.

Le Mélanésien ne va pas aussi loin, sans doute, parce que son milieu, loin d'être le désert, en est pour ainsi dire l'antithèse, et qu'aussi rapproché qu'il soit par l'esprit d'un animisme insistant, il vit parmi les formes les plus belles et les plus brillantes couleurs. Mais ses compositions ne cessent de chercher des enchevêtrements et enchaînements linéaires qui jouent de l'objet avec une liberté plus grande encore que l'art africain. On se demande, quand on compare leurs idoles, si celui-là n'a pas créé, par transsubstantiation immémoriale, le naturalisme européen, et si les siennes ne sont pas à la source du symbolisme asiatique. Une sorte d'élégance torturée les caractérise, comme un supplice bien fait. Les becs et les pattes des bêtes complètent le masque humain avec une subtilité schématique qui assure au monstre composite une vie plus précise encore que celle qu'expriment les œuvres cependant si caractérisées de l'indigène du Bénin. La couleur aussi est moins épaisse, plus légère, plus aiguë pourrait-on dire, d'un ton plus nerveux et plus haut. L'expression globale est plus cruelle, on ne sait guère trop pourquoi, car il ne s'agit le plus souvent que d'enroulements rythmiques où n'apparaît pas un seul de ces visages humains grimaçants aux proues des pirogues, pas une de ces divinités ricanantes plantées entre le bord des eaux et la lisière des bois où vole le pollen des fleurs. Les redoutables hôtes de la mer toujours présente y participent souvent, avec leurs tentacules, leurs mandibules et leurs pinces, et même quand elles en sont absentes, comme une odeur saline y flotte, avec les roses vifs du corail, les rouges des crustacés, les bleus, les verts, les nacres de l'algue et du coquillage. En Nouvelle-Zélande surtout, l'effort esthétique des tribus présente beaucoup plus de cohérence que chez les Noirs africains. Des ensembles décoratifs d'une stylisation sans défaillance marquent des villages entiers, depuis le *Pa* fortifié, — temple, parlement, école, musée, arsenal — jusqu'aux cases individuelles, aux nattes de phormium peint, aux pirogues, aux armes sculptées, aux tatouages envahissant les corps et les visages de leurs arabesques serrées. C'est qu'ici commandent des hommes obéis sous peine de mort, du dedans même d'une mystique plus sévère, et aussi durs pour eux que pour leurs commettants. On est loin de ces chefs des villages d'Afrique, débonnaires presque toujours, et faibles, bonasses même, craignant le griot autant que le dernier de leurs sujets, alors qu'ici l'association étroite et le plus souvent sincère règne entre le prêtre et le roi.

Cette cruauté de l'art mélanésien − cruauté en soi je le répète, indépendante du sujet − qui fait songer à celle des peuples sémitisés, des Aztèques et des tribus les plus sanguinaires mais les plus artistes d'Afrique qui vivent sous la boucle du Niger, inclinerait à l'adoption d'une esthétique pessimiste. Dès que cessent les pratiques atroces qui caractérisent ces peuples, leur art et leur virilité déclinent en même temps. Il faut l'avouer, ce sont les civilisations les plus impitoyables qui ont donné l'art le plus pur. Quoi de moins cruel, par exemple, que l'art égyptien où sont célébrés le travail des champs et sa fraîche poésie, ou l'art grec, qui fait triompher constamment du mal l'harmonie associée des puissances de l'âme et de la beauté corporelle, ou l'art khmer en qui dieux et monstres s'accordent pour accueillir les hommes en souriant, ou l'art chrétien surtout, qui fait rayonner du haut en bas des cathédrales la paix spirituelle, pour protéger la noblesse et l'activité des métiers? Et cependant, quoi de plus implacable que la civilisation nilotique où les multitudes travaillent sous le fouet à l'édification de monuments monstrueux, quoi de plus violent que la civilisation hellénique où les guerres étrangères ou civiles chroniques rasent les villes rivales, passent au fil de l'épée ou torturent les vaincus, quoi de plus terrible que la jungle où la civilisation cambodgienne pousse ses armées qui défilent parmi les tigres à l'affût et les cobras tapis dans l'herbe, quoi de plus sauvage que la civilisation chrétienne, sans cesse dévastée par les invasions, les bandes mercenaires, la peste, la famine, et sur qui règne le bourreau? C'est la rançon de l'esprit même, qui paie sa primauté par des sacrifices sanglants.

7. *La révélation mexicaine*

Les pages de *L'Art médiéval* sur le Mexique sont remarquables pour l'époque où elles ont été écrites, mais aussi des plus curieuses, parce que malgré son effort de

compréhension, Élie Faure éprouve devant cet art un
mélange d'horreur et de fascination que sa raison ne contrôle pas. Il n'y voit que supplice et mort, corps morce-
lés, formes défaites et noyées dans une brume sanglante.
L'idée des sacrifices aztèques a ravivé une peur enfantine
dont il se souvient très consciemment lorsqu'il écrit en 1921
à Emmanuel Buenzod :

> Votre chapitre « la Blessure » du *Canot ensablé* est une
> très belle chose, qui m'a d'autant plus troublé que j'y ai
> retrouvé un très persistant souvenir d'enfance, le livre de
> Gaspard et Lustucru et ce terrible tailleur dont ma mère
> avait dû coller la page pour ne pas me rendre malade
> d'effroi, à la vue des pouces tranchés (1).

L'Élie Faure adulte ne colle plus les pages, il les écrit
longuement, hanté par son fantasme, en affrontant les
images de l'art aztèque. Il faudra exactement vingt ans
pour que sa terreur s'apaise parmi les chefs-d'œuvre du
musée de Mexico.

Vers la fin de la guerre, il se lie d'amitié avec le peintre mexicain Diego Rivera. Il est alors connu et apprécié
au Mexique, puisque le 12 août 1921 il reçoit
un télégramme l'invitant à Mexico en septembre pour
représenter la pensée française aux fêtes de l'Indépendance (2). « Vous voyez », écrit-il à Béliard, « que si les
Français récalcitrent, les Aztèques ne sont pas loin de me
considérer comme quelqu'un de très bien. » Mais l'insuf-
fisance de ses moyens ne lui permet pas de faire ce voyage.
Une nouvelle invitation lui parvient à l'automne 1926,
peut-être à l'instigation de Diego Rivera, rentré dans son
pays depuis 1922 et protégé de José Vasconcelos, le minis-

---

(1) Lettre n° 230, 1er mai 1921, *O.C.*, p. 1026.
(2) Lettres inédites à Walter Pach et à Octave Béliard, août 1921.

tre de l'Éducation nationale. Mais une fois de plus, le projet échoue, et c'est seulement le 24 juillet 1931 qu'après
avoir commencé son tour du monde par les U.S.A., Élie
Faure arrive en train à la gare de Mexico, où l'accueille
Rivera. Il y reste jusqu'au 8 août et visite aussi bien les
sites aztèques, que les monuments décorés de fresques par
son ami, ou bien Tetlepayac Hacienda où il passe deux
jours avec Eisenstein. Mais il a aussi une mission à remplir : le ministre français de l'Éducation nationale et son
homologue mexicain lui ont demandé d'étudier l'art aztèque, et plus particulièrement la sculpture monolithe, au
musée de Mexico.

   Il évoque à nouveau la cruauté de cette sculpture,
dont l'aspect géométrique « ajoute peut-être encore, par
sa rigueur impitoyable, à l'horreur qu'elle doit inspirer
aux esprits mal préparés à la comprendre ». « Cependant,
à l'analyse, l'horreur grandiose de cet art s'atténue, ou
du moins s'explique. » On y trouve même « une humanité singulière » et de la tendresse (1), — et surtout une
métaphysique qui n'a rien à envier à la nôtre (« un peuple néolithique aussi transcendant que Hegel (2) »). Élie
Faure fait donc « amende honorable » puisque l'intériorité réelle de cet art lui a complètement échappé vingt ans
auparavant (3).

   Son rapport de mission, en 31 pages, est trop
long pour être reproduit ici bien qu'il reste encore inédit,
mais il en a retenu l'essentiel dans ses « Réflexions sur
l'art mexicain », publiées par *L'Illustration* le 31 décembre 1932 :

(1) Rapport sur la mission au Mexique, texte dactylographié, inédit.
(2) Lettre inédite à Jean-Pierre Faure, 9 août 1931.
(3) Rapport de la mission au Mexique.

RÉFLEXIONS SUR L'ART MEXICAIN

*M. Élie Faure, chargé par le ministère fran-
çais de l'Instruction publique et le ministère
mexicain de l'Éducation nationale d'une double mission relative à l'art aztèque, nous
résume, dans les pages qui suivent, les idées
et les impressions qu'il rapporte de son
voyage.*

Au professeur Aguirre, de Mexico.

La chronologie précolombienne n'est pas sortie du chaos.
On peut douter qu'elle en sorte, même si le patriotisme des
savants mexicains cesse un jour de subordonner leur juge-
ment à des soucis d'antériorité d'autant moins légitimes
qu'aucune relation de cause à effet ne saurait être relevée
entre l'art du Mexique et celui de la Chine ou d'Égypte et
que, par suite, aucun d'entre eux ne peut prétendre avoir
inspiré les autres. C'est à peine si nous connaissons l'ordre
de succession des invasions du Mexique par les hordes du
Nord. Nous ignorons même, au fond, si le mot « toltèque »
qui signifie « constructeur », désigne un peuple proprement
dit et non l'ensemble des caractères qui marquaient l'art
de bâtir chez certaines tribus indiennes. Seule une approxi-
mation très large nous permet de supposer que les monuments mayas du Yucatan et les monuments dits toltèques
du plateau de l'Anahuac datent du deuxième quart de notre
ère. Que les Chichimèques ont dû supplanter les Toltèques
trois ou quatre cents ans plus tard sans imprimer à l'art
mexicain un caractère original. Que les Aztèques, enfin,
ont fermé, au début du quatorzième siècle, la série des
migrations septentrionales pour infliger à la civilisation et
à l'art précortésiens leur caractère classique, qui dura quelque deux cents ans. Au musée de Mexico, où d'incompa-
rables chefs-d'œuvre s'entassent, faute de place, comme
en vrac, ce caractère apparaît avec évidence, infiniment plus
ferme et plus viril que toutes les autres manifestations de
l'art précolombien dans les terres basses du Mexique. Il est
comme inséré dans les cadres architecturaux et les rythmes
géométriques fixés par le Toltèque au cours des siècles précédents. C'est sur le plateau salubre et tempéré par l'alti-
tude et le régime hydrographique que s'est opérée la plus

énergique synthèse des races qui peuplent l'Amérique depuis des temps très reculés, ainsi que Dr Rivet semble l'avoir définitivement établi : les Mongols venus du Nord par les détroits arctiques, les Polynésiens venus du Sud d'île en île. Il est probable, d'autre part, qu'elle ne constitue que l'épanouissement d'un art immémorial qui aurait persisté après elle chez les Indiens des deux Amériques. Il y a là, à notre avis, un phénomène analogue à celui que présente la civilisation africaine. Nous pensons que l'art nègre a précédé et suivi l'art égyptien, qui n'aurait été que son étape la plus heureuse et la plus stable.

Si les origines de la civilisation mexicaine se placent réellement où nous venons de le dire, elles doivent résoudre par la négative le problème des parentés éventuelles entre pré-Colombiens et Égyptiens, sinon Chinois. On constate, il est vrai, entre le décor de la céramique chinoise et certains vases mexicains ou péruviens des analogies si surprenantes qu'on est bien obligé, sans trop y appuyer, de retenir cette hypothèse. Une tradition tenace n'affirme-t-elle pas que c'est l'Amérique centrale que les Chinois désignaient, bien avant Colomb, sous le nom de Fu San et certains ethnologues ne prétendent-ils pas qu'une tribu chinoise habite encore la côte mexicaine du Pacifique ? Sans doute exista-t-il entre les trois continents des relations très anciennes, mais elles étaient oubliées à l'époque du voyage de Colomb. Ce voyage même le prouve.

A l'Est, l'incertitude est en effet plus grande : Atlantide engloutie, chapelet des îles, cassure géologique entre l'Afrique et l'Amérique du Sud ? Certains faits sont bien troublants. La diphtongue *theo,* qui désigne l'idée divine aussi bien en Amérique précolombienne que dans l'Occident ancien. La syllabe *atl,* à peu près inconnue des langues européennes, mais qu'on rencontre, avec parfois les deux consonnes inversées, dans le nom de certains fleuves, le Lot en France, l'Oltu en Roumanie, qu'on ne retrouve sous sa première forme que précisément au Mexique où elle signifie « eau », et dans le nom européen de l'océan qui sépare les deux continents, ainsi que dans celui d'une montagne africaine symbolisée chez nous par un géant qui porte le ciel, les pieds baignant dans la mer et dont l'image figure aussi bien au musée de Mexico sous le nom du dieu *Ehe-catl* que dans l'iconographie gréco-latine sous le nom d'Atlas. J'ajoute les parentés dénoncées par les grammairiens entre la langue basque et les dialectes encore parlés au Mexique. Enfin le jeu de la pelote, avec fronton, presque identique chez les deux peuples et dont tous deux affirment l'origine immémoriale.

Mais si l'on peut se risquer à conclure de ces faits qu'il dut y avoir des relations préhistoriques entre les côtes orientales de Maurétanie et d'Europe et les côtes occidentales de l'Amérique intertropicale, une influence directe de l'Égypte sur l'art précolombien, ou, comme le voudraient certains savants du Mexique, de l'Amérique sur l'art égyptien, est plus douteuse. On a invoqué l'analogie qui existe entre les pyramides de la vallée du Nil — la pyramide à degrés de Sakkarah en particulier — et celles du Yucatan et du plateau de l'Anahuac. Mais elles n'ont ni la même destination — les unes étant des tombeaux, les autres des temples — ni, examinées de près, la même forme. Les monuments d'Égypte ne portent pas à leur sommet ce plateau surmonté d'un temple ou d'un autel où les prêtres mexicains saluaient le soleil par des sacrifices humains. Les pyramides toltèques sont facilement accessibles par un escalier extérieur que les degrés de Sakkarah, s'ils avaient une application analogue, destineraient à des pas de géant, et dont le revêtement rectiligne des pyramides de Gizèh démontre encore, au sommet de l'une d'elles, l'absence d'utilité pratique de l'édifice égyptien. Enfin, le profil des pyramides égyptiennes est inscriptible dans un triangle, et celui des pyramides toltèques dans une courbe que l'angle de chaque degré effleure tangentiellement.

Je regarde comme hors de doute que l'une et l'autre sont déterminées par la forme des montagnes de la chaîne libyque et des volcans mexicains. Il s'agit ici et là d'un impératif géologique revêtu, par les premiers mythologues, d'un caractère sacré. Ici, la pyramide curviligne qu'on rencontre par *milliers* au Mexique, dans l'aspect des montagnes et des collines et jusqu'au tronquage des sommets par le cratère des volcans, à tel point que du haut du teocalli de Téotihuacan, entouré d'un cercle d'autres pyramides, on retrouve la disposition des groupes de montagnes qui environnent l'Anahuac. Là, avec une fréquence moindre, mais une évidence aussi marquée, la forme pyramidale rectiligne ou scalariforme. A Thèbes, les hypogées royaux sont creusés sous une montagne dont l'apparence pyramidale est la plus nettement indiquée entre ceux qui dominent et ferment la vallée du Nil. Peut-être, sous les Ramessides, la main-d'œuvre s'était-elle trop raréfiée ? Peut-être l'inhumation sous une pyramide naturelle leur semblait-elle plus favorable encore au sort posthume de leur double que le monument artificiel sous lequel reposaient les premiers pharaons ? En tout cas, l'origine des tombeaux de l'autocrate égyptien me paraît aussi incontestable que celle des temples du théocrate toltèque. Les relations entre les deux cultures, si elles ont existé, sont sûrement antérieures aux monuments dont on invoque la ressemblance pour les soutenir, et les textes grecs relatifs à l'Atlantide prouvent que ces relations, à l'époque historique, n'étaient plus qu'un très vague et très incertain souvenir.

Quand Cortez débarqua à la Vera Cruz, on peut dire que le Mexique en était encore à l'âge de pierre. L'apparition très récente de l'outil de métal, surtout si l'on ajoute que les Aztèques ignoraient la roue et que le Mexique ne possédait ni chevaux, ni chameaux, ni ânes, accroît encore la haute idée qu'on peut se faire de leur culture en confrontant ses moyens et ses expressions. Leur art présente sans doute, au premier abord, un caractère atroce, qui répond à ce que nous révèle un examen superficiel des mœurs du Mexique précolombien. L'offrande du sang humain constituait la base du rituel. On égorgeait les prisonniers de guerre par dizaines de mille à la fois. Le prêtre, qui arrachait le cœur de ses victimes pour le manger, cultivait l'art d'ouvrir leurs artères de manière à arroser l'idole de leur sang. D'autres fois, il les écorchait vives pour s'envelopper de leur peau. Tous les dieux exigeaient ces pratiques affreuses, mais elles semblent avoir eu comme justification complémentaire le consentement mystique des vaincus et l'héroïsme moral de s'y soumettre sans révolte. On songe au poteau de torture où, avant l'arrivée des pionniers britanniques, les Indiens de l'Amérique du Nord se laissaient lier sans pâlir.

C'est qu'un état social enviable à beaucoup d'égards correspondait à ces épouvantables fêtes. L'esclavage était inconnu. Les terres, indivises en principe, se partageaient en parcelles dont la culture était confiée à des hommes mariés et qui retournaient à la communauté si ceux qui en avaient la charge les laissaient plus de deux ans en friche. Le Tlacatecuhtli, en qui les Espagnols, par un raisonnement analogique, virent un autocrate absolu, n'était qu'un chef de guerre temporaire qui, dépouillé de ses insignes, redevenait un simple citoyen. Enfin, un ordre administratif d'une rigueur presque géométrique répondait à l'ordre social avec ses quatre clans primitifs, répartis aux points cardinaux, auxquels les Aztèques ajoutèrent les trois clans complémentaires du zénith, du nadir, du centre pour fermer la sphère de partout. La géologie, l'astronomie rythmaient la vie même. L'année comptait trois cent soixante-cinq jours. Les Mexicains connaissaient, si l'on en croit la statue du dieu Xiuhcoatl, la sphéricité des astres, le nombre et le mouvement des planètes, qu'ils distinguaient des étoiles. Leurs quatre soleils *successifs* d'eau, de feu, de terre et d'air symbolisaient la création du monde dans le chaos océanique et les pluies diluviennes, la formation des volcans et l'apparition de l'homme et des industries primitives, la sécheresse relative succédant aux violences sismiques, et enfin les vents assainisseurs. Le grand calendrier de pierre du musée est entouré par un serpent qui figure la Voie lactée, et son motif central y représente le Soleil à une époque où Copernic n'était pas né. La mystique, la connaissance et l'art étaient d'accord. Ce peuple néolithique pensait selon la science de Newton et la transcendance de Hegel.

Le sens ésotérique de cet art doit, par conséquent, se chercher sous son apparence effroyable. Il est vrai qu'il traduit le goût du carnage et des supplices. Si l'on met à part les portraits, la sculpture familière, ce ne sont que crânes écorchés, mains pourrissantes, griffes de fauves, serres d'aigles, dents et têtes de serpents, masques de peau humaine posée crue sur les visages, entassement des formes et des attributs du meurtre et de la mort qui prennent, vus par masses, l'aspect d'un amas de viscères, d'où le sang semble couler parmi les débris de cervelle. Cette sculpture pue le sang. Parmi ces guirlandes d'entrailles, ces masques décharnés, ces paquets sanglants de reptiles suintant le venin, on songe à ce milieu farouche, partout présent jusqu'à l'hallucination dans les déserts torrides qui entourent le plateau de l'Anahuac, nids suspects de bêtes glabres hérissés de dards empoisonnés, ombre verdâtre des forêts où le tigre rôde, marécages grouillant de sauriens d'où montent, le soir, la malaria et la fièvre jaune dans le tourbillon des moustiques.

Pourtant, cet art montre souvent une humanité, parfois une tendresse d'autant plus étranges qu'elles se combinent, dans la même harmonie plastique, à son apparence globale de férocité. Des fleurs et des épis s'entrelacent aux crocs, aux griffes, aux ossements décharnés. La statue de Xochipilli, la déesse des fleurs, dont les deux mains tiennent de vrais bouquets champêtres et dont le socle est ciselé de papillons qui hument le suc des corolles, porte un collier de griffes de tigre et son visage se cache sous un masque de peau humaine fraîchement arrachée. Ce serpent, qui tient une tête d'homme entre ses mâchoires ouvertes, représente l'intelligence — sans doute parce que l'intelligence accepte la cruauté du destin. Les plumes d'un oiseau font du terrible crotale le dieu spirituel Quetzalcoatl, qui circule dans les airs, souffle le feu vivant et met le génie dans les âmes. Téoyaomiqui, la déesse des soldats tués à la guerre, est aussi la déesse qui préside aux couches des femmes, et les deux têtes de crotale qui surmontent son corps orné de crânes humains, de vipères, sa poitrine en bréchet d'oiseau et qui dardent de leur gueule ouverte la même langue bifide figurent les deux principes de création et de destruction, de vie et de néant, de cruauté et d'amour. Quetzalcoatl, comme Siva, a la tête entourée de flammes. Le feu est à la fois ce qui consume et vivifie.

Toute œuvre d'art nous apparaît ici comme le résumé d'un drame littéralement shakespearien, où les fatalités des principes complémentaires se combinent sans parvenir à s'arracher l'une de l'autre et qui place la tragédie de vivre dans cette contradiction que nous portons en nous-mêmes, tous condamnés à entraîner le meurtre dans le sillage des plus tendres de nos gestes et à faire naître la mort sur le lit de l'amour. Métaphysique grandiose, que l'art aztèque exprime avec une clairvoyance obstinée. Il groupe les éléments de ses édifices arbitraires avec une facilité qu'on soupçonne à peine ailleurs. On a beaucoup parlé, depuis vingt ans, des « équivalences plastiques », ce qui a provoqué chez nous ce mouvement d'un intérêt philosophique si particulier qui a traversé le cubisme entre Picasso et Braque et laisse après lui l'ébauche d'une ère architecturale nouvelle. L'art aztèque, en ceci, nous a précédés de loin. Il a réalisé des synthèses spirituelles que notre théologie anthropomorphique et notre morale dualiste ne nous autorisaient pas même à entrevoir.

Je suis au centre du musée. Je regarde autour de moi. Le jour médiocre hésite sur ces formes sombres qui semblent se tapir pour la ruée dans l'orgie du sang. A part les « études » de pierre, portraits de bêtes ou d'hommes, comme cette face de guerrier enchâssée dans un crâne d'aigle que modèlent les plans abrupts de la lumière et les profondes entailles de l'ombre à part tous ces serpents dont les boucles se nouent, se dénouent, tantôt flasques, tantôt tendues, ces anneaux enroulés par les forces centripètes du poids, du frisson intérieur, de la densité gluante des liquides organiques, tout est en équivalence plastique ici. Ils combinent dans la même masse des objets qui n'ont entre eux aucun rapport naturel de continuité, ni même de contiguïté, et moins encore de parenté anatomique. La longue éducation architectonique des Toltèques ne cesse de veiller sur eux, dans cette invention incessante d'un monde suprasensible n'ayant que des relations imaginaires avec le monde réel dont ils tentent, cependant, à l'aide de ces symboles, d'extraire et d'exposer les lois. Ils marient et tordent ensemble les éléments les plus hétérogènes que la rigueur des profils, la fermeté des plans, la vraisemblance des volumes maintiennent sans défaillir dans leur imagination. Ils groupent leurs masses plastiques, comme le musicien ses masses orchestrales, avec une liberté qui ne trouve ses limites que dans la logique structurale dont ils ne s'écartent jamais.

Ils n'obéissent, en somme, toujours comme le musicien, qu'aux impératifs d'une harmonie qui se démontre en s'exprimant. La transition entre les objets qu'ils assemblent est exclusivement rythmique. Ils passent de la forme vivante à la forme géométrique, de l'inorganique à l'organique, de la palpitation animale ou végétale à la rigidité de la pierre ou bien à la souplesse et au frémissement de l'eau. La représentation réelle, l'équivalence, l'abstraction incorporées au symbolisme universel s'offrent d'elles-mêmes au statuaire comme un répertoire vivant dans sa tête et dans son cœur, où il puise sans les tarir la fièvre de l'invention et le calme de la pensée. C'est une combinaison sans fin de tous les angles de vision, une aisance inouïe à suggérer cette dimension complémentaire qui est peut-être la conquête par le temps des dimensions de l'espace et que le cinématographe réalise sous nos yeux.

Ici vécut et mourut la culture la plus *originale* de l'histoire, avec celle de l'Égypte, de la Chine et de l'Inde des Védas. Elle a tourné dans un cercle inexorable, dont les aspects heureux qu'il offre sont conditionnés nécessairement par une sombre destinée, et qui nous montre le Bien et le Mal comme un seul être à deux visages. Ce courage intellectuel n'est-il pas d'une qualité comparable au courage moral du martyr mourant sur la croix?

8. *L'Extrême-Orient : Déceptions et enthousiasmes*

Après le Mexique, Élie Faure fait un séjour à Los Angeles et à San Francisco, d'où il s'embarque pour le Japon. Il a déjà écrit l'essai sur l'âme japonaise qui formera un chapitre de *D'autres terres en vue* : un éditeur japonais lui en a demandé une partie en 1929, et une première version a été publiée aux États-Unis en 1930, sous le titre *Soul of Japan*.

Le texte commence par un parallèle entre le Japon et la Grèce que *L'Art médiéval* esquissait déjà, et qu'Élie Faure développe systématiquement en comparant tous les aspects de ces deux civilisations. Quand il en arrive à l'art, il se produit le même phénomène que dans le passage, qu'on a lu plus haut, où la confrontation de l'Afrique et de l'Océanie finissait par l'évocation des Aztèques, des Égyptiens, des Grecs ou des Khmers. Plus Élie Faure avance, moins il supporte de restreindre son champ de vision, si bien qu'il mène son parallèle entre la Grèce et le Japon en convoquant comme témoins les arts du monde entier :

Chose singulière au premier abord, mais dont une observation quelque peu intuitive montre la fréquence, et presque la nécessité. On assiste, si on poursuit ce parallèle entre le Japon et la Grèce, à un renversement des lois que leur esprit politique révèle. L'art grec, dans son ensemble, présente une sérénité dans l'ordre qui l'a fait parfois taxer de froideur. L'art japonais, malgré la continuité imperturbable de son style décoratif, offre une nervosité qui révèle l'agitation de l'esprit. Il semble qu'on rencontre ici un exemple de plus de cette étrange loi qui contraint tous les peuples à chercher, dans les manifestations de leur univers esthétique, un contre-poids aux exigences de leur univers moral. C'est ainsi que chez les Hindous, le mouvement de flot de la grande sculpture rupestre compense la rigidité du régime des castes. C'est ainsi que l'Égyptien s'évade d'un appareil théocratique immuable en cherchant, entre les plans catégoriques des statues qui l'expriment, des ondulations infinies où l'âme humaine atteint peut-être le degré de subtilité musicale le plus insaisissable auquel elle ait pu prétendre. C'est ainsi que la mesure de l'art français contrebalance l'instabilité d'opinions, de modes, de jugements qui caractérise la France. C'est ainsi que l'arabesque qui réunit, dans la peinture italienne, les formes et les mouvements, offre aux conflits des passions dont les cœurs italiens sont si constamment le théâtre, l'abri d'une unité spirituelle irréalisable dans le domaine social. C'est ainsi que le lyrisme de la poésie anglaise rachète le positivisme de la morale et de la politique des Anglais. C'est ainsi que la musique allemande refoule, par une reprise victorieuse de sa volonté de construire, la manie germanique d'accumuler des multitudes d'idées, d'objets et de faits sans lien visible. Peut-être le contraste offert sur ce terrain entre le Japonais et le Grec est-il le signe, chez le Grec, de la prédominance des éléments blanc et noir sur l'élément jaune, et, chez les Japonais, de la prédominance des éléments jaune et blanc sur l'élément noir? Mais le fait est que la Grèce vient à bout de son désordre politique par un ordre esthétique rigoureux. Et que le Japon, par la continuité et la fermeté de sa direction morale, réagit contre ce que son génie artistique peut avoir de trop inquiet. Il n'est pas inutile d'ajouter que cette impressionnabilité a justement favorisé, chez l'artiste japonais, une invention infatigable dans les rythmes et les motifs du décor et de la technique, comme le désordre politique grec faisait naître, chez les moralistes et les psychologues, une incroyable abondance de vues nouvelles et de fécondes directions. La contradiction apparente que nous avons dénoncée aboutit à nous révéler, entre le Japon et la Grèce, une ressemblance de plus.

Il insiste ensuite sur l'autonomie de l'art japonais par rapport à l'art chinois :

Je pense en avoir dit assez pour laver le Japon du reproche d'imitation servile qu'on lui adresse si légèrement. Nous raisonnons, depuis cinquante ans, sur une tranche de son histoire, et une induction à vue courte nous pousse à ne chercher que des qualités de copiste dans un génie d'assimilation qui pourrait bien en être le contraire. La figure historique du Japon apparaît en effet, dans son ensemble, comme la contradiction vivante de l'âme asiatique en général. Son art a subi l'influence chinoise, comme il subit encore l'influence européenne, comme il avait subi à ses débuts l'influence hindoue. Mais l'art chinois et l'art hindou eux-mêmes ne sont-ils pas l'un et l'autre sortis, par le Gandhara, de l'art grec? Et l'art européen d'influences syriaques, byzantines, grecques, romaines, arabes, germaniques, celtiques peu à peu assimilées? Sans doute, un examen superficiel dénonce, entre l'art japonais et l'art chinois considérés à distance, des analogies évidentes de procédés, de stylisation décorative, de motifs. Mais un Asiatique au début de son initiation déclarerait presque identiques les expressions figurées de Grèce, d'Italie, de France, d'Espagne, d'Allemagne et des Pays-Bas, si différentes pour l'Européen, et l'Européen lui-même confond, quand il n'a pas appris à étudier leur visage, un Chinois, un Indochinois, un Japonais, un Malais même. Sans doute l'influence bouddhique, commune à l'Extrême-Orient entier, a-t-elle paru unifier toutes les manifestations philosophiques, plastiques, littéraires qui en sortent, comme l'influence chrétienne a unifié en gros tout l'Occident. Cependant, regardez de près. L'art bouddhique du Japon, sous sa sérénité apparente, est maigre, tourmenté, nerveux si on le compare à son initiateur du continent. De plus, pendant qu'au sortir des rythmes bouddhiques, l'art chinois répugnait à quitter les couvents et restait plongé dans leur atmosphère, l'art japonais pénétrait la foule, revêtait presque tout de suite, même par Toba Sojo, un moine cependant, un caractère populaire, individuel, direct, satirique souvent, passionné de mouvement et de vie, qui n'a que des analogies de surface avec la préoccupation chinoise d'utiliser l'objet pour exprimer la paix du cœur en présence des drames du monde. On a le droit de trouver que celui-ci est supérieur à celui-là — mais non que celui-là imite celui-ci. Encore moins d'en conclure que le Japonais se place au-dessous du Chinois dans la hiérarchie humaine. L'infériorité évidente de la peinture anglaise sur la peinture hollandaise conditionne-t-elle la supériorité du peuple hollandais sur le peuple anglais? Ceux qui disent le Japonais à l'école du Chinois me font penser à quelque grave professeur usant sa vie à démontrer que La Fontaine n'a fait que copier Virgile. La Chine et le Japon œuvrent sur deux plans différents.

Ici, tout est souci d'observations et d'impressions aussi précises dans la recherche que rapides dans le rendu. Le drame ne sert plus à marquer le contraste entre lui-même et le dedans de l'homme, mais l'intérêt que l'homme prend à ses péripéties. Cet intérêt s'étend, en ce qui concerne les mœurs et les formes du monde, beaucoup plus avant que chez le Chinois. D'abord, contrairement au Chinois qui ne voit dans l'arbre et dans l'eau qu'une ambiance à rêverie somnolente, le Japonais adore immédiatement l'arbre et l'eau. C'est dans les sites les plus riches en feuilles, en cascades, en ruisseaux qu'il bâtit ses temples de laque et de bambou qui annexent un taillis en l'entourant de cloisons plutôt que de le détruire, et empruntent à la forêt et à ses hôtes tous les motifs de leur décor. Elle accompagne jusqu'au seuil du sanctuaire, par ses cèdres toujours verts et ses cryptomérias de pourpre, les avenues de dieux couverts de mousse et de fleurettes suivies par le pèlerin. Sôsen, le peintre des singes, vit avec eux dans les bois. Non seulement le Japonais scrute avidement l'univers dans les aspects de la saison, et même de l'heure, levers, couchers des astres familiers, rafales de vent et de pluie, surgissement des volcans dans l'aurore et le crépuscule, marées, fureurs, caprices de la mer, brouillards traînant au flanc des montagnes, essaim de voiles sur les golfes à travers les branches des pins, non seulement il poursuit l'être humain dans les occupations journalières de la maison, de la rue, du chantier, du marché, des champs, des métiers, des fêtes, mais la bête elle-même devient pour lui l'un des prétextes, et peut-être le principal, à manifester sa curiosité unanime. Il la suit dans ses mœurs intimes plus loin que le Chinois, qui ne la résume et l'évoque que dans le but de l'associer à sa propre vie morale. Et quand il la tient, il ne la quitte pas avant qu'elle ait consenti à lui livrer tous ses secrets. C'est en la pourchassant qu'il s'aperçoit que ses coutumes se compliquent du fait que beaucoup d'autres bêtes participent à leurs mille manifestations. Par l'oiseau sautillant il découvre la mouche, par la mouche l'araignée, par l'abeille la fleur, par la fleur le papillon. Il parvient à la chenille et même au ver de terre par la couleuvre et le crapaud que le corbeau ou le milan lui ont désignés sous quelque pierre, et c'est en se demandant pourquoi penche ce brin d'herbe qu'il trouve une fourmi à son sommet. La libellule lui présente le moucheron qui vibre au-dessus du marécage, et si quelque cuisson sur la main l'informe qu'il vient d'être piqué, il recherche le coupable pour l'interroger. A l'inverse de l'art chinois, l'art japonais n'est rien moins que monumental, et par là traduisant comme celui-là quelque idée systématique. Jardinier amoureux des fleurs, incomparable menuisier, charpentier sans égal, il est architecte ordinaire. C'est un ouvrier d'art, un artisan passionné de son métier plutôt qu'un artiste. Tous ses gestes, tout son langage expriment la curiosité fervente − et savante − de ce qui se passe autour de lui. Il traque sans relâche l'esprit même de l'objet. Il est, par là, aux antipodes du Chinois, qui ne veut voir dans l'objet qu'un outil immédiatement utilisable soit à des fins pratiques, soit à des démonstrations transcendantes. Et c'est là ce qui explique la rapidité extrême avec laquelle il a pu s'annexer les méthodes et la science de l'Occident.

De tous les pays d'Extrême-Orient, le Japon est à ses yeux le plus « occidental ». La vogue de son art, au début du siècle, a sans doute contribué à cette impression, qui se manifeste très tôt chez Élie Faure. C'est ainsi qu'en 1904, lors de la guerre russo-japonaise, il prend parti pour le Japon parce que c'est le plus civilisé.

Pourtant, dès ses premières rencontres avec des Japonais et des Chinois sur le bateau qui l'emmène à Yokohama, il se trouve beaucoup plus d'affinités avec les seconds. Ce sera la double révélation de ce voyage en Asie : le Japon le déçoit (« Ça ressemble à la Suisse, sauf naturellement au bord de la mer (1) »), la Chine le passionne. Et lorsqu'il compare à nouveau les arts de ces deux pays, vers 1935, il manifeste une préférence qui n'apparaissait pas dans le texte précédent :

Au fond, rien de commun entre eux, sinon les apparences extérieures de l'architecture monumentale et surtout de

(1) Lettre n° 431, à François Faure, 21 septembre 1931, *O.C.,* p. 1092.

la peinture, d'ailleurs très inférieure chez les Japonais, mais différente tout de même, infiniment plus minutieuse, plus tendue vers des recherches d'exactitude descriptive, de science schématique et de stylisation décorative chez ceux-ci que chez ceux-là, et d'autre part, moins humaine, moins tendre, moins portée à la concentration méditative et au symbolisme spirituel (1).

Il est vrai qu'Élie Faure visite la Chine avec un guide des plus compétents, le sinologue Jacques Reclus, son cousin germain, qui est professeur à l'université de Pékin. Mais plus que les monuments, ce sont les rencontres ménagées par Jacques Reclus qui l'intéressent, la Chine vivante, son actualité, son avenir. Dans *Mon Périple,* le récit de son voyage, on trouve seulement un passage sur l'architecture, que *L'Art médiéval* avait un peu dédaignée, et qu'il découvre avec émotion à Pékin :

Je n'ai jamais éprouvé d'émotion plus noble et plus consolante que de découvrir, du haut de la colline de Charbon, l'harmonie impalpable de la ville géante, avec ses toits gris et verdâtres perdus dans les feuillages poudreux. Et d'assister comme à sa cristallisation rectangulaire, au centre, entre les murailles rouges de la cité interdite où s'est figé l'océan de toits jaunes que ponctuent quelques points de vive émeraude, quelques taches de turquoise, discrètes broderies sur la soie d'un étendard. C'est plus mâle et plus massif, plus enfoncé dans la certitude des réalités permanentes, plus enraciné dans l'éternel géométrique et météorologique où l'esprit se met d'accord avec le feu, le ciel, la terre, que le Versailles de Descartes, de Le Nôtre et de Louis le Grand. Ces murs profonds, posés comme un sceau impérial sur la terre domptée, ces gigantesques cours dallées que bordent de toute part des colonnades de laque incarnadine où les entablements bleus s'appuient et dont la

(1) *Reflets dans le sillage, O.C.,* p. 737.

majesté est soulignée, dans le grand axe rectiligne, par des ponts de marbre blond, expriment avec une conscience plus solide de l'unité panthéiste du monde, l'emprise de l'intelligence sur cette unité. Impression qui s'accroît encore au temple du Ciel, posé sur son terre-plein de marbre circulaire qu'encadrent des lignes droites et d'immenses axes dallés, et dont les trois toits superposés s'enlèvent lentement vers le zénith en rétrécissant leur diamètre. On dirait un grand oiseau bleu qui bat des ailes en montant vers les hauteurs du monde, pour apporter aux sphères qu'ordonne la gravitation, l'approbation d'une conscience spirituelle modelée par les géomètres. Musique céleste associée à l'élan du cœur, au rythme de l'intelligence. Je t'ai retrouvée, plus intime, mais non moins prenante, sous les vitrines des musées impériaux où les vases de porcelaine laiteuse, lunaire, couleur des fonds sous-marins, les bronzes mordorés, les pots ventrus qui ont la forme et l'odeur de la terre ou des fruits d'automne ou du blé mûr, tournent dans la sourdine d'une chanson murmurée, qui protège la méditation et le silence contre les assauts vulgaires du dehors.

Contrairement à l'essai sur l'âme japonaise, « L'âme chinoise » est écrit après le voyage. Il paraît en décembre 1932 dans *D'autres terres en vue* et, comme tous les chapitres de ce livre, il analyse la psychologie d'un peuple à travers les manifestations essentielles de son art :

Vue du dehors, de loin, d'ensemble, à travers sa littérature, par exemple, ou son art, l'âme chinoise dégage une profondeur dans l'accent, une constance dans la fraîcheur et la délicatesse, une patience à dégager du monde et de ses apparences leur logique et leur continuité qu'on ne rencontre pas ailleurs, avant ni après elle, hors l'Égypte d'autrefois.

Je sais bien que le plus bel âge de cet art date des siècles où le bouddhisme, répandu par les missionnaires hindous, avait pénétré de son humanité, envahissante comme l'eau dans une terre desséchée, le grand corps chinois qui déjà tendait à s'immobiliser. Cependant, l'âme chinoise en por-

tait, même avant le bouddhisme, des germes très verts, et
même après lui, tant était profonde l'empreinte, il conti-
nua des siècles à ruisseler d'elle, non indigne de son passé.
Comme un écho voilé du grand lyrisme des Tang, qui fait
songer aux poètes du Lac ou aux lamartiniens de France
et aux peintres de Barbizon par son évocation des bois soli-
taires, des jardins, des rizières sous la lune, des vols
d'oiseaux mélancoliques dans le crépuscule et le vent pour
exprimer des états d'âme rendus à leur innocence — ô reprises sentimentales de l'ivrogne Li Taï Pé sur la fuite des heures et la mort ! — les reclus des vieux monastères retrouvèrent sous le fatras de dix mille tomes de formules, leur sensibilité intacte. Sensibilité spirituelle, jamais livrée à l'impulsion de l'heure, lointaine ainsi qu'un soupir étouffé, et
empruntant ses revanches voluptueuses sur la claustration
volontaire à chercher toute une vie l'accord de quelque frisson d'aile ou de quelque lueur d'écaille avec l'atmosphère
mystérieuse de la soie — espace abstrait, mais profond
comme une pénombre mourante — caressée par le pinceau.
    Il faut encore revenir à l'Égypte, peut-être avec un moin-
dre sentiment des grands absolus plastiques, peut-être avec
une entente plus suave du charme des soirées sans orage
et des aubes enveloppées dans l'or de la lumière naissante
— pour retrouver quelque chose d'aussi pur que cet art
étrange, qui réussit à être exclusivement, devant le drame
des choses, l'expression de la paix du cœur. Il retournera
à la fin à ses origines graphiques, mais non sans avoir pénétré d'une ineffable poésie l'amour des animaux emprunté
au brahmanisme spiritualisé par le Bouddha et qu'un rien
suffit à élever aux plus grandes hauteurs morales — rebrous-
sement des plumes d'un canard volant sur un marécage,
méditation d'un héron au bord d'un ruisseau dont les vague-
lettes murmurent, rameaux égouttant sur les feuilles la rosée
de la nuit. Cela on ne sait trop par quel miracle, sans doute
par l'échange ininterrompu et subtil entre les mille sensations recueillies à la périphérie de l'être et sa prise de possession de l'univers dans la germination de ces images montant à l'âme comme un murmure musical. Mystère de
l'ascèse souriante d'une Chine un moment élevée, peut-être
plus encore par le métissage hindou que par l'apostolat des

missionnaires, en des régions de l'esprit à peine entrevues par ses sages. La sculpture rupestre de la Chine rayonnera un siècle de cet esprit-là qui flotte autour des statues colossales, hautes, rondes comme des tours, marchant à même les plaines, et dont la lumière environnante paraît sourdre, comme sa couleur de plus en plus chaude des profondeurs du fruit.

Le Chinois avait appliqué sa formidable patience à méditer ces grandes œuvres, sœurs spirituelles des travaux d'art − canaux, murs et portes des villes, ponts sur les fleuves et les lacs, tombeaux, muraille escaladant les montagnes et descendant dans les ravins − qui affirmaient depuis longtemps les vertus de construction monumentale dont témoigne, dans le domaine moral, la société chinoise entière à ses origines. Pour comprendre cet art chinois, dont l'immense clavier va d'une architecture cyclopéenne aux statuettes de terre cuite, sortes de tanagras d'une grâce indicible qui fourmillent dans les tombeaux, et qui fournit, cinquante siècles durant, des pots d'argile modelés comme des planètes, des cuves et cloches de bronze patinées comme des viscères, il faut scruter cette âme étrange qui explore avec lenteur et familiarité l'intervalle séparant la sagesse la plus calme du symbolisme le plus torturé. Non qu'on ne puisse trouver, dans les monstres héraldiques, les lions ricanant, les toits aux angles relevés où frissonnent des clochettes, une poésie d'ailleurs plus littéraire que plastique si l'on songe aux entités morales qu'ils expriment, ainsi qu'aux invocations souriantes ou burlesques des génies errant dans les airs et le sol avec les eaux nourricières, les vents féconds, les astres favorables et les météores amis dont le cultivateur réclame la protection ou conjure la colère. La systématisation à outrance qui caractérise l'esprit chinois est évidemment responsable à la fois de la simplicité grandiose de certains de ses monuments, de la sagesse de ses héros et de l'obstination qu'il apporte à ritualiser tous ses gestes, à déchiqueter le condamné avec méthode, à enfermer les pieds de la fillette nouveau-née dans une armature de fer, à contraindre des arbres d'espèce gigantesque à rester nains, à réduire la nature aux proportions d'un jardin, à jouer des formes de l'homme, de la bête et des pierres, pour une expression symbolique, comme d'un puzzle où la plus rigoureuse logique retrouve toujours ses droits. Ce qui commande à tout, chez lui, c'est précisément le système, et la valeur du système est fonction de la qualité de celui qui l'utilise ou de la force dynamique des idées qu'il sert. C'est là qu'il faut se souvenir des quatre ou cinq siècles correspondant aux grandes invasions d'Europe — surtout de leur point culminant, la fin des Weï vers Attila, l'avènement des Tang vers Mahomet et Grégoire le Grand — où la Chine fut soulevée par une vague mystique assez forte pour remonter les vallées formidables du Brahmapoutre et de l'Iraouaddi, escalader les plateaux glacés du Tibet, franchir des mers infestées de pirates, envahir non seulement leur propre territoire, mais aussi la Corée, le Japon, l'archipel insulindien. Jusqu'au jour où elle dut reculer devant la volonté des mandarins qui combattaient le monachisme pour protéger la famille et encourager les Chinois à revenir à l'innombrable fétichisme qui se réclame, on ne sait trop pourquoi, de Lao-Tseu, elle simplifia à l'extrême les expressions lyriques de la Chine, entraînées d'un seul mouvement dans le sillage d'un esprit qui acceptait du bouddhisme la notion de l'unité du monde par logique plus que par goût.

Après un séjour d'un mois environ en Chine, Élie Faure passe rapidement en Indochine pour voir Angkor, puis visite Ceylan en cinq jours et arrive en Inde le 30 novembre 1931. Là aussi, il éprouve une grande déception : la mystique hindoue est morte, « tous les temples sont en ruine et ceux qu'on reconstruit paraissent de carton », et « l'art brahmanique actuel est descendu plus bas que l'imagerie sulpicienne (1) ».

De même que pour le Japon, Élie Faure a eu l'occasion d'écrire sur l'Inde avant son départ : il a publié « De la sculpture hindoue » dans les *Cahiers de l'Étoile*

(1) *Mon Périple, O.C.,* p. 575.

en novembre 1928 ; il en a tiré une partie de « L'âme hin-doue » qui paraît dans *La Grande Revue,* durant son absence, en septembre 1931 ; et il en fait une conférence à l'université d'Hyderabad au tout début de janvier 1932 :

LA SCULPTURE HINDOUE

Mesdames, Messieurs,

Il serait quelque peu présomptueux de ma part de vous développer ici l'histoire de la sculpture hindoue et de vous exposer le caractère de ses différentes manifestations depuis ses origines et dans toutes les régions de l'Inde. Il me fau-drait vous parler successivement de l'art gandharien, de l'art gupta, de l'art çalukya, de toutes les écoles brahmanistes en général, puis des différentes écoles bouddhistes, de l'art jaïna, et enfin de l'art hindouiste qui s'est répandu comme une marée sur l'Indochine, sur l'Insulinde, sur la Chine, sur le Tibet, sur la Corée, sur le Japon. Ce n'est pas mon intention. *Vos* maîtres connaissent mieux que moi cette his-toire qui est la vôtre et qui exprime à mon avis beaucoup mieux même que vos langues l'âme de votre grand pays. On peut parler trois idiomes. On peut, avec une clé uni-que, au contraire, pénétrer l'unité spirituelle même d'une multitude d'œuvres plastiques, qui ne diffèrent vraiment les unes des autres qu'au premier abord, et grâce aux acci-dents de leurs surfaces, mais qu'une réalité intérieure fon-damentale solidarise en profondeur. La sculpture a été pen-dant dix siècles au moins la langue commune de l'Asie pres-que entière, comme le cinématographe tend à devenir aujourd'hui la langue commune de tous les hommes. Et l'honneur de l'Inde, c'est d'avoir été la source d'inspira-tion et de propagation de cet immense événement. Ni les palais et les temples d'Angkor au Cambodge, ni les édifi-ces prodigieux de Boroboudour et de Prambanam à Java, ni les grottes de Long-Men en Chine, ni les chefs-d'œuvre de Nara au Japon n'existeraient si les sculpteurs brahma-niques de l'Inde n'avaient couvert des expressions du génie mystique qui les habitaient vos provinces moyennes et méri-dionales, dont Hyderabad est effectivement le centre, puisqu'elle se trouve à une distance sensiblement égale de

Madura, d'Orissa, d'Ellora, d'Ajunta, de Bombay. C'est donc pour moi un grand honneur et une grande joie que d'avoir été appelé par M. Yazdani et par l'Osmania-University à vous entretenir à Hyderabad de votre propre histoire. Mais, j'insiste encore là-dessus, non pas des événements extérieurs de cette histoire, ni même des prétextes religieux qui les ont rendus nécessaires. Je viens vous parler des caractères les plus généraux de votre sculpture, de sa signification unanime, de sa place dans votre évolution, en un mot de son esprit. Et je ne perdrai pas de vue une minute dans cette excursion entreprise en commun que l'Inde, si elle n'est pas ma mère, est ma grand-mère, et que quand j'ai épuisé tour à tour l'éducation de la pensée gréco-latine, puis française, puis européenne, c'est en face de son auguste visage que je me trouve soudain.

Regardez un de ces temples hindous qui paraissent mêlés à la nature, et dont les étages successifs, boursouflés d'ornements en relief, hérissés de statues et de groupes, semblent une montagne couverte de végétation. Si vous étiez, comme je le suis, d'origine occidentale, il vous faudrait dépouiller vos habitudes de pensée et réformer votre éducation entière pour en assimiler le sens. Alors que chez l'Européen tout est ordre et hiérarchie, ici une confusion tragique règne. En apparence, d'ailleurs, car il existe là une hiérarchie métaphysique pour le moins aussi arrêtée que la hiérarchie morale d'Occident. Mais elle est presque inconcevable et peu sensible pour nous, parce qu'elle dédaigne le sacrifice dans le choix de ses éléments expressifs et les entraîne pêle-mêle dans son mouvement de flot. Le drame n'est plus proportionné à la mesure de l'homme, organisé par sa volonté, utilisé en vue de ses besoins. Il est exposé dans l'orgie spontanée de ses impulsions enchevêtrées, tel que le cœur et les sens solidaires l'éprouvent, indépendant de l'intelligence ou plutôt ramené constamment par elle aux exigences éternelles des sens et du cœur. En Égypte, en Grèce, en Italie, en France, on se trouve en présence d'une combinaison exacte, mesurée et consciente, de l'élément décoratif, et, au moins aux époques classiques, d'une subordination constante de l'élément décoratif à la loi architectonique. Aux Indes, c'est l'élément décoratif qui l'emporte et qui semble déterminer la loi de la construction. Je dis « semble », car, au fond, l'un et l'autre fusionnent sur le même plan spirituel et ne se doutent pas qu'ils viennent des mêmes centres et pourraient s'épanouir dans un ordre autre que celui de la succession et de l'intensité des émotions. Un chimiste dirait qu'il ne s'agit pas là d'une combinaison, mais d'un mélange.

C'est comme une mer sans limites perpétuellement agitée. On y reconnaît l'expression instinctive d'une âme où le pessimisme le plus définitif germe de l'enchevêtrement des passions contradictoires refusant d'accorder à la vie terrestre un sens moral quelconque qui puisse nous en consoler, puisque, si cette finalité l'attendait au bout de sa route, elle rendrait inutile l'existence de ces passions, et, en en supprimant le pathétique, en supprimerait l'intérêt. Ici on chercherait en vain quoi que ce soit qui rappelle le surgissement d'Apollon au-dessus du fronton d'Olympie, et l'intelligence organisant d'un geste le tumulte du rut et de la folie meurtrière en vue d'un ordre social toujours croulant mais toujours déterminé à s'établir. Le rut, la folie meurtrière se mêlent aux apostolats, qui ne sont pas sur un plan spirituel supérieur à ceux qu'ils occupent. Il n'y aurait pas d'apostolats si le meurtre et l'amour n'affluaient sans cesse autour de la volonté incapable de s'en libérer même partiellement. Les voix de l'instinct grondent de toutes parts, installant dans le cœur en permanence l'anxiété d'une tragédie qui ne peut avoir de fin. Image des forces aveugles dont l'univers sensible est la somme et dont la conscience de l'homme est un résumé symbolique, tourbillon d'énergies physiques qui s'interpénètrent sans cesse pour créer et nourrir une spiritualité éperdue de ne pouvoir s'en affranchir.

Montagnes, je l'ai dit, couvertes de forêts, ruisselantes de fleurs et d'épines. Nulle part comme ici l'homme n'a consenti à restituer au monde impassible des phénomènes, dans un élan d'amour désespéré, les directions indifférentes aux fins optimistes, dont l'esprit puise l'exemple dans la succession catastrophique des saisons, le cours des fleuves roulant des charognes et des roses, les torrents d'eau tiède qui versent la fécondité et la ruine, la luxuriance des forêts étalées dans la lumière et dont les ténèbres grouillent de sauriens et de serpents. Monde fiévreux, monde orgiastique, où tout se mêle et se confond, où le carnage danse sous la robe de flamme de la volupté, où la vie jaillit des charniers sous la fermentation que la chaleur y provoque, où les fleurs puent le cadavre et suintent le poison. Fièvre, orgie descendant des siècles comme de grandes eaux bourbeuses où cent races confondues auraient confié à cent milliards d'êtres humains la tâche de mêler leur sang au venin des bêtes tapies, à l'élixir écrasé des fruits, des pollens, des gemmes, pour révéler au fumeux esprit des philosophes et des poètes l'ivresse que la perception de l'analogie universelle avec toutes ses conséquences y maintient, afin de consacrer, par le fatalisme de l'homme, l'indifférence des dieux. Ce n'est plus l'équilibre entre les forces naturelles et les facultés de l'esprit qui tend sans cesse à s'établir sur les terres occidentales, et dont le besoin résiste à tous les désastres, à toutes les déceptions. C'est un abandon enivré de ces facultés mêmes à ces forces irrésistibles, l'accord entre l'instinct des multitudes et la conscience des sages sur l'inutilité finale de l'action.

L'admirable, c'est que la certitude si profonde et unanime de cette inutilité ait abouti à édifier la plus vaste épopée de pierre. Que des foules soient entrées dans les montagnes, comme des fourmis, pour y vivre, y aimer, y naître, y mourir, évidant le granit en galeries interminables, en labyrinthes obscurs où toutes les formes grouillent, où tous les gestes de l'amour, de la douleur et de l'adoration remuent à même la pierre dans les rythmes convulsifs de l'accouplement, de la prière, de la danse, et que ces foules soient ressorties, ivres de fornication et d'ascétisme, de l'autre côté de la montagne deux ou trois siècles après, que d'énormes parois rocheuses portent l'empreinte, en figures colossales, de ce sentiment désespéré de la vie, définie par la mort partout présente, dévorée par l'amour partout répandu, incapable de s'accrocher une heure aux tuteurs moraux qui s'offrent, et s'effondrent sitôt éprouvés. Tant est grande la puissance d'une idée, même négatrice, agissant sur le plan mystique pour le submerger sous les formes qui expriment cette négation, et lui prêter par là le maximum de force constructive que toute illusion comporte,

444

cette illusion affirmât-elle que tout est illusion. On surprend, dans ce monstrueux phénomène, l'égale vanité de l'illusion occidentale dont les édifices moraux croulent périodiquement dans le sang et dont les machines rouillées ne porteront sans doute à l'avenir que le spectacle d'une activité dans le vide, le bien-être qu'elles procurent accroissant les exigences de l'esprit, qui ne connaît ainsi sûrement pas de voluptés supérieures à celles qu'une multitude mystique goûte en créant ses propres dieux.

On trouve à chaque pas, dans la sculpture hindoue, l'empreinte de cette spiritualité absolue, qui conditionne l'obscénité même, et, tout en constatant la réalité du désespoir métaphysique en présence du drame unanime, en affirme la fécondité. Au fond, elle n'a pas d'autre « sujet ». Les vies de Vishnou, de Shiva, de Çakiamouni même, les mille figures de dieux qui les traversent et les contemplent, ne sont jamais que des prétextes à constater l'horreur enivrante de cette fatalité où circulent les forces physiques et spirituelles engendrées les unes des autres et qui animent les roches embrasées d'Ellora, d'Elephanta, de Mahavellipore, d'un mouvement éternel. C'est grâce à cet esprit que la ronde bosse occidentale ne surgit presque jamais du chaos, ou seulement pour montrer Çakiamouni assis au bord des eaux, dans la sérénité conquise de l'indifférence à tout ce qui n'est pas cette conquête même, ou Shiva ivre de plaisir dansant dans un cercle de feu. C'est grâce à cet esprit que les fonds ondulent comme l'épaisseur des océans pour sculpter à leur surface ces formes sans cesse reprises par eux, qui semblent animées de l'instabilité et du mouvement des vagues. C'est grâce à lui que, dans cette agitation d'orage, ainsi que les religions de l'Inde même qui se mêlent, se succèdent, s'interpénètrent sans arrêt, ces formes semblent déborder les unes sur les autres, se prendre, se quitter, obéir à une pulsation rythmique centrale, que l'angoisse continue du cœur et des sens commande seule, pour les soulever, les abaisser, les faire onduler simultanément. Art purement subjectif, éruption dans la puissance incessamment renouvelée du plus grand sentiment plastique, des images du dehors ardemment assimilées et rejaillissant en tumulte sans qu'il soit une minute question d'anatomie, ni de mesure, ni de perspective, ni de proportions. Tout entière, la sculpture hindoue fait songer à un enlisé. Un homme puissant, que l'esprit emplit et dévore, se débat dans un marécage fiévreux et couvert de fleurs éclatantes qui le reprend incessamment, le submerge à demi, d'où il paraît devoir s'arracher une seconde, mais où il retombe toujours. Le confus univers est présent partout où est l'homme même si la forme de l'homme est seule sur le rocher. L'homme est présent partout où est le confus univers, même si les végétations et les eaux ciselées représentent la forêt ou les tourbières qu'il n'a jamais pu franchir.

Il semble que le bouddhisme lui-même, cette insurrection des forces morales qui eut le pouvoir de projeter l'esprit hindou hors de ses frontières matérielles et de le répandre comme un fleuve sur l'Indochine, l'Insulinde, la Chine, la Corée, le Japon même pour les animer, n'ait pas réussi à arracher l'esprit hindou à l'ivresse mystique qui l'a toujours maintenu, pour sa gloire, au cœur de la vie universelle, mais qui ne lui a pas permis de saisir l'instrument de conquête matérielle qui a fait à la fois la force et la faiblesse de l'Occident. Plus d'ordre et de méthode apparaissent, certes, dans les bas-reliefs javanais et les palais du Cambodge, comme si les héros Rama et les armées qui s'avancent allaient enfin conquérir la terre promise de la volonté organisatrice et de la moralité. Ce n'est qu'une illusion de plus. Les Najas ont beau rire de leurs sept têtes écartelées, les Apsaras danser au bord de la route pénible, les lianes et les fleurs se pencher sur le front des braves. La poche à poison reste intacte dans la gueule des Najas. Les Apsaras font onduler leurs flancs pour de dangereuses promesses, les lianes et les fleurs distillent des parfums mortels. Que la tendresse existe, n'est-ce pas précisément une raison pour qu'elle soit sans cesse contrariée par la violence et que les foules fanatisées qui croient à son règne soient poussées à hâter ce règne par la guerre et l'insurrection? Çakiamouni ne vaincra pas les autres dieux. Ils lui feront sa place. Le brahmanisme hindou a la puissance qu'il faut pour engloutir dans le flot des forces qui le constituent une force de plus, assez riche pour exalter les siennes, mais non pour les absorber.

Car le bouddhisme, au fond, n'eut d'autre effet sur la

sculpture hindoue que de l'enrichir d'un afflux prodigieux de formes et d'images, comme il a enrichi la philosophie et la poésie hindoues sans déplacer en rien le rythme qui les caractérise et qui est de rechercher dans l'extase l'oubli de vivre. Le bouddhisme a sculpté le vol, sculpté la danse, sculpté le balancement et jusqu'à la fraîcheur des palmes, sculpté le chuchotement et le murmure des insectes, sculpté le chant des oiseaux, sculpté les soupirs de l'amour, sculpté les parfums. Invoquée par le Bouddha, la nature entière et ses plus impalpables effluves accourent pour seconder son effort de purification, et c'est la nature même qui noie cet effort, comme s'il était fatal que l'énergie d'une race soit destinée à rechercher son expression et son renouvellement dans les formes qu'elle maudit précisément parce qu'elle ne peut les arracher d'elle. Ainsi le christianisme germant et fleurissant dans le désir des multitudes grâce aux images condamnées par les besoins sentimentaux dont il est sorti. Et justement, comme le christianisme introduisait un élément humain irrésistible dans le judaïsme et l'hellénisme, le bouddhisme humanisait l'art brahmanique, qui d'ailleurs le laissait faire, sûr de le dominer un jour. L'orgie de l'adoration naturiste particulière au bouddhisme a fait bondir de terre l'art brahmanique en montagnes ciselées sous tous les pas des pèlerins qui répandaient cette religion sur l'Asie, pour arracher au brahmanisme le gouvernement de l'amour. La plus grande époque de l'art hindou, même aux Indes — et surtout aux Indes, car l'art hindouiste de l'Asie orientale s'est développé un peu plus tard — a commencé à l'heure où le courant bouddhique, atteignant sa plus haute ferveur mystique, se heurtait au courant brahmanique immémorial, large fleuve descendant sans arrêt, de la même allure profonde et large, la pente de l'esprit hindou. Du quatrième au huitième siècle à peu près, l'art hindou, infiltré de passion bouddhique, a donné aux montagnes dravidiennes la forme de l'enthousiasme humain, et peuplé les temples du Dekkan, des Ghats, du Mysore et de Ceylan de figures souriantes ou terribles où se reconnaît le visage de l'immortelle passion.

Art grandiose au total, d'une puissance d'expression inégalée, qu'on ne saurait mesurer en prenant pour étalon l'art de l'Europe qui le surpasse, certes, au point de vue de l'harmonie équilibrée et calculée, de la raison pratique et de l'organisation logique autour d'une idée morale décidée à avoir raison de l'art même qui exprime cette idée-là. Mais qui ne saurait lui être comparé, même de loin, du point de vue de la symbolique intuitive, obligeant toutes les sensations éparses à obéir au rythme millénaire d'un sentiment obscur, mais d'une richesse enivrante, qui repousse dans la matière une image de l'univers désordonnée et sublime, d'un lyrisme si formidable que la voix même des forêts, des fleuves, le râle des fauves, le glissement des reptiles, les mouvements et les gémissements de l'amour semblent l'animer du dedans. Le statuaire hindou peut donner cent bras aux dieux, les sommer de têtes de monstres, ils sont vivants, et plus vivants que le plus pur des héros grecs, leur forme ramassant, dans un raccourci aussi sommaire et rapide qu'une image traversant une âme enfiévrée, tous les attributs de l'idée qu'elle exprime pour introduire dans le roc cette idée à coups de lumières et d'ombres, comme le vent ravine de saillies et de creux, sans cesse détruits et renaissants, la cime des bois et la surface de la mer. Nulle part on n'a vu les formes de la fureur, de la volupté et de la tendresse pousser ainsi l'âme de l'homme de l'intérieur des montagnes pour en bossuer et faire onduler les surfaces. La multitude même, une multitude unanime, avec toutes ses passions sans cesse maintenues à la hauteur de sa mystique, grouille dans ces falaises ouvragées du haut en bas. Dès que les bois les reprennent, elles ressemblent à des entassements d'hommes et d'animaux endormis qui vont secouer les tresses emmêlées de leurs toisons de lianes, se mettre en marche et reprendre leur place au milieu des foules vivantes que la même fièvre dévore et où le même sang brûlant et trouble circule, comme si le sculpteur hindou avait déposé dans la pierre ses viscères palpitants. L'art est le prolongement direct des sens et de l'âme enivrés. Le véhicule qui le porte nous devient indifférent. On songe à la musique même, la plus riche qu'on la puisse imaginer en instruments et en voix qui, sans souci des images exactes que l'homme absorbe au cours des siècles et transmet à ses descendants, les fait germer un jour brusquement dans quelque âme héroïque pour infliger sa forme au poème sonore et l'imposer à notre amour. Seulement là, c'est la multitude qui chante, et, par un miracle unique dans l'histoire, fait frémir dans la matière même les cris de douleur et de joie, les plaintes, les sanglots, les soupirs, les murmures, jusqu'aux spasmes de ce chant.

C'est ici le lieu, à mon sens, du plus grand miracle qu'ait accompli l'art de l'image, parce que c'est ici que la communion mystique a été à la fois la plus générale dans les foules et la plus étroitement attachée par toutes ses racines et toutes ses antennes à la vie universelle. Rien n'y est séparé des sèves qui les nourrissent. En Occident, la plante est objet de décoration, l'animal comparse secondaire, créé pour l'usage de l'homme. Chez les Grecs ou les sculpteurs de l'Europe occidentale, il apparaît un peu à part, comme surajouté, relégué par l'homme en un autre plan spirituel que le sien, par conséquent, dans l'expression plastique jamais lié à la composition en profondeur, sauf parfois, comme par éclairs, dans l'art ogival du Moyen Age. Nous avons eu en France, au dix-neuvième siècle, un admirable sculpteur d'animaux, Barye, presque l'égal des tailleurs de pierre de Mamallapuram. Mais il n'a pu exprimer l'animal qu'en le séparant de l'homme, et même de la nature, en le traitant comme un objet en soi. Aux Indes, l'animal, comme la plante, comme l'homme même, eût-il vingt bras et quatre têtes, est une projection de la vie intérieure qui anime la totalité de l'univers. Il y a une telle unité dans la décoration rupestre, à Mamallapuram, à Ellora, à Elephanta, que le sculpteur semble brasser la roche même comme une pâte brûlante. Plutôt qu'une surface sculptée, on dirait d'une peinture gigantesque, d'une fresque réussissant à exprimer la solidarité de tous les plans, dans toutes les dimensions de l'espace. Le rocher était peint, sans doute à l'origine, et je vous laisse à penser quel formidable effet, sous votre terrible lumière, devaient produire ces immenses tableaux en mouvement, où alternaient évidemment de grandes colorations simplifiées, ocres et bruns pour les formes humaines nues, verts pour les rameaux et les feuilles, piqués de points vifs pour les fleurs, et, pour les vêtements, alternances contrastées de rouge, d'orangés, de bleus. Mais ne regrettons pas trop que ces couleurs se soient effacées. Les roches sculptées de l'Inde restent de vastes peintures, grâce aux procédés mêmes du sculpteur, ou bien plutôt grâce à l'esprit qui l'animait, à la flamme de l'enthousiasme, à la profondeur de la foi. Il maniait comme avec un pinceau géant l'ombre et la lumière, il établissait avec une subtilité fulgurante les passages continus entre les formes et les fonds, il suggérait brièvement la fuite des contours et le déroulement des arabesques profondes, je veux dire la solidarité ininterrompue des surfaces en mouvement avec la masse du rocher. Avant la grande peinture symphonique de l'Occident, imaginée par Venise et développée surtout par Tintoret, Rubens, Rembrandt, Delacroix, celle qui donne, par des procédés artificiels, l'illusion de la saillie, il réalisait, dans la réalité même, l'enfoncement et l'émergence alternante des formes en mouvement. La sculpture entière nageait dans son atmosphère de pierre.

Ce n'est pas seulement la grande peinture occidentale que la sculpture rupestre hindoue a devancée. C'est l'instrument le plus moderne de l'expression européenne tendant à devenir l'expression universelle, je veux dire le cinéma. Voyez précisément cette atmosphère où les fonds et les formes solidarisent leur ondulation continue, comme si un cœur central les soulevait de pulsations rythmiques, voyez la lumière plonger entre les volumes en action pour colorer les ombres transparentes, s'insinuer entre les intervalles ainsi qu'un fluide vivant qui tenterait d'en faire le tour, de les baigner entièrement de son flot sans cesse agité. Voyez la tendance constante et instinctive du sculpteur à déterminer la forme par le mouvement — alors que la peinture occidentale, avant le cinéma, cherchait à exprimer le mouvement par la forme — si bien que l'imagination, quand l'œil se voit contraint d'abandonner cette forme au moment où elle se confond avec le rocher, continue son mouvement dans ses parties invisibles. Voyez ces têtes et ces bras multiples dont l'enchevêtrement traduit, sur des plans divers, les attitudes successives que la pensée, l'impulsion, les relations morales avec les objets et les êtres commandent. Voyez, pour la première et unique fois dans l'histoire — toujours avant l'apparition du cinéma — cette arabesque spirituelle, issue de l'action, elle-même commune, d'un groupe ou d'une multitude, qui circule sans interruption dans tous les gestes qui expriment cette action. Devant un de ces hauts-reliefs immenses, on se croirait en présence d'une foule réelle, et d'une foule agitée par les plus diverses, mais aussi les plus éternelles passions. Elle passe devant nous, elle fait le tour du support granitique derrière lequel elle défile, elle reparaît à l'autre bord, et, grâce à la variété et à l'impulsivité des mouvements qui l'animent, elle nous impose, chaque fois qu'elle repasse sous nos yeux, l'image grouillante, multiforme, sans cesse renouvelée de ses mouvements passionnels. Je songe surtout, en ce moment, à la descente du Gange, la sublime fresque de pierre de Mamallapuram. Les hommes courent, nagent, les reptiles glissent pour suivre l'onde immémoriale, ce flux incessant et renouvelé sans cesse qui fait des fleuves le symbole vivant de la durée imposant à l'espace la forme toujours pareille et toujours variée de ses vagues, cependant que les éléphants, immergeant leur forme massive, paraissent imprimer par contraste une rumeur plus haute à l'incessant frémissement des eaux. En fait, avant le cinéma, le sculpteur de l'Inde dravidienne a suggéré que la durée pourrait n'être qu'une dimension de l'espace, à moins que l'espace ne soit une fonction de la durée. En accord intérieur profond avec les sages de l'Inde immémoriale, ils ont figuré la prescience des conquêtes essentielles que la technique européenne aperçoit à peine de nos jours.

Ne voit-on pas, en ce moment, la science hindoue s'emparer de la méthode occidentale, l'utiliser à démontrer l'unité de la vie universelle? Jagadir Chundra Bose décrit le système nerveux des plantes, montre la sensibilité des minéraux, ramène à une seule catégorie vivante les trois catégories d'êtres que les Européens regardent encore comme séparées par des différences irréductibles de nature. Le transformisme du Français Lamarck, qui forme à l'heure actuelle le substratum de la pensée européenne et s'est répandu peu à peu, même à notre insu, dans tous les modes de penser, de sentir, d'exprimer, n'était-il pas en quelque sorte le transfert, dans les doctrines biologiques, de l'intuition lyrique des Védas suivant de forme en forme la migration des âmes à la recherche de leur purification par une succession de châtiments pour ainsi dire anatomiques ? Que ce voyage dans l'infini de la matière aboutisse, comme dans le panthéisme hindou, au retour à l'universel, ou, comme dans l'idéalisme européen, à un perfectionnement progressif de l'âme, les deux doctrines ne s'appuient-elles pas sur la même idée, celle du cheminement de l'esprit toujours un dans la diversité des apparences ? Et n'est-il pas aisé de voir que la sculpture hindoue est entièrement submergée dans cette intuition grandiose, que seule elle est parvenue à faire circuler dans la pierre, apportant ainsi au régime des castes, si implacable dans le domaine social, sa correction à la longue consolatrice dans le domaine métaphysique ? Ce n'est pas devant un auditoire tel que celui qui m'entoure qu'il est nécessaire de démontrer l'entente étroite qui existe d'une part entre le sculpteur dravidien et le philosophe hindou, de l'autre entre la pensée hindoue plastiquement exprimée et la doctrine qui domine et enveloppe la biologie européenne montrant du doigt, pour ainsi dire, dans la forme indéfiniment répétée du squelette, dans l'identité organique des fonctions, dans le mécanisme unanime de la reproduction, de l'atomisme, la poésie nouvelle où tend la science. Je me contenterai de répéter devant vous ce que j'ai dit et écrit à maintes reprises en Europe : Vyasa accepterait plus aisément les miracles actuels de la science d'Europe, le moteur, le cinéma, la radiodiffusion que ne les comprendrait Descartes, cependant responsable de la méthode dont ils sortent, car ils constituent la démonstration pratique de l'unité de la vie universelle que Vyasa proclamait et que Descartes ne sentait même pas.

La sculpture hindoue est donc, à mon avis, le meilleur argument dont pourraient user ceux qui croient, comme je le crois, à une entente possible entre l'Europe et l'Asie, et plus particulièrement entre l'Europe et l'Inde, puisque nous ne devons pas oublier que notre origine est la même et que le sanscrit, le grec, le latin, le scandinave sortent d'une langue mère commune. J'ai l'impression, devant votre sculpture rupestre, que je me trouve en présence de la synthèse la plus puissante qui ait jamais été effectuée entre la musique, cette langue de l'intuition pure dont l'Inde reste la reine, et l'architecture, cette langue de la raison pratique dont l'Europe est le héraut. Sur les rochers qu'a embrasés la foi brahmanique, l'univers tout entier participe à la fois de la vie divine, dont chaque forme en mouvement reste fonction, et de la connaissance objective du monde dont l'homme est le dépositaire et l'interprète. Si Nietzsche avait connu la sculpture hindoue, il y aurait vu non pas peut-être l'*Origine de la Tragédie,* mais sa réalité même, je veux dire l'afflux incessant de l'âme universelle tendant au mouvement et à la dispersion dans l'âme humaine aspirant à la stabilité et à l'ordre. Il aurait trouvé son accord dans cette région mystérieuse de nous-mêmes où le cœur et l'intelligence se rencontrent, avec le drame dont le *Prométhée* d'Eschyle et le fronton d'Olympie constituent la traduction. De toutes les expressions figurées de l'Asie, c'est l'art hindou qui reste le plus proche de l'art occidental.

Devant les formes d'Ajunta, d'Ellora, d'Elephanta, de l'Inde dravidienne, il semble que l'on se trouve en présence de l'esprit européen dans ses formes les plus élevées et les plus représentatives, l'art grec, l'art ogival français, la grande peinture classique d'Italie, de France, d'Espagne, de Flandre et de Hollande, mais comme si on l'entrevoyait au travers d'une espèce de voile épais, tendu par la poussière des fleurs, par la buée des marécages, par les fumées de l'opium et les vapeurs du sang. Mamallapuram surtout, peut-être parce que moins schématique dans la forme, moins vu par la masse globale qu'impose le brahmanisme, parce que aussi plus mesuré, plus souple que Vrashi ou Ellora, me semble très rapproché de l'art grec. La multiplicité des bras, des têtes, expressions symboliques de la vie intérieure projetant ses attributs et ses instruments au-dehors, n'empêche pas le modelé hindou et le modelé hellénique d'être les plus proches l'un de l'autre entre toutes les façons de travailler la pierre, avec plus d'équilibre chez les Grecs, sans doute, un esprit critique plus averti, plus aiguisé, un souci plus évident de réalités objectives, un sens toujours vigilant des proportions anatomiques et architecturales, une répugnance invincible pour le vague et pour le rêve, et, chez l'Hindou, une intuition plus profonde de l'universel, une compréhension plus large de la parenté entre les formes, un rythme plus continu, une intégration beaucoup plus complète de l'homme dans l'atmosphère matérielle et morale qui l'environne. Mais, chez l'un comme chez l'autre, un égal amour de la vie dans ses expressions lyriques ou ses expressions rationnelles, un sens égal de la grandeur de l'homme, une tendresse égale pour la femme, une énergie égale à rechercher dans le miracle humain la volonté même des dieux. Il faut se garder d'oublier que ce sont précisément les Grecs qui ont révélé aux Hindous la richesse d'expression de la pierre comme ils l'ont révélée à l'Europe même, et que leurs deux esprits ont fusionné à un moment décisif pour créer un langage plastique dont on retrouve la trace jusque dans les œuvres tardives, celles du dix-huitième siècle, de l'art dravidien. L'accord de l'humain et du divin reste leur commun caractère, entre toutes les contradictions et leurs formes qui semblent les opposer. Or l'Europe entière est coulée au moule hellénique, et il semble bien que la rencontre de son génie avec le génie de l'Inde doive s'effectuer encore sur ce terrain-là. Il n'est pas impossible que l'influence spirituelle de l'Inde conduira un jour l'Occidental, même sur son propre terrain, à des destinées aussi originales que celles qu'il a connues, comme il est possible que l'énergie sociale d'Occident, par son afflux continu dans l'argile hindoue, suscite dans les régions les plus traditionnelles de l'âme brahmanique un élan victorieux vers la conquête du réel et du positif, même si la notion du néant et de l'inutile persiste. Shiva est le seul Dieu qui danse dans les flammes, il ne faut pas l'oublier. La mystique hindoue seule dispose d'assez de ressources pour faire quelque jour à l'optimisme social même une place dans les cadres de son pessimisme transcendant.

9. *Leçons égyptiennes*

Élie Faure quitte l'Inde en bateau, le 8 janvier, à destination de Port-Saïd. De là, il traverse l'Arabie Pétrée pour voir Jérusalem et la mer Morte, puis il termine son voyage par une dizaine de jours en Égypte. Point final du périple, l'Égypte devient ainsi le lieu des conclusions et des synthèses, puisque après avoir visité presque tous les pays de *L'Art médiéval,* Élie Faure retourne à *L'Art antique.* Les deux volumes finissent par converger en un texte caractéristique de sa manière, « A l'échelle des Dieux », publié dans *Art et Médecine* en février 1936 :

A L'ÉCHELLE DES DIEUX

J'ai parcouru l'Égypte et l'Inde, la Chine et le Japon. J'ai vu des champs cultivés ou en friche, des villages, des villes, des ponts, des routes, des monuments, des ruines — surtout des ruines. « Ce sont toujours des hommes » eût dit Montaigne.

Toujours des hommes. Et cependant ce qui marque avec le plus de force les témoignages laissés par des civilisations du proche et du moyen Orient — car la Chine et le Japon se présentent avec une allure plus terre à terre, ce qui ne veut pas dire moins émouvante — c'est justement qu'ils ne sont pas à l'échelle de l'homme, mais à l'échelle des Dieux. En Égypte, on est écrasé. Aux Indes, au Cambodge, en Insulinde, on éprouve une ivresse lourde. Ici, l'énormité et la confusion des palais et des pagodes répètent l'énormité et la confusion des rêveries métaphysiques et d'une nature désordonnée où les déserts brûlés, les forêts profondes, les sécheresses et les déluges, les fleurs au parfum étouffant et les broussailles hostiles, les fauves rutilants et les serpents empoisonnés, la glace et le feu, la pourriture et la germination se mêlent sans mesure ni répit. Là, la majesté monotone et rectiligne des pylônes, des temples, des obélisques, des avenues et des tombeaux, souligne la stabilité des conceptions cosmiques claires où les travaux de l'homme s'insèrent fidèlement dans la marche régulière des étoiles, l'alternance des saisons, le régime immuable des eaux, un ensemble de phénomènes si parfaitement périodiques qu'il dicte à la vie entière d'une âme obéissante tous ses rythmes impératifs.

Un contraste si radical en somme, malgré l'aspect tita-
nique de tous ces monuments, qu'il ne peŭt s'expliquer que
par les conditions des milieux eux-mêmes singulièrement
contrastés où l'orgie dramatique et l'accident dominent d'un
côté et se retrouvent dans le grouillement monstrueux,
l'aspect éruptif et verruqueux des ornements et des statues,
où l'ordre et la loi s'imposent de l'autre pour s'inscrire dans
le calme, la nudité des plans et la rectitude des lignes. Il
est difficile d'imaginer d'autres racines aux deux forces de
l'âme humaine dont Nietzsche nous a montré l'accord dans
la tragédie eschylienne et dont le fronton d'Olympie est
l'expression figurée la plus saisissante. Là, la fureur lyrique et sanglante de Dionysos, le dynamisme irrépressible
de la fécondité et du carnage jaillissant des sources instinc-
tives, ici l'intelligence souveraine d'Apollon qui mesure et
qui ordonne. J'irai plus loin. Je puis aisément m'enfoncer
en des mystères plus actuels, en observant d'un côté l'angle
droit que fait ici l'ombre des pyramides sur le sol, et là les
images brouillées de Shiva dansant dans les flammes que
reflète l'eau croupissante de quelque piscine à ablutions.
Ainsi montrerai-je là l'instabilité des drames intimes que
la biologie nous révèle, et ici la stabilité du mouvement
mécanique des cieux. Sans doute, les temples et palais des
Indes avec leurs vastes cours, leurs escaliers géants, leurs
pièces d'eau, où même leurs gopuras hérissées qui gardent
cependant leur forme pyramidale ou ovoïde, révèlent un
certain ordre aussi. Mais l'irrégularité des profils et la mon-
tuosité des surfaces y dénoncent sans arrêt leur caractère
organique, c'est-à-dire soumis aux mouvements de la vie
intérieure, à ses ruptures d'équilibre, à ses affaissements
et à ses sursauts imprévus comme les va-et-vient de la santé
et les élans de la foi. Tandis que dans l'oasis nilotique l'abstraction géométrique règne, rigide comme la raison.

Non point certes la raison pure, mais, si je puis dire, la
raison sensible que le décor gravé et peint à Karnak, à Abydos, dans la tombe de Ti ou les hypogées pharaoniques tra-
hit avec un sentiment exquis de la vie frémissante des mati-
nées dans les roseaux du fleuve, des ébrouements et frou-
froutements des oiseaux, des poissons, des bêtes domestiques, de l'affairement des métiers et de la grâce des fem-

mes. Expression d'un peuple charmant, pacifique et humble de cultivateurs vivant dans un climat où l'abondance est escomptée — contraste encore avec la vie fiévreuse et famélique des multitudes hindoues que travaillent l'obsession sexuelle et la faim. On ne la retrouve qu'en Chine, pays d'alluvions et de céréales aussi millénaire et lent comme l'Égypte, massif comme elle, porté comme elle aux grands travaux par la nécessité de dominer les plaines, d'endiguer et d'enjamber les fleuves, d'arrêter les invasions. Point raison pure ici non plus, et moins encore, mais raison pratique plutôt que sensible, et humanisée par une bonhomie constante et une malice secrète, plutôt que par la pureté des sentiments et la tendresse des cœurs si émouvantes à Abydos ou dans la Vallée des Rois. Grands murs aussi, portes monumentales, esplanades géantes, avenue de colosses, surfaces nues, mais portées à exprimer bien plus les besoins positifs de l'homme que la volonté des dieux. Sans doute, le Temple du Ciel et tant de pagodes aux toits relevés traduisent une entente complète entre le ciel et la terre comme à Thèbes ou à Memphis, mais on sent bien moins ici le despotisme ésotérique du prêtre que la sérénité du sage. Plus de grâce et de bienveillance, point de nécessité pour l'âme populaire de se réfugier dans les ténèbres des salles hypostyles ou le silence des tombeaux et d'y manifester son charme en sécurité. Une sympathie permanente pour les phénomènes naturels, le soleil, la lune, les nuages, la pluie, le vent, qui imbibent le sol, distribuent les graines, chassent la grêle, percent les sillons sous la poussée des germes, et font monter vers le ciel les toits superposés comme un vol de grands oiseaux bleus. Un positivisme solide, illuminé par le sourire du sceptique et du consentement à la médiocrité dans le bonheur. Partout le calme et l'équilibre. Pas la moindre folie, quoi qu'on en dise, dans l'édification de la formidable muraille qui escalade les sommets, descend au fond des ravins, épouse comme un dragon rampant les accidents d'un sol bouleversé. En ces temps-là, on ne brisait pas les murailles à coups de poudre et de fer. Il s'agissait de contraindre la cavalerie tartare à franchir d'immenses déserts en lui infligeant un détour de plusieurs centaines de lieues.

Les Japonais ne l'ont pas compris cet art grandiose de

plans soutenus, de densité circulaire, d'utilitarisme consenti et obstinément stylisé. Rien de plus étriqué et de plus mesquin que leur architecture monumentale, pourtant inspirée comme leur peinture de celle des Chinois. S'ils n'avaient dressé dans les bois leurs temples dont les laques noires et rouges, vertes et or s'harmonisent aux tons des printemps, des étés et des automnes et par là réalisent avec les ramures et les cascades une symphonie naturelle où les insectes bruissants et les écureuils jouent leur rôle, on ne retiendrait de leurs constructions que leurs demeures privées dont la vive intelligence fait paraître surprenant, mais explique au fond leur échec dans la construction publique ou sacrée. Point d'œuvres correspondant mieux à l'échelle humaine par leurs dimensions, par la netteté de leurs ajustages, la sobriété de leur décor, leur captation savante et mesurée de l'espace et de la lumière, par l'idée qu'elles nous donnent d'un être menu et précis, courtois et hermétique, violent et maître de lui qui montre sa vie extérieure et cache sa vie intérieure, et d'une nature étroite et convulsive qui porte aux entreprises minutieuses et patientes mais écarte les grands desseins.

Mais l'Égypte semble avoir joué un autre rôle, en stimulant la réflexion d'Élie Faure sur l'Islam. Une seule œuvre de cette civilisation a toujours suscité son enthousiasme, sans réserves, ce sont *Les Mille et Une Nuits*. Mais si la séduction de l'art arabe est sensible dans le chapitre qu'il lui consacre, il n'en exprime pas moins clairement ses réticences devant l'abstraction. Peu après la parution de son livre, un voyage en Turquie le laisse indifférent :

Cher ami, cette lettre est écrite en terre d'Asie, du haut d'un belvédère dominant un ravin à pic et de l'autre côté duquel on voit des maisons de bois pleines de Turcs assis à l'orientale, des cyprès qui s'élancent, une grande montagne nue, des minarets, un dôme de mosquée revêtu de faïences vertes. Nous sommes à Brousse, ancienne capitale des Ottomans et la mosquée que j'aperçois abrite la dépouille de Mohammed Ier, le grand père de l'autre Mohammed qui prit Byzance. C'est curieux. Ce n'est guère que curieux. Constantinople aussi (1).

Au printemps 1925, il visite le Maroc avec sa fille avant de rejoindre son fils en Algérie, mais les seules conclusions qu'il en tire en matière d'histoire de l'art concernent Delacroix, dont il rencontre les tableaux « à chaque coin de rue » tant leur exactitude est stupéfiante, et Matisse qui a rapporté du Maroc « les transpositions les plus sûres » depuis Delacroix (2).

En revanche, Élie Faure découvre à Figuig la fascination du désert :

> Vous ne pouvez vous imaginer ce qu'est la lumière du désert. Je comprends qu'on y vive, qu'on y meure, et qu'on en meure (3).

C'est cette même lumière qu'il retrouve en 1932 sur les sables d'Égypte (4), et qui va éclairer sa méditation sur le monothéisme. Dans les mois qui suivent son retour, il écrit « L'âme islamique », qui forme un chapitre de *D'autres terres en vue* en décembre. Mais ce n'est sans doute pas une simple coïncidence s'il publie à la même époque un texte sur l'attirance du désert en présentant *Smara*, le journal d'un jeune explorateur, Michel Vieuchange, qui s'est enfoncé dans les régions inconnues du Sahara espagnol, jusqu'à y mourir, le 1er novembre 1930, après avoir retrouvé la foi : tout en s'affirmant athée, Élie

---

(1) Lettre n° 115, à Octave Béliard, 16 septembre 1912, *O.C.,* p. 989.
(2) Lettres inédites, le 9 mai 1925 à Walter Pach, et le 5 mai à Matisse.
(3) Lettre n° 319, à Charles Pequin, 18 avril 1925, *O.C.,* p. 1054.
(4) *Cf.* le dossier de *L'Art antique* dans la présente édition.

Faure comprend assez la tentation mystique du désert pour reconnaître la nécessité de cette conversion (1).

C'est donc par le désert qu'il en revient à l'art de l'Islam, qui s'est développé dans un milieu où les formes vivantes sont rares ou du moins isolées et sans relations mutuelles. Après avoir expliqué, à la suite de Renan, comment le désert peut favoriser le monothéisme, il suit l'arabesque qui est née de là :

On voit ici comment la mystique orientale s'est contractée en spiritualisme et le spiritualisme en abstraction, dure et sèche comme un squelette que le christianisme, pour le salut de l'Occident, chargeait de substance humaine. Rien ne peut le faire mieux comprendre que de comparer la cathédrale ouverte, grouillante d'hommes, d'animaux, de métiers, de fruits, de pampres, de feuilles, par surcroît couverte de fleurettes et de mousse, à la mosquée fermée, lisse et nue, souvent revêtue d'émaux, cristallisée dans la lumière, où l'arabesque seule avoue la présence de l'esprit. L'arabesque est comme le désert, elle ne finit pas. Elle double les sentes des étendues sablonneuses et les ruelles labyrinthiques des vieilles villes musulmanes où le non-initié se perd. Elle seconde la voix psalmodiante du muezzin, ce rappel continu de l'insignifiance de l'homme et de la grandeur de l'abstrait. Elle est comme cette musique mauresque, aussi tendue qu'une corde de fer, déchirante d'ailleurs, et qui s'enroule autour d'une modulation interminable que des quarts de tons mesurent, pour exhaler la monotonie passionnée d'un univers charnel qui ne sort jamais du même cercle. Elle exprime la psychologie tortueuse de ces peuples tournant sans cesse autour d'une réalité morale qu'ils refusent d'étreindre et où le rêve, le mensonge, l'imagination, les formules d'invective ou de courtoisie et les marchandages s'entrelacent dans un inextricable réseau. Elle répond à ces récits interminables du conteur debout au milieu d'un cercle de curieux capables d'écouter vingt heures

(1) « Images d'une conquête », *Art et Médecine,* novembre 1932.

de suite, bouche bée, attentifs comme des enfants, la même histoire où les événements échangent des échos réciproques, s'enchevêtrent en aventures parasites, se compliquent d'incidentes, embrassent dans leurs méandres la société, la philosophie, l'histoire, la légende, le commerce et les mœurs, surtout les mauvaises mœurs. Quand c'est fini on recommence, d'autant qu'il est impossible de se souvenir du début d'une histoire où chaque personnage a la sienne à placer et qui n'a plus aucun rapport avec le récit initial. Image d'une vie aussi riche que flottante, mais condamnée, de par sa propre essence, à aboutir graduellement à la formule, par conséquent à la mort. L'arabesque ne lie pas le plein au plein, le vivant au vivant, mais le rêve à la fumée. Elle déroule ses ondulations dans un espace fictif. « Le monde est un grand vide, bâti sur le vide. »

Le jeune Élie Faure connaissait le mot de Carrière sur Rodin : « Il n'a pu collaborer à la cathédrale absente (1). » Toute sa vie ressemble à un pèlerinage vers la « Cathédrale » qui la remplacera.

Après avoir cherché autour du monde les signes qui l'annoncent, il trouve d'autres raisons d'espérer dans les grands rassemblements du Front populaire, aussi bien que dans l'évolution culturelle. La machine, le cinéma, l'architecture ou la peinture murale, dont il disait depuis longtemps que l'avenir en sortirait, sont en effet au centre des discussions esthétiques dans les années 30. Les écrits et les conférences d'Élie Faure reviennent alors sur cet « art médiéval contemporain » qui manifeste un nouvel esprit collectif, mais avec une telle constance qu'il est impossible de tout citer ici. On n'en retiendra que cet extrait d'une communication sur la peinture murale, en 1936, où de l'Égypte au Mexique contemporain, en passant par l'Extrême-Orient et Giotto, le peuple dont Michelet enten-

(1) Préface au catalogue de l'exposition Rodin, 1900.

dait la voix sous les voûtes de la cathédrale couvre de fresques les murs du monde entier :

> Je me suis fait administrer il y a cinq ou six ans une volée de bois vert en annonçant la fin de la peinture. C'est de cette peinture-là de chevalet que je voulais parler et presque personne ne l'a compris, les peintres moins que quiconque. Mais j'annonçais en même temps la résurrection de l'architecture, et il est aisé de comprendre que la peinture murale est destinée à renaître dans la mesure où l'architecte aura besoin de faire appel à son concours. Un champ immense d'espérance s'ouvre, maisons du peuple, usines, écoles, coopératives, bibliothèques, musées, hôtels de ville, théâtres, tout ce qui exprime le travail ou le plaisir collectif attend le décorateur. Mais n'allons pas trop vite. Une besogne immense de mise au point reste à accomplir d'ici là. Le caractère principal de la peinture murale a toujours été l'adaptation de la forme, de la couleur, du sujet et de la technique à la destination et au caractère du monument à décorer. On ne peut exiger du décorateur de tombes égyptiennes les mêmes connaissances et la même mentalité que du peintre qui aura la charge de décorer une salle inondée de lumière naturelle ou artificielle où des milliers de spectateurs chercheront sur les murailles l'expression de leurs besoins spirituels et sentimentaux. Il faut peut-être encore une génération pour que l'accord complet se fasse entre le corps social, l'architecte et le décorateur. Mais soyez assuré qu'une ère prodigieuse de réalisations s'ouvre avec la victoire du peuple en Russie, en Espagne, en France, et bientôt d'autres pays. Les peuples qui ont montré la voie de l'émancipation des masses, le Mexique par exemple, ont déjà confié à des artistes issus du prolétariat souvent indigène le soin d'orner les murs des écoles et des monuments publics, et deux au moins d'entre eux, Orozco et Rivera, sont déjà depuis des années appelés hors du Mexique par les États-Unis où ils provoquent d'ailleurs des scandales, presque des émeutes. Le peuple, comme toujours, sera servi par le peuple. L'art qui exprimait depuis quelques siècles des élites restreintes, privilégiées, mondaines, et qui a produit certes de grandes choses, a fait son temps. Les parois

des temples et des hypogées égyptiens ont été décorés par des fellahs. Les grottes brahmaniques ou bouddhiques de l'Inde et de la Chine ont été ciselées et peintes par des foules appartenant à la troisième ou dernière caste. Giotto et ses contemporains étaient de très humble origine. Les cathédrales françaises ont été construites et décorées de toutes pièces par une armée de manœuvres, de maçons, d'imagiers, de plombiers, de verriers et l'architecte lui-même n'était qu'un maître-maçon. En ce moment même, dit-on, tout un folklore vivant germe dans les usines en grève du choc de l'espérance et de la solidarité.

J'ai fait le tour du monde voici cinq ans, et c'est à cette occasion que j'ai pu voir au Mexique des écoles décorées par des enfants de quinze à dix-huit ans. A Pékin, où l'on peut acheter pour cent sous de magnifiques poteries peintes à la main et où les étrangers se disputent cependant à prix d'or des cloisonnés de pacotille fabriqués en série, j'ai découvert, absolument par hasard, dans un magasin de fourrures, cinq ou six admirables fresques peintes par un peintre en bâtiment devenu aveugle et misérable et dont je n'ai malheureusement pas pu parvenir à trouver le domicile. Elles m'ont fait penser, avec cette réserve qu'elles paraissaient transposées dans une gamme plus riche, aux fresques vénitiennes du célèbre Carpaccio. Je n'en dirai pas plus. La preuve est faite. La parole est au peuple de tous les pays. Le peuple porte toujours en lui la réalité lyrique. Soyez peuple, mes camarades.

Martine Chatelain Courtois

Index des noms cités

464

Dossier

Table des illustrations

472

Table des matières

Impression Brodard et Taupin
à La Flèche (Sarthe),
le 17 mars 1988.
Dépôt légal : mars 1988.
Numéro d'imprimeur : 6923-5.

ISBN 2-07-032418-4 / Imprimé en France.
Précédemment publié aux Éditions Denoël
ISBN 2-207-10072-3

41899